CASSANDRA EASON DIE MODERNE DRUIDIN

CASSANDRA EASON

DIE MODERNE DRUIDIN

SO LEBEN SIE MIT DER SPIRITUELLEN KRAFT DER NATUR

AUS DEM ENGLISCHEN
VON ISABELLA KOWATSCH

KAILASH

Die Originalausgabe erschien unter dem Titel
The Modern-Day Druidess
bei Judy Piatkus (Publishers) Ltd., London.

Der Verlag möchte Herrn Volkert Volkmann von Comardia Druidiacta in Frankfurt am Main für die fachliche Unterstützung danken.

Der Inhalt dieses Buches bezieht sich auf keine spezielle druidische Organisation, deren Bücher oder Lehren.

Bibliografische Information der Deutschen Bibliothek:

Die Deutsche Bibliothek verzeichnet diese Publikation
in der Deutschen Nationalbibliografie;
detaillierte bibliografische Daten sind im Internet über
http://dnb.ddb.de abrufbar.

Umschlaggestaltung: Die Werkstatt München/Weiss·Zembsch
Redaktion: Antonia von Boch
Produktion: Ortrud Müller
Satz: Nikolaus Hodina, München
Druck und Bindung: Těšinska Tiskárna AG, Česky Těšín
Printed in Czech Republic 2004

ISBN 3-7205-2518-X

Einführung:
Der Weg der Druidin 7

1. **Beginnen Sie Ihre Arbeit als Druidin** 19

2. **Einen heiligen Hain errichten** 31

3. **Einen heiligen Kreis errichten** 55

4. **Mit der Sonne arbeiten** 80

5. **Mit dem Mond arbeiten** 97

6. **Orakel und Weissagungen** 115

7. **Die Baummütter** 130

8. **Mit Kräutern heilen** 148

9. **Die Kraft der Tiere nutzen** 170

10. **Mit den weisen Vorfahren arbeiten** 182

11. **Mit keltischen Gottheiten arbeiten** 192

12. **Das druidische Jahr** 207

13. **Eine Druidin werden: Die nächste Stufe** 226

Für das Druidentum wichtige Daten 238

Buchempfehlungen 243

Wichtige Adressen 246

Register 249

EINFÜHRUNG: DER WEG DER DRUIDIN

Wenn Sie jemals einen Baum umarmt und gespürt haben, wie sich seine Kraft auf Sie überträgt, barfuß in der Frühlingssonne durch einen Park oder einen Strand entlang gelaufen sind, im Rauschen der Blätter an einem windigen Tag Stimmen vernommen oder in den Funken eines Freudenfeuers nach Feen Ausschau gehalten haben, dann sind Sie eine Druidin. Druidinnen sind nämlich Frauen, die die Natur lieben und nach deren Gesetzen leben. Sie arbeiten und leben vielleicht in einer Stadt, aber in ihrem Herzen folgen sie dem Rhythmus der Natur, der so alt ist wie die Zeit selbst.

Was Sie in diesem Buch über das Druidentum erfahren, ist nicht nur für Ihr Alltagsleben relevant. Sie werden zu Verständnis, Freude und Weisheit finden, so dass jeder Tag, egal wie banal er im weltlichen Sinn sein mag, zu einem besonderen, gesegneten Tag wird.

WAS IST DAS DRUIDENTUM?

Beim Druidentum handelt es sich um eine Form von naturverbundener Spiritualität, die ursprünglich von den Kelten in Britannien, Frankreich und anderen Teilen Westeuropas im 1. Jahrhundert v. Chr. und im 1. Jahrhundert n. Chr. praktiziert wurde.

Die Druiden und Druidinnen waren die Priester, Richter, Heiler und Magier der Kelten und genossen hohes Ansehen. Druiden und Druidinnen wurden, soviel man weiß, in jungen Jahren aufgrund ihrer besonderen geistigen und spirituellen Fähigkeiten auserwählt. Ihre Ausbildung dauerte 19 Jahre.

Über das Druidentum in früher Zeit ist nur wenig bekannt und die einzigen Aufzeichnungen stammen von den griechischen und römischen Geschichtsschreibern jener Tage, die dem Druidentum eher ablehnend gegenüberstanden. Hunderte Jahre später verfassten christliche Mönche Berichte über die Spiritualität der Kelten, und interpretierten die Legenden auf ihre Weise.

Die Römer, die die Druiden und Druidinnen als eine Bedrohung für ihre eigene politische Macht betrachteten, unterdrückten deren spirituelle Praktiken, doch in Ländern, die keltisch blieben, wie etwa Irland, bestand das Druidentum bis ins 5. oder sogar 6. Jahrhundert und verschmolz dann mit dem keltischen Christentum.

Während des 18. Jahrhunderts lebte das Druidentum dann in Großbritannien wieder auf. In jüngster Zeit, nämlich seit den sechziger Jahren des 20. Jahrhunderts, hat es unter den alternativen Formen von Spiritualität seinen Platz neben der Hexerei und anderen heidnischen Glaubensformen eingenommen. Es bildet so ein Gegengewicht zur modernen, hektischen und materiellen Welt. In der druidische Lehre wird nicht nur eine höhere, schöpferische Macht anerkannt, sondern man glaubt an ihre Präsenz in allen Lebensformen, einschließlich Steinen und Kristallen.

Im Gegensatz zu anderen Formen moderner, alternativer Religionen akzeptiert das moderne Druidentum mit seiner toleranten Lebensauffassung Christen und Heiden. Es ist eine Religion, die sich überwiegend an der Leben spendenden Kraft der Sonne und den von ihr bestimmten Jahreszeiten orientiert. Viele seiner Rituale werden im *Angesicht der Sonne* ausgeführt. Die meisten Formen von Hexerei hingegen, folgen den Mondphasen. Vor allem aber wird das Druidentum unter freiem Himmel praktiziert. Es gibt keine marmornen Tempel mit Statuen oder kunstvollen Altären, sondern man arbeitet bei den Ritualen mit Blumen, Bäumen und Kräutern in einem Tempel aus Bäumen.

UNIVERSELLE SPIRITUALITÄT

Das Druidentum ist keine organisierte Religionsform, sondern bietet einen individuellen Lebensweg, der in ein modernes Stadtleben genauso einfach integriert werden kann wie in das Leben auf dem Land. Es verbindet uns instinktiv mit den Leben spendenden Energien der Erde unter den Gehsteigen und den Energien des Himmels hoch über den Bürogebäuden und Wohnblocks.

Beim Druidentum geht es ähnlich wie bei den in Afrika, dem Nahen Osten und in Asien beheimateten Kulturen darum, die Vorfahren zu ehren, die Natur zu lieben, und sich der Lebenskraft, die Pflanzen, Insekten, Tiere und Menschen gleichermaßen durchströmt, bewusst zu sein. In einer Welt, die aufgrund des technischen Fortschritts und der immer besseren Reisemöglichkeiten täglich kleiner wird, ist es Menschen jeder kulturellen Herkunft möglich, an druidischen Ritualen und Jahreskreisfesten teilzunehmen.

FRAUEN UND DAS DRUIDENTUM

Das Druidentum ist eine sehr frauenfreundliche Lebensweise, die den Kontakt zu anderen Menschen, zu Tieren und zur Natur im Allgemeinen sucht. Es geht darum, im Einklang mit der Lebenskraft zu sein, die alles durchströmt. Das moderne Druidentum vertritt in erster Linie eine sehr intuitive Art von Spiritualität. Es ist spontan, kreativ, in seiner alltäglichen Form nicht an formelle Rituale gebunden. Es erfordert keine komplizierten Hilfsmittel, sondern bezieht seine Mittel und seine Inspiration aus dem Wasser, dem Wind, dem Feuer, dem Sonnenlicht und der Erde.

Frauen leben so in Harmonie mit den Jahreszeiten. Ihr Körper unterliegt Zyklen, ähnlich jenen des Mondes, der in der druidischen Welt auch eine mächtige Kraft darstellte.

SICH MIT DRUIDINNEN AUS ALTER ZEIT VERBINDEN

Im Anhang dieses Buches *(siehe Seiten 238ff.)* finden Sie eine kurze historische Abhandlung über das Druidentum. Da es in diesem Buch aber um Druidinnen geht, finde ich, dass es wichtig ist, gleich von Anfang an eine Verbindung zur alten Tradition der Druidinnen herzustellen. Das soll Ihnen dabei helfen, die geheimnisvollen, spirituellen Wesen, die Ihnen in Träumen und Meditationen erscheinen werden zu verstehen. Auch soll es Sie dabei unterstützen, die hektische, moderne Welt in einen althergebrachten, langsameren Rhythmus zu versetzen. Das ist gar nicht so einfach.

Historiker raufen sich vor Verzweiflung die Haare, wenn wir modernen Druidinnen in Sachbüchern oder in Legenden nach Fakten über unsere spirituellen Vorfahrinnen suchen. Genaue Daten findet man kaum, Namen noch seltener, nur ein paar Geschichten haben überlebt. Bei Ihrer Arbeit mit diesem Buch werden Sie feststellen, dass die Fragmente ein Gesicht bekommen und allmählich werden Sie die Druidinnen der alten Zeit an Ihrer Seite sehen. In Ihren Träumen und während Ihren Meditationen werden sie Ihnen erscheinen. Sie werden mit der idealisierten, archetypischen, weisen Druidin Kontakt aufnehmen, die manche als ihr höher entwickeltes Selbst oder als mächtige Quelle druidischer Weisheit, betrachten.

Den ersten Einblick in die geheimnisvolle Welt der Druidin liefert eine Geschichte aus Gallien (altes Frankreich). Aus der *Historia Augusta,* einer Sammlung von Biographien verschiedener Kaiser, stammt ein Bericht über Kaiser Diokletian, der 284–305 v. Chr. regierte. Als dieser noch ein einfacher Soldat mit ehrgeizigen Zielen war, sagte ihm eine Druidin, die in Gallien ein Wirtshaus hatte, dass er eines Tages Kaiser werden würde, wenn er es schaffte einen mächtigen Eber zu erlegen. Sie erzählte ihm, dass es sich dabei um keinen gewöhnlichen Eber handle, aber das würde er erst verstehen, wenn es so weit sei. Das war eine sehr kryptische Prophezeiung. Diokletian wurde tatsächlich Kaiser, nachdem er den prätorianischen Präfekten Aper getötet hatte, der den Möchtegern-Kaiser Numerian ermordet hatte. Der Name Aper bedeutet auf Lateinisch Eber.

Neun Druidinnen tauchen in Geschichten verschiedener Länder auf. Der Römer Pomponius Mela berichtet im 1. Jahrhundert nach Christus von neun jungfräulichen Priesterinnen, die auf der Insel Sena, in der heutigen Bretagne, lebten und eine nicht näher benannte gallische Gottheit verehrten. Er schreibt davon, dass sie imstande waren, mit ihren Beschwörungen Winde zu entfachen und Stürme auf dem Meer zu verursachen sowie ihre Gestalt zu wechseln und die Form jeder gewünschten Kreatur anzunehmen. Außerdem konnten sie die Zukunft vorhersagen und jede scheinbar unheilbare Krankheit mit ihren magischen Kräften heilen. Ohne die übliche Feindseligkeit berichtet der römische Chronist, dass sie jedem geholfen hätten, der um ihre Hilfe bat.

Während des gesamten Mittelalters wurden Geschichten über diese Insel-Druidinnen erzählt, und bretonischen Überlieferungen zufolge verließ die letzte Druidin die Insel Sena im Jahr 1700 und trat in ein Kloster ein. Selbst heute liegt diese Gegend ziemlich isoliert und aufgrund der engen, kurvigen Straßen, die jäh in einer Bucht oder einer Steilklippe enden oder sich allmählich in den Feldern verlieren, kann man verstehen, wie es möglich war, dass ganze Gemeinschaften heidnischer Priesterinnen jahrhundertelang von der Außenwelt unentdeckt überleben konnten.

Es ranken sich auch Legenden von neun Druidinnen um das märchenhafte Schloss Mont-Saint-Michel, das an der Grenze zwischen der Normandie und der Bretagne liegt. Der Überlieferung nach lebten dort neun Druidinnen, bis die Benediktiner-Abtei, später eine Festung und ein Gefängnis, irgendwann im 11. Jahrhundert errichtet wurde. Offizielle Führer berichten, dass diese Druidinnen magische Speere besaßen, die sie in die stürmischen Wogen warfen, um diese zu besänftigen.

Andere Geschichten gehen auf die Interpretation der moosbedeckten Zeichen in antiken Monumenten zurück. So zum Beispiel die Legende von neun jungen Druidinnen, die am Pentre Ifan Cromlech in Pembrokeshire, im heutigen Wales, in einem Kessel besondere Tränke zubereiteten. (Ein Cromlech ist eine riesige Steintafel, die man über einem Grabhügel platziert.)

DIE MODERNE DRUIDIN

Als das Druidentum im 18., 19. und frühen 20. Jahrhundert wieder auflebte, war das organisierte Druidentum von Männern dominiert. Heutzutage sind Druidinnen jedoch in den meisten modernen Orden gleichberechtigt und einige der besten keltischen Gelehrten sind Frauen.

Obwohl vieles von dem, was ich in diesem Buch schreibe auch für Männer gilt, schlage ich hauptsächlich Übungen vor, die von Frauen allein, mit ihrer Familie oder ihren Freundinnen ausgeführt werden können. Eine andere Möglichkeit bieten inoffizielle Gruppen von Druiden und Druidinnen, die sich zum Beispiel an den großen Jahreskreisfesten treffen *(siehe Seiten 207–225)*.

Frauen, vor allem wenn sie berufstätig sind und eine Familie versorgen müssen, haben meist weniger Zeit für organisierte Gruppentreffen als Männer. In Großbritannien gibt es mehr formelle Druidenorganisationen als in Deutschland, und vielleicht ist keine davon in Ihrer Nähe *(siehe Seiten 246–248)*. Außerdem ist Spiritualität für Frauen oft eine sehr persönliche Sache und beim Druidentum gibt es eine starke Verbindung zwischen der Frau und der Natur. Es gibt einige Grundzüge, die ich in den folgenden Kapiteln näher beschreibe, aber ich glaube, dass Sie sich dieser Verbindung am besten in persönlichen, kreativen Ritualen bewusst werden. Auf den Seiten 226–234 beschreibe ich, wie Sie einer etwas formelleren Organisation beitreten oder ihre eigene Gruppe gründen können.

WIE ICH DRUIDIN WURDE

In meinem Herzen war ich schon seit meiner Kindheit Druidin. Meine Bestrebungen begannen in Druids Heath, einer für die sechziger Jahre typischen Ziegel-und-Beton-Wüste – einem Wohnviertel am Rande von Birmingham. Am Ende meiner Kindheit bin ich mit meiner Familie dort hingezogen.

Druids Heath ist rar an Steinkreisen und heiligen Hainen. Aber obwohl sich die Erbauer bemühten, jedes nur erdenkliche Anzeichen von Grün auszumerzen, gedieh auf dem Ödland gegenüber meines Hauses eine Baumgruppe. Trotzig bildete sie eine Stätte voller Geheimnisse und Magie, und leistete der unaufhaltsamen Flut von Zement, Müll und Glasscherben erbitterten Widerstand. An diesem Ort *wusste* ich intuitiv, dass Druiden hier ihre Riten ausgeführt hatten, um die Sonne zu begrüßen. Der Legende nach entzündeten sie auf dem Hügel, der jetzt von hoch aufragenden, barackenartigen Wohnblöcken geziert wird, ihre Freudenfeuer.

Die Druidinnen haben mich immer besonders angezogen. In einem Trödelladen sah ich in einem alten Buch ein viktorianisches Gemälde von einer wunderschönen jungen Druidin in Weiß und Gold. Ihre Kapuze war nach hinten geschlagen, so dass man ihr üppiges Haar hervorquellen sah. Sie tanzte um eine Gruppe von Bäumen, auf denen goldene Äpfel wuchsen. Um die goldene Sichel, die sie in der Hand hielt, wand sich eine Mistel. Die Inschrift des Bildes beschreibt die Mistel als »Allesheiler«. Obwohl sie vielleicht nur in der Fantasie des Malers existiert hatte, war sie für mich das perfekte Abbild einer naturverbundenen Priesterin, deren Liebe der Schönheit der Natur gilt.

Ich habe dieses Bild nie wieder gefunden, aber es gibt auch andere Darstellungen von Druidinnen. Ihr Bild jedoch hat sich unauslöschlich in mein Gedächtnis eingeprägt. Im Laufe der Zeit hat es sich in eine ältere Version jener wunderschönen Priesterin verwandelt, reifer und runzliger, mit einer weniger durchsichtigen Robe. Sie hat zu mir im Schlaf gesprochen und mich auf meinem Lebensweg begleitet.

Ich habe die Wildnis immer geliebt, felsige Küsten, Wälder und Berge, aber es hat weitere dreißig Jahre gedauert, bevor ich aufs Land nahe der Küste zog. Obwohl ich als Lehrerin arbeitete, dann eine Ausbildung in Psychologie machte und Mutter von fünf Kindern wurde, war der entfernte Ruf der Druidinnen immer da, wie auf Blätter geschriebene Botschaften, die auf meinem Lebensweg verstreut waren. In verträumten Augenblicken, beim Aufwachen oder kurz vor dem Einschlafen, erinnerten sie mich daran, was ich tief in meinem Inneren war und was ich sein könnte und sein würde.

Die Druidinnen begegneten mir auch in Legenden, als ich mit meinen Kindern in unserem alten, verrosteten Campingbus durch die Bretagne reiste. Dort hörte ich zum ersten Mal die Geschichten und sah Relikte von den neun Druidinnen, die in jener Gegend lebten. Fern der römischen Kirche und der Regierung übten sie ihre Traditionen aus. Weiter nördlich in Frankreich stieß ich auf Geschichten über die weise Erzdruidin, die Babys im magischen Brunnen der Jugend im arthurianischen Wald Broceliande, in der Nähe von Rennes, taufte. Sogar zur Sommersonnenwende ließ sie Feuer entzünden, damit sich die Kleinen nicht verkühlten.

Jetzt mit Anfang fünfzig habe ich endlich die Zeit und den Mut, ganz offiziell als Druidin zu leben und zu arbeiten. Ich besitze einen echten, heiligen Hain. Der Hain ist ein Kreis aus Bäumen und entspricht einer konventionellen Kirche oder einem Tempel. Er ist aber oben zum Himmel hin offen. Das Schöne am Druidentum ist, dass man als Frau seinen eigenen, persönlichen Hain haben kann. Dort genießt man die besonderen Augenblicke der Ruhe und Stille, in denen man mit der Landschaft verschmilzt und in einen Zustand reiner Harmonie gelangt.

In meinem Hain errichten Vögel und Kaninchen ihr Heim, obwohl die anderen darin nur einen Haufen verwilderter Bäume und Sträucher sehen. Er befindet sich gleich neben meinem Wohnwagen auf einem Campingplatz an der Küste, dessen gepflegte Standplätze (abgesehen von meinem) den Klippen aufgrund der Erosion näher und näher rücken. Vögel und Schmetterlinge erfüllen die Hecke mit Leben. Kaninchen sonnen sich dort, nachdem sie sich an meinen Kräutertöpfen den Magen voll geschlagen haben. Der steile Pfad führt hinunter an einen Sandstrand. Dort zeichne ich am frühen Morgen Labyrinthe zum Meditieren in den Sand und wünsche mir bei jeder siebten Welle etwas. Manchmal laufe ich auch den Strahlen des Mondlichts im Wasser nach.

An den Wochenenden, in den Ferien und auch während der Woche, wenn ich blau mache, komme ich zu meinem Wohnwagen und lebe völlig im Einklang mit der Natur. Ich stehe auf, sobald es hell wird, gehe zu Bett, wenn es dunkel wird, werfe meine Weissagungsstäbchen, die ich aus den Zweigen verschiedener Bäume meines Hains angefertigt habe und lausche den Botschaften der im Meereswind raschelnden Blätter.

So wie andere, die ein hektisches Leben führen, praktiziere ich überwiegend allein. Ich versuche, die Natur zu achten und mir der Verbundenheit und Heiligkeit allen Lebens bewusst zu sein, während ich gleichzeitig meinen Lebensunterhalt verdienen und meine Kinder erziehen muss. Ich habe mich jedoch für eine formelle Ausbildung beim internationalen Orden der Barden, Ovaten und Druiden entschieden, und jetzt, da die Kinder größer sind, kann ich an öffentlichen Zeremonien teilnehmen und meine jüngere Tochter Miranda mitnehmen, die das Selbstvertrauen hat, das mir in ihrem Alter fehlte. Dabei kann ich die verschiedenen Aspekte der Spiritualität gemeinsam mit anderen, die diesen Weg gegangen sind, erforschen.

Am liebsten gestalte ich jedoch meine eigenen Rituale, manchmal mit meiner Familie oder mit Freunden, aber häufig allein. Ich begrüße die Sommersonnenwende, den längsten Tag im Jahr und bereite mein heilendes Sonnenwasser *(siehe Seiten 82f.)* zu. Ich stehe vor Tagesanbruch auf und beobachte, wie die Sonnenstrahlen über dem Meer tanzen. Zur Tag- und Nachtgleiche im Herbst besteige ich bei Sonnenuntergang den Glastonbury Tor oder einen anderen mit den Kelten assoziierten Hügel, um den bevorstehenden Winter willkommen zu heißen, der im jahreszeitlichen Zyklus von Geburt, Wachstum, Reife, Verfall, Tod und Wiedergeburt für die Natur und das menschliche Leben, genauso wichtig ist wie der Sommer.

WIE SIE DIESES BUCH ANWENDEN

Bei diesem Buch handelt es sich grundsätzlich um eine praktische Einführung in den druidischen Glauben und dessen keltischen und vorkeltischen Hintergrund.

In den einzelnen Kapiteln erfahren Sie, wie Sie Ihren eigenen, privaten Hain erstellen, wie Sie innerhalb eines magischen Kreises arbeiten und dabei die Kräfte von Sonne und Mond, Bäumen und Wasser nutzen. Ich gebe Ihnen Tipps, wie Sie mit der Weisheit der Vorfahren, ihren persönlichen und anderen weisen Lehrern Verbindung aufnehmen können. So wie ich es langsam gelernt habe mit meiner schattenhaften, aber einflussreichen Druidin, die seit meiner Kindheit auf mich gewartet hat, Kontakt aufzunehmen. In jedem Kapitel beschreibe ich die wesentlichen Lehren zeitgenössischen, etwas formelleren Druidentums. Dabei greife ich auf die ganze Bandbreite, häufig widersprüchlicher, druidischer Überlieferungen zurück und nicht nur auf die Lehren meines eigenen Ordens. Außerdem liefere ich Informationen über eine Vielzahl von Orden und Ausbildungsmethoden.

Jedes Kapitel ist in sich geschlossen, aber es ist hilfreich, zuerst die Kapitel 3 und 4 zu lesen, bevor Sie sich späteren Kapiteln zuwenden. Ich habe in den Kapiteln 1 und 2 historische und mythologische Daten mit praktischen Übungen verknüpft. Vielleicht möchten Sie sich aber auch die historische Perspektive lieber für später aufheben, wenn Sie das Druidentum für sich selbst besser erforscht haben.

Dieses Buch ist so gestaltet, dass Sie darin lesen können, wann immer Sie fünf oder zehn Minuten Zeit haben. Während Ihrer Mittagspause zum Beispiel oder in den wenigen ruhigen Minuten, bevor Sie sich um Ihre Familie kümmern müssen. Es ist ideal, um kurz abzutauchen.

ALS DRUIDIN LEBEN

Sie benötigen nicht einen eigenen Hektar Wald, um eine Druidin oder ein Druide zu werden. Es gibt Gärten, Balkone, Parks, Campingplätze oder Orte auf dem Land, die Sie an einem freien Tag oder im Urlaub aufsuchen können. Im Winter schaffe ich mir meinen Hain in der Wohnung, indem ich meine Zimmerpflanzen im Kreis aufstelle und ich nutze jeden sonnigen Augenblick, um in den Wald zu gehen.

Das Druidentum und seine Spiritualität sind eine Bereicherung für die ganze Familie. Statt Themenparks und ähnliche Vergnügungsstätten zu besuchen, werden Kinder zu Spaziergängen angeregt. Bäume und Tiere sind ebenso faszinierend und dazu noch viel lebendiger als die Kreaturen im Disneyland, Paris.

Mit den druidischen Jahreskreisfesten können Sie sich von dem mit modernen Festen verbundenen Kommerzdenken abwenden und zu alten Traditionen zurückkehren. An Halloween zum Beispiel sollten Sie Plastikskelette und den Brauch »Süßes, sonst gibt's Saures« verbannen und wie die Druiden das Neue Jahr feiern, indem Sie Ihrer weisen Vorfahren gedenken. Backen Sie Ihr Lieblingsgebäck nach Urgroßmutters Rezept, holen Sie alte Fotos hervor und gedenken Sie Ihrer Verstorbenen, so wie es die Druiden tun.

Ihr Partner, Ihre Freunde und Familienangehörigen werden Ihre innere Stille und Harmonie genießen, die Sie durch Meditation in Ihrem Hain und durch die Vorbereitung auf die Jahreszeiten und den Zyklus der Mondphasen, erlangen.

IHRE VERANTWORTUNG ALS DRUIDIN

Alles, was wir vom Kosmos im Laufe unserer Studien in Form von Weisheit, innerer Harmonie und spiritueller Erleuchtung annehmen, müssen wir zurückgeben, indem wir anderen dienen.

Wie die Druiden und Druidinnen vergangener Tage können Sie, egal ob Sie allein praktizieren oder einer Gruppe angehören, Ihre eigene Familie, Freunde, Bekannte und Kollegen mit Ihrer Weisheit und der Gabe, Konflikte beizulegen, beeinflussen. Das ist eine Fähigkeit, die noch zunimmt, je mehr innere Freude und Harmonie Sie erlangen.

Je mehr Gespür Sie für die Kräfte der Natur bekommen, desto mehr wird Ihnen an der Umwelt und an dem Wohlergehen der Erde liegen – den Ozeanen, der Luft und allen Kreaturen. Und weil Sie den Weg der Weisheit beschreiten, werden Sie bestimmt und wohlüberlegt Ihren Beitrag leisten, selbst wenn Sie normalerweise Angst davor haben, vor Publikum zu sprechen oder das Wort zu ergreifen.

Das Druidentum, über das ich schreibe und das ich lebe, erfordert keine Gelübde oder Initiationen. Abgesehen von den ganz persönlichen, die Ihnen den Zugang zu Ihrer eigenen Quelle der Tugend und des Lichts oder Ihres eigenen göttlichen Funkens, Ihres persönlichen Gottes oder Ihrer Göttin, eröffnen. Sie müssen keine Gebühren bezahlen und Sie müssen Ihren Lebensstil nicht von Grund auf ändern. Es handelt sich eher um eine innere Reise und ein ernsthaftes Unterfangen. Die Anforderungen sind hoch. Sie basieren auf persönlicher Integrität und einer Bewusstheit, die wir durch das, was wir sagen oder nicht sagen, was wir tun oder nicht tun, erlangen. Sie gelten, egal ob Sie Ihre Arbeitskleidung oder die besondere Robe tragen, die Sie für Ihre Rituale und Meditationen vorgesehen haben.

1. BEGINNEN SIE IHRE ARBEIT ALS DRUIDIN

Sie sind eine Druidin, wenn Sie sich in Ihrem Herzen wie eine fühlen, egal ob Sie elegant gekleidet sind oder Ihre ältesten Jeans tragen, denn das Druidentum ist in erster Linie eine Lebenseinstellung. Dennoch sind Rituale sehr hilfreich, um Ihre persönliche, spirituelle Kraft mit den kosmischen Energien und jenen der Natur zu verbinden. Deshalb schlage ich Hilfsmittel und Materialien vor, mit denen Sie bestimmte Zeiten und Orte als besonders kennzeichnen und damit vom alltäglichen Leben abgrenzen.

Das nächste Kapitel habe ich der Arbeit mit dem wichtigsten Ort der Druidin, dem heiligen Hain, gewidmet. Doch weil es in diesem Kapitel um den Beginn Ihrer Arbeit geht, stelle ich Ihnen hier einmal das Konzept des heiligen Hains vor. So können Sie von Anfang an diese Entsprechung eines magischen Altars oder Tempels finden oder errichten. Lassen Sie sich bei der Suche nach der richtigen Umgebung Zeit, denn Ihr Hain aus Bäumen oder Pflanzen wird Ihnen lange Zeit als heilige Stätte und Quelle der Kraft dienen.

EINEN PERSÖNLICHEN, LEBENDIGEN TEMPEL ERSCHAFFEN

Der lebendige Tempel aus Bäumen ist sowohl der Ort für Ihre ganz persönlichen Rituale wie auch für gemeinsame Riten, die Sie mit anderen Druidinnen und Druiden ausführen. Ob Sie allein, mit Freunden oder in einer formellen Gruppe arbeiten, ein Hain aus Bäumen oder Sträuchern bildet den Mittelpunkt für persönliche Zeremonien, Heilungen und für Übergangsrituale. Der Hain zeigt an, wie das Jahr vergeht. Sie können jeden Hain, den Sie finden, sei es in einem Stadtpark oder in der Wildnis, für improvisierte Zeremonien verwenden.

Selbst bei Ihrer Arbeit können Sie sich einen Hain erschaffen. Sie können Ihre Büropflanzen ganz unauffällig so anordnen, dass diese zumindest andeutungsweise einen Hain bilden, in dem Sie ungestört arbeiten oder ein paar ruhige Momente innerer Einkehr verbringen können.

Langsam werden Sie lernen, sich einen Hain der Ruhe um sich herum zu visualisieren. Am hektischen Arbeitsplatz oder mitten unter Menschen kann er Ihnen so sofort Zuflucht bieten. Im Laufe der Monate und Jahre wird Ihr Hain zu Ihrem lebendigen Altar, Ihrem Tempel und Ihrer heiligen Stätte werden, egal ob Sie auf dem Land oder in der Stadt leben (wo Sie mit hohen Topfpflanzen improvisieren können).

Suchen oder gestalten Sie Ihren Hain

Nur die wenigsten von uns haben einen Hektar Wald auf ihrem Grundstück. Aber vielleicht haben Sie in Ihrem Garten zwei, drei Bäume oder hohe Sträucher mit einer Lichtung in der Mitte. Wenn nicht, sollten Sie, sofern der Platz vorhanden ist, einige kleine Bäume oder winterfeste Büsche kreisförmig anpflanzen. Der Bereich innerhalb des Kreises sollte groß genug sein, damit Sie darin herumgehen und sich entweder allein oder mit Freunden bequem hinsetzen können.

Immergrüne Pflanzen erlauben Ihnen, das ganze Jahr hindurch, vor den neugierigen Blicken der Nachbarn geschützt, zu arbeiten. Besuchen Sie einmal das nächste Gartencenter und Sie werden erstaunt über das Angebot an Topfsträuchern und kleinen Bäumen sein. Damit können Sie Ihren Miniaturhain anlegen, wenn nötig, sogar in Ihrem Wohnzimmer. Sie können sogar Apfelbäume für drinnen kaufen, einen der heiligsten Bäume der Kelten. Selbst auf einem Balkon, einer Terrasse oder in einem Wintergarten können Sie große Topfpflanzen verwenden, die Sie kreisförmig anordnen, so dass sie einen Hain bilden.

In einem Park in Ihrer Nähe, einem Wald oder einer anderen Grünanlage, die man in modernen Städten immer häufiger findet, oder auch bei einem Ausflug aufs Land, entdecken Sie vielleicht ein Wäldchen. Dies könnte Ihr besonderer Ort werden, den Sie besuchen, wenn Sie allein sein wollen oder spirituelle Arbeit verrichten möchten. In meinem Fall befinden sich zwei Wälder, Parkhurst Forest und Firestone Copse, in meiner Nähe und New Forest, mit seinem naturbelassenen Campingplatz und seinen Waldwegen, liegt gleich auf der anderen Seite der Insel, wo ich lebe. Ihr verborgener Hain, der immer mehr zur heiligen Stätte wird, wird auch andere spirituell ausgerichtete Menschen anziehen. Es werden dort mehr Blumen wachsen und Kleintiere und Vögel werden sich ebenfalls sicher und beschützt fühlen.

Errichten Sie Ihren Hain

Hier sind einige Tipps für das Errichten Ihres Hains.

- Wenn möglich, sollte es in Ihrem Hain oder in dessen Nähe eine Wasserstelle geben, egal ob es sich um einen Gartenteich oder um eine große Schale mit Wasserpflanzen und einer Pumpe handelt. Für Ihren Hain im Haus können Sie einen fertigen Zimmerbrunnen kaufen oder mit einer kleinen Pumpe, einer Schale, Wasserpflanzen und Kristallen selbst einen herstellen. Wenn Sie immer eine kleine Schüssel und eine Flasche stilles Mineralwasser bei sich haben, können Sie überall Ihre Wasserstelle errichten.
- Verbringen Sie Ihre Wochenendausflüge und Ferien in der Wildnis, in einer Forsthütte oder einem Ort von unberührter Schönheit. Als ich in Reading in Berkshire lebte, nutzte ich den Dinton Pastures Country Park, eine Grünanlage, in der

sich gleich neben der Autobahn wildlebende Tiere tummelten. An den Wochenenden campierten wir im Wellington Country Park in der Nähe von Basingstoke. Dort gab es Kiefernwälder, eine Miniatureisenbahn und einen See, auf dem Boot gefahren wurde. Es war eine Oase der Ruhe.

- Ferien im Ausland bieten ganz neue Möglichkeiten. Sie können vielleicht einen Kreis aus Palmen im glühend heißen Sand als Hain nutzen. Eine andere Möglichkeit wäre ein Kreis aus Latschenkiefern auf einem Bergrücken, unter dem Ihnen die Alltagswelt zu Füßen liegt.
- Arbeiten Sie zu unterschiedlichen Zeiten – bei Tagesanbruch, zu Mittag, in der Abenddämmerung und im Dunkeln –, um die unterschiedlichen Energien und Düfte in Ihrem Hain kennen zu lernen *(siehe Seiten 93–96)*. Wenn Sie mit den Mondphasen experimentieren, werden Sie sowohl in Ihrem Inneren wie auch in den Bäumen, dem Gras und dem Himmel, andere Stimmungen wahrnehmen *(siehe Seiten 113f.)*.
- Versuchen Sie die wechselnden Jahreszeiten und das unterschiedliche Wetter, wie etwa Regen, Schnee und Sonne, in Ihrem Hain kennen zu lernen. Die Kräfte werden am stärksten in den Tagen vor und unmittelbar nach den Wendepunkten des Jahreskreises *(siehe Seiten 211–225)*. Stiefel und regenfeste Kleidung sind für die verwegene Druidin genauso unerlässlich wie ihre Robe und ihr Stab.
- An einem Ort, den Sie regelmäßig nutzen, insbesondere in Ihrem Garten, werden Sie feststellen, dass bestimmte Vögel und sogar andere Kleintiere sich Ihnen nähern, während Sie arbeiten. Wenn sich die hungrigen Besucher an Ihren Kräutern und sonstigen Pflanzen zu schaffen machen, werden Sie dies nur als geringen Preis für diesen engen Kontakt mit der Natur empfinden.

IHR BESONDERER ORT

Neben Ihrem Hain möchten Sie vielleicht noch einen ganz besonderen Ort für sich haben, vor allem, wenn Sie Ihr Heim mit Ihrer Familie oder anderen teilen und nur wenig Privatsphäre haben.

Es gibt viele wunderbare Geschichten über Druidinnen – weise Frauen, die in ihren Hütten im Wald Heiltränke zubereiteten oder die Wahrsagekunst praktizierten. Manche dieser Geschichten waren vermutlich auf das Wunschdenken der Viktorianer zurückzuführen, die von der Vorstellung eines naturverbundenen Lebens fasziniert waren. Seien Sie kreativ und verwandeln Sie einen Geräteschuppen in Ihre erste Hütte. Gartenhäuschen aus Holz sind relativ günstig im Baumarkt oder in einem Gartencenter zu bekommen und mit Hilfe von geschickten Freunden oder Angehörigen ist es noch vor Sonnenuntergang aufgestellt.

Eine Dachkammer oder ein freies Zimmer im Obergeschoss, aus dem Sie alles Gerümpel entfernen, bietet vielleicht einen Blick auf die Natur und ist der ideale Platz für einen dauerhaften Hain und Ort der Heilung. Einen ausgedienten Wohnwagen können Sie billig erwerben und wenn Sie auf Ihrem Grundstück nur einen kleinen, freien Flecken haben, können Sie sonstige Fahrzeuge der Familie verbannen und dort Ihr Lager errichten. Manchen Frauen, vor allem Müttern, fällt es vielleicht schwer, ihren Wunsch nach einer heiligen Stätte gegenüber dem Fernsehzimmer der Kinder durchzusetzen oder sie schaffen es nicht, Ihren Partner dazu zu bringen, einen Schuppen, der mit dessen Fahrrädern und rostigen Werkzeugen bis oben hin angefüllt ist, zu leeren. Planen, messen und entrümpeln Sie Ihren Lebensbereich trotzdem und irgendwie werden Sie zu Ihrer Hütte kommen, wenn nicht sofort, dann eben etwas später.

IHRE PERSÖNLICHEN HILFSMITTEL

Sie benötigen keine komplizierten Hilfsmittel, um auf dem Pfad des Druidentums voranzukommen, aber die folgenden Gegenstände sind ganz nützlich.

Die Robe der Druidin

Manchmal möchten Sie vielleicht eine spezielle Kleidung tragen, wenn Sie an Ihrem besonderen Ort oder in Ihrem Hain arbeiten oder wenn Sie an einer außerordentlichen Zeremonie teilnehmen.

Das Tragen einer besonderen Kleidung ist ein Zeichen dafür, dass die Zeit und der Ort, an dem Sie sie tragen, dem Spirituellen und der Anderswelt gewidmet ist. Das Kostümieren allein macht Sie jedoch nicht zu einem spirituellen Menschen.

In den alten Überlieferungen findet man nichts über das Aussehen der Druiden und Druidinnen. Erst nachdem das Interesse an den Druiden im 18. und 19. Jahrhundert in England wieder erwachte, zeigten romantisierte Darstellungen Druiden in weißem Gewand. Manchmal trugen sie auch ein goldenes Halsband und einen Stirnreif, der auf den hohen Rang des Druiden hinwies. Unser Wissen über Kleider für Druidinnen stammt von romantisierten Gemälden wie etwa *Die Druidin* von La Roche aus dem 19. Jahrhundert. Die dargestellte Druidin ist von schlanker, ätherischer Gestalt und hält eine Sichel und einen Mistelzweig in ihren Händen. Sie steht neben einem Megalith. Mit ihrem langen, dunklen, lockigen Haar und ihrem klassischen weißen Kleid ist sie sehr schön und keinesfalls vom Wind zerzaust oder schmutzig.

Vielleicht sind Sie enttäuscht, wenn Sie ein modernes Unisex-Druidengewand sehen, eine lose Robe mit Kapuze, für gewöhnlich in Weiß, manchmal auch in Schwarz, über dem Barden eventuell ein blaues, Ovaten ein grünes und Druiden ein weißes Ritualgewand tragen. Mit diesen drei Graden unterscheiden manche formelle Orden zwischen den einzelnen Studienabschnitten. Manche Gruppen tragen für gewöhnlich zwanglose Roben, außer an einem der großen Feste, wie etwa der Sommersonnenwende. Bei Festen, die im Winter im Freien stattfinden, tragen sie eine besonders warme Kleidung. Im Gegensatz zu den glamourösen Hexen, die die Öffentlichkeit nicht scheuen und zarte, durchsichtige Roben lieben, sind echte Druidinnen und Druiden eher praktisch veranlagt.

Sie können Ihre Robe auch selbst anfertigen, indem Sie das Schnittmuster für ein einfaches langes Kleid oder für einen Morgenmantel verwenden. Es sollte locker sein, mit weiten Ärmeln und einer Kapuze, die Sie vor dem Wind schützt. Sie können einen dicken Vorhangstoff, vielleicht mit grünem Blattmuster für einen langen ärmellosen Umhang, den Sie über der Robe tragen, verwenden.

Wenn Sie Ihre eigene Gruppe ins Leben rufen möchten *(siehe Seiten 228–230)*, wählen Sie für alle Gewänder einen waschbaren, cremefarbenen oder weißen, knitterfreien Stoff. In Ihrer Nähe gibt es sicher eine Schneiderin, die die Roben für Sie näht, wenn Sie selbst keine Zeit dafür haben oder Ihnen das Nähen nicht liegt. Die Märkte und Geschäfte in Südspanien und Afrika sind eine wahre Fundgrube für druidische Kleidung, sollten Sie zufällig in diese Gegend kommen.

Ein Umhang ist nützlich für Zeremonien im Freien, damit Sie nicht frieren. Er muss gar nicht teuer sein. Ich besitze einen waschbaren aus Samt, den ich ermäßigt in Glastonbury gekauft habe, aber auch ein Umhang kann leicht selbst angefertigt werden. Er sollte bis zu den Knöcheln reichen, so dass er den Schlamm nicht streift, und sollte gut zu schließen sein, damit Sie ihn bei starkem Wind nicht ständig festhalten müssen.

Einen Stock suchen oder anfertigen

Ein Stock ist sehr nützlich, wenn Sie durch einen Wald wandern, einen Kreis in die Erde oder in den Sand ziehen möchten. Man kann die Laterne an ihm befestigen, wenn Sie im Dunkeln arbeiten, und er dient dazu die Erdenergien nach oben zu leiten. Wenn Sie mit ihm arbeiten oder wandern, nimmt er dabei Ihre persönliche Energie auf. Zusammen mit der Kraft des Baumes und der Erde, die ihm bereits innewohnt, erfüllt Ihr Stock Sie mit Lebenskraft. Besonders dann, wenn Sie meinen, Sie schaffen es keinen Schritt weiter auf einem steilen, schlammigen Weg, obwohl man Ihnen versprochen hat, dass es am Ende den schönsten und heiligsten Ort der Welt zu finden gibt.

Es gibt viele wunderschön gearbeitete Stöcke; oft sind Tiere im Griff eingraviert (vielleicht finden Sie einen mit Ihrem Krafttier – siehe Kapitel 9). Solche aus Holz gefertigten Stöcke finden Sie auf Jahrmärkten oder in Kunsthandwerkgeschäften auf dem Land.

Zum Glück ist die Kunst des Holzschnitzens wieder im Kommen und vielleicht finden Sie sogar einen ortsansässigen Handwerker, der einen Stock nach Ihren Wünschen schnitzen kann. Traditionellerweise werden Druidenstöcke aus Eiben-, Eschen-

oder Haselnussholz gefertigt, aber das liegt ganz bei Ihnen (für weitere Vorschläge *siehe Seiten 137–147*).

Ich habe meinen Stab im Witchcraft Museum in Boscastle gekauft. Er ist mit Ogham-Zeichen, dem druidischen Alphabet *(siehe Seiten 137–147)* versehen und er war meine Rettung, als ich mir kurz vor den Feiern zur Wintersonnenwende mein Bein verletzte.

Sie können Ihren Stock aber auch selbst anfertigen – vielleicht beherbergt er sogar einen freundlichen Baumgeist. Suchen Sie dazu nach einem langen, dünnen Ast, der sich an einem Ende verjüngt. Wenn er unten leicht spitz ist, können Sie ihn in weiche Erde stecken, und an ihm eine Laterne oder Ihren Kranichbeutel befestigen *(siehe Seiten 26–28)*. Die ideale Länge beträgt 1,5 Meter, es sei denn, Sie bevorzugen einen längeren, einen echten Eremitenstab. Schleifen Sie die Rinde, bis sie ganz glatt ist, dann gravieren Sie beliebige Symbole ein, die für Sie persönlich von Bedeutung sind – vielleicht ein Bild Ihres Krafttieres. Dann tragen Sie mehrere Schichten klaren Holzlack auf.

Der Kranichbeutel

Keine Druidin würde ohne ihren Kranichbeutel aus dem Haus gehen, wenn sie irgendwelche Naturschätze sammeln möchte. Der Name stammt von dem Beutel, den Manannán mac Lir, der keltische Meeresgott, aus der Haut eines magischen Kranichs fertigte und in dem er die Schätze Irlands aufbewahrte. Es gibt widersprüchliche Mythen in Bezug darauf, wem die Kranichhaut ursprünglich gehörte. Einer bekannten irischen Legende nach war der Kranich die Jungfrau Aoife, die von einer eifersüchtigen Rivalin, die ebenfalls die Liebe des Meeresgottes gewinnen wollte, verzaubert wurde. Von da an lebte Aoife als Kranich im Haus des Meeresgottes bis zu ihrem Tod, 200 Jahre später.

In einer anderen Version der Geschichte war Aoife die Frau von Manannán und wurde bestraft, weil sie der Menschheit das Alphabet des Wissens verriet. Der Schatz im Kranichbeutel bestand aus vielen magischen und mythologisch bedeutenden Gegenständen, einschließlich eines Gürtels, der aus den Rippen eines großen Wals gefertigt war, Schätzen, die in großen Schlachten erbeutet worden waren und zu guter Letzt, Manannáns Hemd.

Ihr Kranichbeutel kann aus jeder beliebigen Naturfaser sein, wie etwa Jute, Baumwolle oder Seide, denn die meisten modernden Druidinnen möchten keine Tierhaut verwenden. Er sollte so groß sein, dass eine Reihe von Zweigen, Muscheln, Steinen usw. darin Platz hat. Die weichen, bestickten Stofftaschen mit Kordelzug, wie man sie in Ethnoläden findet, sind ideal dafür.

In diesem Beutel können Sie, in ein Seidentuch eingewickelt, alle möglichen Schätze aufbewahren, die Sie in der Natur finden, beispielsweise Eicheln oder Beeren von alten Bäumen oder von Bäumen, die eine besondere Magie ausstrahlen. Sie können darin alles Mögliche verwahren: Muscheln, die Sie an einem Strand oder unter einem heiligen Wasserfall gefunden haben; Federn, die Sie an einer alten Kultstätte gefunden haben; Ihre Lieblingskristalle; eine kleine Flasche mit Wasser von einem heiligen Brunnen oder heiliges Wasser, das Sie selbst hergestellt haben *(siehe Seite 60);* Räucherwerk (ein Bündel getrockneter Kräuter, wie Salbei, Zedernholz, Rosmarin oder Lavendel, die gut brennen und in Ritualen entzündet werden können, um ihren Duft zu verströmen); vielleicht ein Fossil, aus dem Sie ein Amulett gemacht haben; und Ihre Wahrsagestäbchen in ihrem Beutel *(siehe Seiten 137–147).* Auf diese Weise können Sie jederzeit ein improvisiertes Ritual ausführen, wenn Sie sich in der freien Natur aufhalten.

Im Laufe der Jahre sammeln sich vermutlich eine ganze Reihe solcher Schätze an, so dass Sie immer wieder andere Dinge in Ihrem Kranichbeutel aufbewahren. Die Schätze, die Sie nicht bei sich tragen, sollten Sie eingewickelt in einer kleinen Holzschachtel aufheben. Lassen Sie Ihre Kinder mitmachen – sie lieben es, nach außergewöhnlichen Fossilien und Steinen zu suchen.

Wenn Sie möchten, können Sie den Inhalt Ihres Kranichbeutels bei Vollmond und eventuell vom Tagesanbruch bis Mittag am längsten Tag des Jahres offen auf ein Seidentuch legen. Die Gegenstände nehmen dabei Energie auf, die Sie dann für

Ihre persönliche Stärkung, als Schutz und zum Heilen nutzen können.

Katalogisieren Sie jeden Gegenstand, damit Sie sich später, wenn Sie ihn zum Meditieren in Ihren Händen halten, daran erinnern können, wo Sie ihn gefunden haben und welch magischer Augenblick dies war.

Sie können auch ein, zwei nützliche Dinge darin aufbewahren, wie etwa Streichhölzer, Kugelschreiber und Notizblock oder kleine Beutel zum Sammeln von Kräutern, Blättern, Blumen oder Beeren, damit diese nicht beschädigt werden.

Ein Tagebuch führen

Obwohl die keltischen Druiden, wie es bei den Römern heißt, sowohl in Griechisch als auch in einer frühen Form von Gälisch lesen und schreiben konnten, und die Ogham-Zeichen (das Baumalphabet) in Holzstäbchen ritzten, haben sie leider ihre religiösen Praktiken, ihre persönliche Geschichte oder Mythologie nicht aufgezeichnet. Sie hielten diese Dinge für zu heilig, als dass man sie dem geschriebenen Wort anvertraut hätte. Stattdessen haben sie Hunderte langer Gedichte und Geschichten auswendig gelernt und mündlich weitergegeben, und das über Hunderte oder sogar Tausende von Jahren. Diese Geschichten enthielten vermutlich die Quintessenz ihres Glaubens.

Eine Reihe dieser Geschichten und Gedichte, ursprünglich in Gälisch, sind uns in übersetzter Form erhalten geblieben. Schauen Sie sich dazu einige der Bücher an, die ich auf den Seiten 243–245 angeführt habe. In den vergangenen Jahren haben John und Caitlín Matthews einige der zuvor unübersetzten Werke der Kelten der modernen Welt zugänglich gemacht (eines ihrer Bücher ist ein guter Einstieg in dieses Thema, *siehe Seite 244)*.

Das moderne Druidentum schätzt zwar noch immer die mündliche Überlieferung, akzeptiert aber auch, dass wir Poesie und Geschichten, Erfahrungen, Meditationen, Visualisierungen, Weissagungen, Traumarbeit, Heilungen sowie Kräuter und Bäume, die eine besondere Bedeutung für uns haben, in Wort und Bild festhalten. Im Gegensatz zu den Druiden und Druidinnen früherer Zeiten können wir nicht neunzehn Jahre unseres Lebens damit verbringen, uns das, was wir lernen, einzuprägen. Deshalb wird Ihr Tagebuch ein nützlicher Begleiter für Sie sein.

Wenn Sie einen Ringordner dafür verwenden, können Sie immer neue Blätter hinzufügen und Ihre Notizen beliebig umordnen. Vielleicht legen Sie sich noch ein kleines Büchlein für dauerhafte Aufzeichnungen zu, in dem Sie eventuell gepresste Blätter und getrocknete Blumen sammeln sowie persönliche Initiationen und sonstige Meilensteine Ihrer Reise festhalten. Sie könnten auch ein Arbeitsbuch anlegen, das Sie mit Zeichnungen, Gedichten und Geschichten rund um die Symbole, die in Ihren Träumen und Studien auftauchen, füllen.

Diese Dokumente sind ein besonderes Andenken, das Sie mit Ihren Freunden und Angehörigen oder mit Ihrer Gruppe teilen sollten. Eines Tages werden sie Teil Ihrer Hinterlassenschaft an zukünftige Generationen sein – denn das, was wir lernen, können und sollen wir auch an andere weitergeben. Durch die Anregungen und das Verständnis der anderen werden dabei unser eigenes Wissen und unsere Weisheit vermehrt.

Einen Kraftnamen wählen

Moderne Druiden und Druidinnen suchen sich einen besonderen Namen aus, den sie verwenden, wenn sie die druidischen Lehren praktizieren. Emma Restall Orr, Joint Chief des British Druid Order *(siehe Seite 247)*, verwendet den Namen Bobcat (auf Deutsch: Luchs), weil sie dieses Tier als heilige Kreatur betrachtet, dessen Form sie geistig annimmt, um dessen Stärke zu erlangen *(siehe Kapitel 9)*. Andere Druidinnen und Druiden nehmen den Namen von Göttern oder Göttinnen an *(siehe Seiten 198–205)*, die Eigenschaften verkörpern, die sie bewundern. Lassen Sie sich Zeit und der richtige Name wird auftauchen. Vielleicht gibt es einen bestimmten Baum oder eine Pflanze, einen Vogel oder ein anderes Tier, mit dem Sie sich spirituell verwandt fühlen und dessen Namen Sie dann übernehmen. Wenn Sie in einer Gruppe arbeiten, können Sie bei Ihren Treffen diese besonderen Namen verwenden.

DIE RITUALE DER DRUIDIN

Manche Leute sagen, die Druidinnen seien die neuen Hexen und darin liegt ein Körnchen Wahrheit, denn das Druidentum erfüllt ihr ganzes Leben mit Magie. Die Rituale der Druidin konzentrieren sich jedoch im Gegensatz zu den Riten der Hexen nicht darauf, Macht aufzubauen und freizusetzen, sondern darauf, sich mit den Kräften der Natur und dem Göttlichen zu verbinden. Auf diese Weise finden langsame, aber dauerhafte Veränderungen in Ihrem Inneren statt, so dass Sie die Welt mit Ihren Gedanken, Worten und Taten beeinflussen können.

Es spricht nichts dagegen, druidische Rituale zu Ihrem eigenen Wohl auszuführen. Konzentrieren Sie sich aber bei jedem Ritual auch darauf, einen Menschen, ein Tier oder einen Ort, der Hilfe braucht, zu segnen. Während Sie sich darauf freuen, dass Ihr eigener Wunsch erfüllt wird, tun Sie auch etwas Nützliches für andere. Wahre weiße Hexenkunst ist ebenfalls altruistisch, aber die heutigen Zauberwünsche lesen sich häufig wie eine Einkaufsliste. Im Gegensatz dazu ist sich die weise Druidin immer bewusst, dass alle Veränderung und jeder Fortschritt in ihrem Inneren beginnt und dass ein gutes Ritual den Anstoß oder die Stärke dafür liefert. Druidische Rituale erfordern weniger Hilfsmittel als die Hexerei und je mehr Ihre persönliche Macht zunimmt, desto weniger brauchen Sie diese.

Im nächsten Kapitel werden wir einige der Hilfsmittel, die Sie gesammelt haben, anwenden und die formelle Arbeit im heiligen Hain beginnen.

2. EINEN HEILIGEN HAIN ERRICHTEN

Die Druiden wählen Eichen, um Haine zu errichten und führen ihre religiösen Riten nur im Schutz deren Blätter aus.

Plinius der Ältere, in der *Naturalis Historia*

Suchen Sie ein Wäldchen oder eine Baumgruppe im nächsten Park auf. Machen Sie blau und verbringen Sie einen sonnigen Nachmittag in einem botanischen Garten oder fahren Sie hinaus aufs Land oder in einen Wald. Machen Sie das allein oder mit einer Freundin, Ihrer Mutter, Ihrer Schwester, oder mit Ihren Töchtern. An einem der großen Feste (wie etwa Mittsommer) können Sie Ihren Liebsten mitnehmen und sich am frühen Morgen oder in der Dämmerung lieben. Zunächst aber arbeiten Sie mit der rein weiblichen Energie, der instinktiven Kraft, die Sie über die alltägliche Welt hinaus auf eine andere Ebene der Freude befördern kann.

Bäume haben im Druidentum einen besonderen Platz. Auf den Seiten 130–147 schreibe ich über die Baummütter, die Geister, von denen man sagt, dass sie in jedem Baum leben und weise Führer sind, vor allem für Frauen.

Die Kelten glaubten, dass sich in jedem Baum, Hain oder Kreis von Bäumen, Himmel, Erde und Wasser treffen. Die Zweige des Baumes berühren den Himmel, seine Wurzeln reichen bis tief in die Erde und aus der Erde nimmt er Wasser auf. Das Wasser fällt dann wieder als Regen, der den Baum nährt und seinen Blättern neue Lebenskraft schenkt. Eine Frau ist ähnlich wie der Baum mit ihrem Heim und ihrem Bedürfnis nach Sicherheit verwurzelt. Das »Wasser« sind die Emotionen und die Inspiration, die ihr helfen, sich mit anderen und der Natur zu verbinden und der »Himmel« ist das, was sie erreichen kann, ohne ihr eigenes Selbst aufzugeben. Im nächsten Kapitel werden wir mehr mit diesen Kräften arbeiten.

In manchen Hainen pulsiert die Kraft, denn sie befinden sich auf einer Leyline oder einer unterirdischen Kraftlinien-Kreuzung. Der Kreis aus Bäumen scheint diese Energie noch zu verstärken. Vielleicht entdecken Sie zufällig einen solchen Hain. Später beschreibe ich noch, wie Sie einen dauerhaften Hain finden oder errichten können. Außerdem erkläre ich wie Sie einen temporären Hain erschaffen können, wenn Sie beispielsweise im Urlaub sind oder ein paar Tage auf dem Land verbringen. Jetzt wollen wir die Arbeit in einem Hain weiter erforschen.

BÄUME VERSTEHEN UND ERKENNEN

Sie brauchen einige Erfahrung mit verschiedenen Bäumen, wenn Sie die Energie der unterschiedlichen Arten und der einzelnen Bäume einer Art spüren möchten. Obwohl die Eiche für das Druidentum besonders wichtig ist, gibt es eine Reihe anderer heiliger Bäume, wie etwa Birke, Weide, Stechpalme, Haselnuss, Weißdorn, Erle und Eibe.

Jede Baumart ist anders und unterscheidet sich in Größe und Dichte. Auch die Struktur der Rinde, der Blätter, der Duft der Blätter, die Früchte oder Beeren sind je nach Baumart verschieden. Zu Beginn Ihrer Arbeit als Druidin geht es überwiegend darum, diese ergiebige Quelle der Kraft und Weisheit anzuzapfen und Sie werden Ihre Fingerspitzen genauso einsetzen müssen wie Ihre Augen, um das Wesen der Bäume, und nicht nur ihre äußeren Merkmale zu verstehen.

Selbst solchen Menschen, die nicht an Baumgeister *per se* glauben, wird bewusst, dass einzelne Bäume derselben Gattung sich fein unterscheiden und dass es in einem Kreis aus Bäumen einen oder zwei geben wird, unter denen es besonders angenehm ist, zu sitzen und sich anzulehnen, weil die Schwingungen zu Ihren passen. Solche Bäume laden Ihre Aura oder Ihr persönliches Energiefeld mit ihrer Essenz auf. Im Laufe der Zeit werden Sie geringe Veränderungen der Energie der einzelnen Bäume, je nach Jahreszeit und Sonnen- oder Mondzyklus, wahrnehmen.

Planen Sie Besuche in Baumgärten, bewaldeten Gebieten und botanischen Gärten in Ihre Freizeitaktivitäten ein. Wenn Sie Kinder haben, beschweren sie sich anfangs vielleicht, wenn sie auf ihre Videospiele verzichten müssen, aber über kurz oder lang werden sie Baumhäuser oder Biwaks aus abgebrochenen Ästen bauen, wildlebende Tiere erkennen und viel ruhiger und mit rosigen Wangen nach Hause kommen. Gestresste Freunde und Partner werden von solchen Ausflügen ebenfalls profitieren. So mancher verborgene Hüter der Natur schlummert sogar in dem verwöhntesten Städter.

Nehmen Sie ein gutes Buch über Bäume mit, damit Sie die verschiedenen Arten anhand ihrer Blätter und Rinde sowie ihres Gesamtbildes unterscheiden können. Manche Bäume sind sich auf den ersten Blick sehr ähnlich, also dauert es eine Weile bis man sie auseinander halten kann, vor allem im Winter. Ob Sie zur Botanikexpertin werden oder nicht, Sie werden auf jeden Fall von dem was die mittelalterliche Mystikerin Hildegard von Bingen *veriditas,* das Grüne nannte profitieren, denn die Kraft des Grünen wird in Ihnen sein, selbst wenn Sie inmitten von Beton Ihren Hain nur visualisieren. Nehmen Sie auch ein Vogelbuch und ein Fernglas mit, denn das, was aussieht wie ein unbedeutender brauner Fleck, stellt sich vielleicht als Kreatur mit wunderschönem Gefieder und einem Gesang heraus, den Sie später wieder erkennen lernen.

Mit der Essenz eines Baumes verschmelzen

Dies ist eine gute Übung, mit der Sie jedes Mal Ihre Arbeit in einem Hain beginnen können, um sich von der Alltagswelt abzugrenzen.

- Wählen Sie einen beliebigen Baum in Ihrem Hain oder Wäldchen. Wenn möglich, arbeiten Sie so, dass das Sonnenlicht durch die Blätter durchscheint oder stellen Sie sich das so vor, falls es ein trüber Tag ist.

- Gehen Sie zum Baum und stellen Sie sich so hin, dass alle Ihre Finger und Zehen den Baumstamm leicht berühren.
- Ziehen Sie die üppige, goldene Energie durch Ihre Füße und Beine hoch, und lassen Sie sie durch Ihr Perineum, Ihre Gebärmutter oder Genitalien, Ihren Nabel und die Mitte Ihres Bauches, durch die Mitte Ihrer Brust und Ihr Herz bis zu Ihrem Scheitel aufsteigen. Dann lassen Sie sie nach unten über Ihren Hals, Ihr Brustbein und dann durch Ihre Arme und Finger wieder zurück in den Baum fließen. An jedem dieser Punkte befindet sich ein Energiezentrum, das mit verschiedenen Organen und Körperteilen verbunden ist. Das Perineum oder Wurzelchakra reguliert beispielsweise die kleineren Energiezentren in den Fußsohlen und nimmt somit Kraft und Schutz von der Erde auf, vor allem wenn Sie barfuß sind.
- Lassen Sie dabei zu, dass die Baumessenz in Ihrem Geist ein Bild schafft, vielleicht das einer knorrigen alten Frau, einer jungen Elfe oder eines gebieterischen Wächters mit einem Geweih aus Ästen. Es kann sein, dass Sie einen Energiestoß oder einen Lichtstrom in Ihrem Körper verspüren. Vielleicht vernehmen Sie Worte vom Wächter des Baumes, aber bei vielen kommt es erst später zu einer solch starken, persönlichen Verbindung. Behalten Sie die Verbindung zur Baumenergie bei, bis Sie sich stark und beschützt fühlen.
- Umarmen Sie den Baum oder binden Sie zum Dank biologisch abbaubare Bändchen oder Blumen an seine Zweige.
- Wenn Sie es noch als angenehm empfinden, setzen Sie sich mit dem Rücken an den Baumstamm und verbinden Sie sich mit dem Waldboden, dem Surren der Insekten, dem Gezwitscher der Vögel und den vorbeiziehenden Wolken. Im Laufe der Zeit werden sie alle als Teil des immer währenden Kreislaufs der Lebens- und Lichtkraft, die alle Lebensformen erfüllt, mit Ihnen verschmelzen. Verbinden Sie sich mit anderen, die früher an diesem Ort gesessen sind und ihre Träume geträumt haben, voller Hoffnung oder vielleicht voller Verzweiflung waren und denen die Bäume Trost geschenkt haben. Schicken Sie ihnen Ihren Segen und vielleicht werden

Sie mit einer sanften Brise belohnt, wenn sich die verschiedenen Dimensionen für einen Augenblick berühren.

- Tragen Sie Bilder oder Worte, die Ihnen bewusst wurden, in Ihr Tagebuch ein und versuchen Sie, Ihre Baumessenz zu zeichnen.

ERDEN SIE SICH

Sie können einen bestimmten Baum eines tatsächlichen oder eines visualisierten Hains verwenden, um sich zu erden und sich mit der warmen, nährenden Mutter Erde zu verbinden, wenn Sie ängstlich oder verärgert sind oder sich schützen wollen. Es ist hilfreich, die Verbindung das erste Mal in einem echten Hain herzustellen und wenn möglich, einen Baum zu suchen, wenn Sie spüren, dass Sie frustriert sind. Vielleicht gibt es in der Nähe Ihres Arbeitsplatzes einen kleinen Park (eine kleine Unterbrechung der Arbeit kann Wunder bewirken). Auch zum Abschluss eines Hainrituals ist es gut, sich zu erden, besonders wenn Sie sich dabei anderer Dimensionen bewusst waren.

Übung, um sich zu erden

- Stellen Sie sich mit dem Gesicht zu einem Baum. Lassen Sie dabei die Arme locker hängen, die Finger zeigen nach unten, zwischen den Füßen ist etwas Abstand, der Rücken ist gerade, die Muskeln sind entspannt und das Kinn leicht gesenkt.
- Heben Sie Ihre Hände langsam bis über Ihren Kopf, während Sie einatmen und dabei bis vier zählen (eins und zwei und drei und vier). Stellen Sie sich dabei vor, dass kleine, goldene Zweige aus dem Baum kommen, die Sie sanft umranken und umarmen, so dass Ihre überschüssige Energie und alles Dunkle isoliert und in langsamere, sanftere Schwingungen umgewandelt wird.
- Mit nach oben gestreckten Fingern und nach innen gebogenen Armen, die den von Ihnen ausgesuchten Baum widerspiegeln sollen, bleiben Sie stehen und halten Ihren Atem an, während Sie bis zwei zählen (eins und zwei). Stellen Sie sich vor, wie sich die Zweige des Baumes langsam zurückziehen

und die umgewandelte Energie sanft nach unten, durch Ihre Körpermitte zu Ihren Füßen und Fingerspitzen strömt.

- Nehmen Sie Ihre Arme langsam nach unten, während Sie bis vier zählen, so dass Sie schließlich seitlich anliegen und die Finger zur Erde zeigen.
- Halten Sie inne, während Sie bis zwei zählen. Dann wiederholen Sie den Ablauf noch zweimal, wobei Sie sich vorstellen, wie die überschüssige Energie weiter aus Ihnen herausströmt.
- Lassen Sie die letzten dunklen Energien durch Ihre Füße in den Boden strömen, indem Sie alles Negative beim Ausatmen freisetzen. Die Erde nimmt es auf und wandelt es in positive Energie um.
- Umarmen Sie Ihren Baum zum Dank.
- Wenn Sie auf einem Balkon, einer Terrasse oder mit Pflanzen an Ihrem Arbeitsplatz arbeiten, versorgen Sie diese zusätzlich mit Pflanzennahrung und lassen Sie ein Kristallpendel gegen den Uhrzeigersinn über der Erde kreisen, um negative Energie aufzunehmen, die Ihren Pflanzen schaden könnte. Dann waschen Sie Ihr Pendel unter fließendem Wasser und schütteln es im Licht trocken.

EINEN VISUALISIERTEN, PRIVATEN HAIN ERRICHTEN

Sie können einen Baum oder einen ganzen Hain visualisieren, wenn Sie gerade nicht von Ihrer Arbeit weg können. Es dauert vielleicht einige Tage, auf zwei oder drei Wochen verteilt, wobei Sie jedes Mal eine halbe Stunde dafür aufwenden, um diese Technik zu perfektionieren. Jeder Baum hat seine Stärken, das heißt, Sie können sich einen bestimmten Baum oder Hain vorstellen, um genau dessen Eigenschaften in sich aufzunehmen (eine Liste der Eigenschaften der verschiedenen Bäume finden Sie auf den *Seiten 39–46*).

Das ist besonders nützlich, wenn beispielsweise die Atmosphäre an Ihrem Arbeitsplatz angespannt ist oder Sie in einem überfüllten Zug unterwegs sind oder mit dem Auto im Stau stecken. Es ist auch äußerst hilfreich, sich bei Menstruationsbeschwerden oder klimakterisch bedingten Hitzewallungen, die mich gerade plagen, mit schützendem Grün zu umgeben. Außerdem habe ich festgestellt, dass mich die anderen Menschen weniger wahrnehmen, wenn ich in einer Menschenmenge oder auf einer langen Zug- oder Flugreise meinen Hain visualisiere. Das heißt, dass ich meinen Frieden habe, wenn ich müde bin und mit niemandem reden möchte.

Es ist hilfreich, am Anfang mit echten Bäumen zu arbeiten, um ein starkes inneres Bild zu erzeugen, das nicht nur auf Sehen, sondern auch auf Riechen und Fühlen beruht. Wenn ein bestimmter Baum in Ihrer Gegend nicht vorkommt, nicht einmal in einem botanischen Garten, wählen Sie einen anderen mit ähnlichen Stärken. Markieren Sie auf der Liste auf den Seiten 39–46 jene Bäume, die Sie nicht kennen und suchen Sie nach Ihnen, wenn Sie einen botanischen Garten oder einen Baumgarten besuchen oder ins Ausland reisen.

Ich arbeite manchmal in der Neuseeland-Abteilung des botanischen Gartens in Ventnor auf der Isle of Wight. Dort gibt es einen Palmenhain und im tropischen Treibhaus gibt es sogar noch exotischere Bäume aus dem Bereich südlich der Sahara. Das Eden Project in der Nähe von Liskeard in Cornwall ist ein magischer Ort, um Bäume, Blumen und andere Pflanzen aus allen Teilen der Welt kennen zu lernen. Es gibt auch zahlreiche andere Treibhäuser mit Regenwäldern, die Sie besuchen können. Ansonsten können Sie auch gut illustrierte Bücher oder Videos verwenden, wenn Sie mit einem Baum arbeiten möchten, den Sie nicht kennen.

Tragen Sie in Ihr Tagebuch die Namen der Bäume ein, die Sie am häufigsten verwenden, welche Gefühle sie in Ihnen hervorrufen und welche sonstigen Erlebnisse Sie mit dem Baum hatten. Vielleicht treffen Sie auf Bäume, die ich nicht angeführt habe und die andere Eigenschaften und Stärken aufweisen. Schreiben Sie das einfach alles auf.

Aus Baumessenzen und ätherischen Ölen können Sie auch viel Kraft gewinnen, obwohl Erstere nicht duften, denn sie werden aus der spirituellen Essenz der Blüten hergestellt. Verwenden Sie das ätherische Öl in einer Duftlampe oder tropfen Sie es auf ein Taschentuch. Geben Sie ein oder zwei Tropfen der Baumessenz auf Ihre Zunge oder in Ihr Badewasser. Diese Essenzen und Öle können, ebenso wie Räucherstäbchen und Baumdüfte, etwa aus Kiefer oder Zeder, sehr hilfreich sein, wenn Sie einen Baum visualisieren. (Ich habe einige meiner Lieblingsessenzen im Anhang aufgelistet.)

Wenn Sie drinnen arbeiten, spielen Sie dabei leise Musik mit Wald- oder Wassergeräuschen oder schalten Sie Ihren Zimmerbrunnen ein und schließen Sie Ihre Augen, um Ihren inneren Hain entstehen zu lassen.

BAUMORAKEL-KARTEN

Abgesehen davon, Bäume zu visualisieren, während Sie im Freien oder in der Nähe von Grünpflanzen sitzen, können Sie auch eine Reihe von Orakelkarten der Bäume erstellen, deren Eigenschaften Ihnen für Ihr Leben wichtig erscheinen. Schreiben Sie die Namen der Bäume auf Karten, die dann als Symbole oder psychische Auslöser dienen. Ähnlich wie Tarotkarten können Sie die Karten dann einsetzen, um festzustellen, welcher der Bäume, zu welcher Zeit am hilfreichsten ist. In Ihrem Hain oder an Ihrem Schreibtisch können Sie sie dazu verwenden, Ihr Unterbewusstsein mit der Baumenergie zu verbinden.

Schneiden Sie Karten aus, die etwas größer als Tarotkarten sind und lassen Sie jeweils die Rückseite frei. Auf die andere Seite jeder Karte schreiben Sie den Namen eines Baumes und wenn Sie möchten, zeichnen Sie seine Blätter oder Früchte aus einem guten Baumbuch ab. Sie können auch Bilder aus dem Internet herunterladen und diese anmalen. Wenn möglich, laminieren Sie die Karten.

Wenn Sie nicht sicher sind, welche Eigenschaften Sie gerade brauchen, mischen Sie die Karten, ordnen Sie sie mit der Bildseite nach unten kreisförmig an und ziehen Sie drei. Sie können auch ein Kristallpendel verwenden, um die Karten auszuwählen, falls Sie Ihrer Intuition noch nicht so recht trauen. Das Pendel wird sich schwer anfühlen, wenn es sich über den richtigen Karten befindet. Legen Sie die drei Karten dann mit der Bildseite nach oben in einem Kreis um sich herum auf und visualisieren Sie die entsprechenden Bäume.

BAUMSYMBOLIK

Einige der hier angeführten Bäume werden in Kapitel 7 noch einmal auftauchen. Dort behandle ich die Kraft der druidischen Bäume, während ich hier auf die spirituelle Stärke der Bäume eingehe und weniger auf ihren Bezug zu Mythologie oder Weissagung. Denken Sie daran, dass Bäume aus verschiedenen Ländern für einen Hain verwendet werden können. Sie werden sofort feststellen, dass einige, wie etwa Efeu, Mistel oder Wein gar keine Bäume sind. Die Kelten haben diese jedoch mit einbezogen, weil der Wein wie ein Baum nach oben wächst und weil sich Efeu und Mistel um Bäume schlingen. Efeu und Wein kommt bei der Weissagung mit Bäumen außerdem besondere Bedeutung zu.

Ahorn – Langes Leben, gesunde Kinder, Fruchtbarkeit, Reichtum jeder Art und Vergnügen. Ein guter Baum hilft Ihnen, wenn Sie das Vertrauen in sich selbst verloren haben, die potenziellen Schätze in Ihrem Leben zu erkennen, so dass sich die Dinge zum Guten wenden.

Apfel – Fruchtbarkeit, Gesundheit, Liebe und langes Leben. Der magische Apfelbaum schenkt Ihnen neues Leben und Kraft, wenn Sie sich müde fühlen oder von Ihrem Weg abgekommen sind.

Avocado – Wunsch nach mehr Schönheit in sich selbst oder seiner Umgebung. Sie werden imstande sein, Hässliches in Schönes umzuwandeln, werden aber feststellen, dass Sie sich sowohl um die Anliegen der Umwelt kümmern müssen als auch darum, Schönheit und Anmut in Ihr eigenes Leben zu bringen.

Bambus – Schutz, vor allem für den eigenen Haushalt und gegen negative Gedanken anderer. Sie können sich und Ihre Lieben mit seinem Schutz umgeben, müssen aber dafür sorgen, dass Ihre eigenen Gedanken und Worte ebenso positiv sind.

Banane – Fruchtbarkeit, männliche Potenz und Wohlstand. Die Bemühungen führen nur langsam zum Ziel und es erfordert Geduld, bis die rechte Zeit für wahre Stärke da ist.

Banyan – Glück und Optimismus. Sie können den Sonnenschein in Ihr Leben lassen, indem Sie sich einfachen Vergnügen hingeben und jeden kleinen Augenblick des Glücks genießen.

Birke – Reinigend, Gesundheit, Neubeginn, Magie der Göttin und Schutz der Jugend. Sie brauchen entweder eine neue Einstellung oder müssen das, was bequem und vertraut ist aufgeben, um voranzukommen und zu wachsen.

Birne – Neues Leben, Gesundheit, Frauenprobleme und Fruchtbarkeit; sanftes Wachstum, die Zunahme stiller Freude und die Erfüllung realistischer Ziele in der nahen Zukunft.

Buche – Wissen, Lernen und Veränderung. Sie können viel lernen, wenn Sie in der Natur meditieren und wenn Sie versuchen, Ihrer Intuition und Inspiration eine solide Basis zu geben.

Buchsbaum – Bringt heimliche Schätze, verborgene Talente und das Unerwartete zum Vorschein. Ein Baum, der Ihr Potenzial fördert und vielleicht Träume erfüllt, die Sie schon aufgegeben hatten.

Eberesche – Ein weiterer Baum der Weißen Göttin; schützt Ihr Heim, steigert Ihre medialen Fähigkeiten, bringt Heilung und ist auch hilfreich für das Rutengehen und die Astralprojektion. Ein magischer Baum, der Sie beschützt, sei es vor der dunklen Seite oder der Bösartigkeit anderer.

Efeu – Treue, Ehe und hingebungsvolle Beziehungen; Königin an der Seite der Stechpalme. Gut, wenn man sein Vertrauen und seine Liebe anderen gegenüber stärken möchte und wenn es darum geht, liebevolle, aber klare Grenzen zwischen sich selbst und anderen zu ziehen; gut für Frauen.

Eibe – Baum, der das Ende symbolisiert; Neues, das aus Altem entsteht; Beständigkeit, Ziele, die lange brauchen, bis sie verwirklicht werden; dauerhafte Stärke; alles, was wertvoll ist; verbindet zwei Menschen, nachdem sie ihre Schwierigkeiten überwunden haben. Die Eibe erlaubt Ihnen, um das zu trauern, was Sie verloren haben, während Sie sie daran erinnert, was wertvoll ist und weiter besteht.

Eiche – König des beginnenden Jahres und ein heiliger Baum der Druiden; Baum des Wissens, Macht und Unabhängigkeit, Vertrauen, Wohlstand und Macht. Wie die Esche ist die Eiche ein weiser Vaterbaum, der dafür steht, sich einer Entdeckungsreise zu widmen und Herr über seine Emotionen zu werden.

Erle – Baum des Feuers genannt. Sie steht für die solide Basis für jedes Vorhaben und die Fähigkeit, externe Kräfte und Faktoren in Ihrem Leben zu beeinflussen. Sie kann Ihnen in unsicheren Zeiten Sicherheit bieten und Ausdauer geben, um ein Unterfangen durchzuziehen, das sich anfangs als schwierig erweisen mag.

Esche – Erweiterung des Horizonts, Reisen, vor allem Seereisen, Heilung, Stärke und Wohlstand. Als ein Weltenbaum wird die Esche Ihre Autorität und Macht als Führungspersönlichkeit steigern, was natürlich auch zusätzliche Verantwortung mit sich bringt.

Espe – Kommunikation, Eloquenz, Schutz vor Diebstahl und Heilung. Die Espe ist ein sensibler Baum, der Ihr Mitgefühl stärkt, wobei Sie das Leid der anderen fühlen. Sie verbindet Sie in Ihrem Herzen mit den Erfahrungen anderer.

Eukalyptus – Reinigend und heilend. Ein Baum, der stockende und blockierte Energien freisetzt und Menschen hilft, voranzukommen.

Feige – Weisheit, Kreativität, Fruchtbarkeit, Harmonie und Gleichgewicht. Ein Baum, der selbst voller Fülle ist und unsere künstlerische und einfallsreiche Seite fördert.

Hartriegel – Konzentration und Entschlossenheit. Ein Baum, der dabei hilft, Schwierigkeiten zu meistern und fröhlich weiterzumachen, bis die gewünschten Ergebnisse erreicht werden.

Haselnuss – Weisheit, Glück, Fruchtbarkeit, Wissen und Inspiration, Gerechtigkeit und Weissagung, Wassermagie. Nützlich für die Suche nach Wasser und Schätzen mit der Wünschelrute. Verwenden Sie diesen Baum, wenn Sie es mit Ungerechtigkeit zu tun haben oder bestimmte Prinzipien vertreten, damit er Ihnen hilft, die Dinge mit Ihrer Überzeugungskraft statt mit Gewalt zu bereinigen.

Holunder – Baum der Weißen Mondgöttin und der weiblichen Magie; verleiht die Fähigkeit, andere Dimensionen wahrzunehmen und steigert die Hellsichtigkeit. Der Holunder ist ein magischer Baum, der persönliche, negative Energien aufnimmt. Er ist ein guter Baum für Männer und für Frauen, um ihre magische Seite zu erforschen und Zweifel an der Gegenwart von Naturwesen aus dem Weg zu räumen.

Kastanie/Rosskastanie – Überfluss und vielfältige Möglichkeiten. Ein wunderbarer Baum für kühne Unterfangen sowie für idealistische und edelmütige Vorhaben.

Kiefer – Symbol für Feuer und Illumination, Reinigung, Gleichgewicht, Freund in der Not, Wissen und Schutz vor allem Negativen. Wie die Tanne lodert die Kiefer in der Dunkelheit, erhellt Ihren Pfad und verbrennt alles, was Ihren Weg zur Erfüllung blockiert.

Kirsche – Neue Liebe, hellseherische Fähigkeiten und Fruchtbarkeit. Ein Frühlingsbaum, der besonders für jüngere Menschen geeignet ist, um ihre eigene Liebesfähigkeit zu erforschen.

Kokosnuss – Fruchtbarkeit, Mutterschaft und das Fließen neuen Lebens und neuer Energien; schützt gegen alles Negative, vor allem gegen psychische Angriffe. Eine traditionelle Quelle der nährenden Lebenskraft von Mutter Erde, die dazu anregt, für andere zu sorgen und im Gegenzug die Freude des Gebens zu erleben.

Lärche – Schützt, vor allem gegen Diebe; Optimismus. Ein Baum, der unsere Stimmung hebt und unser inneres Schutzsystem, das wir alle besitzen, dem wir aber häufig nicht trauen, auslöst; gut, wenn Sie sich von anderen, zum Beispiel Arbeitskollegen, bedroht fühlen – sei es emotional oder psychisch.

Linde – Gerechtigkeit, gute Zusammenarbeit mit anderen, Partnerschaften jeder Art und für den Umgang mit Bürokratie. Ein Baum, der eine ruhige, bescheidene Kraft ausstrahlt, die zeigt, dass es möglich ist, dass es ein Einzelner mit dem System aufnehmen und gewinnen kann, wenn es um eine gerechte Sache geht.

Lorbeerbaum – Schützt vor Krankheit; Erfolg und Umsetzung von Zielen; sich trotz Schwierigkeiten durchsetzen. Ein Baum, der verspricht, dass Sie mehr erreichen werden als Sie je erhofften oder erträumten, wenn Sie sich dem Leben stellen.

Lorbeerkranz – Treue, Ehe, zur Bewahrung von Familie und Heim und für angenehme Träume. Indem Sie dauerhafte Freude statt sofortigem Vergnügen anstreben, können Sie wahre Harmonie für sich selbst und Ihre Lieben erlangen.

Mandel – Reichtum, Wohlstand und Liebe ohne Ende. Wie alle Bäume, die Nüsse tragen, verspricht der Mandelbaum, dass jedes Vorhaben gelingt und Träume erfüllt werden, auch wenn es ein paar Monate dauern mag.

Mango – Gesundheit, Beständigkeit und dauerhaftes Glück. Dieser fruchtbare Obstbaum verspricht Jahr für Jahr Freude, wenn Sie die Samen dieser Freude jetzt säen.

Mistel – Bei den Druiden als Allesheiler bekannt; Frieden, Liebe und Reinheit, auch Fruchtbarkeit und sexuelle Potenz, die Vereinigung des Männlichen und Weiblichen, Schutz und Gesundheit. Eine Pflanze, die Sie wählen, wenn Sie am Anfang Ihrer spirituellen Reise oder einer Beziehung stehen, von der Sie glauben, dass sie sich als wichtig herausstellen wird.

Myrthe – Dauerhafte Beziehungen, Eheglück, Fruchtbarkeit, Jugend, Frieden und Geld. Ein weiterer Baum, der für Harmonie sowohl in Ihren Beziehungen zu anderen als auch zu sich selbst sorgt und Stabilität in einen unsteten Bereich Ihres Privatlebens bringt.

Norfolk Island Kiefer – Garantiert, dass Sie und Ihre Familie nie arm sein werden; gewaltige Möglichkeiten; wenn Sie eine Gelegenheit ergreifen, werden Sie Erfolg haben.

Olive – Frieden und Versöhnung, Vergebung, Überfluss, Nahrung, Heilung und Fruchtbarkeit. Ein heilender Baum, der jede

Sorge oder Verbitterung vertreiben und dauerhaften Frieden in ihre unmittelbare Umgebung und vielleicht sogar darüber hinaus bringen kann, wenn sich ihr Frieden stiftender Einfluss weiter ausbreitet.

Orange – Liebe, Fülle, Fruchtbarkeit, Ehe, Glück und Geld. Steigert das Selbstbewusstsein, die Selbstachtung und die Eigenliebe, so dass Sie positive Beziehungen zu anderen eingehen und um das bitten können, was Sie brauchen.

Palme/Dattelpalme – Fruchtbarkeit, Potenz, Selbsterneuerung, Verjüngung, Lebenszyklus von Natur und Mensch. Ein Baum des Sonnenscheins und des blauen Himmels, der Ihnen hilft, sich zu regenerieren und auf einem neuen Pfad vorwärts zu schreiten.

Pappel, weiße und schwarze – Die weiße Pappel symbolisiert Geld, Schutz auf der Astralebene, Hoffnung, Wiedergeburt und Weissagung. Die schwarze Pappel hat mit Ende zu tun. Gemeinsam führen die schwarze und weiße Pappel vom Ende zum Anfang, von der Trauer zur Heilung und vom Schmerz zur Freude.

Pfirsich – Ehe und Geburt, Fülle, Glück, Fruchtbarkeit, Wünsche und ein langes Leben. Ein weiterer Baum der Sonne, der Ihnen dabei hilft, Ihre Sinnlichkeit und Sexualität ohne Gefühle von Schuld oder Scham zu entfalten.

Platane – Schützt und erfüllt Wünsche; mehr Einfluss auf Menschen und Situationen ausüben. Ein Baum, der so wirkt wie seine schnell wurzelnden Sporen, das heißt, Sie können jede Situation zum Besseren beeinflussen, wenn Sie Ihre Gefühle und Ideen zum Ausdruck bringen.

Redwood – Unbegrenztes Potenzial, langfristiges, spirituelles Wachstum und klare Zielsetzung. Dieser Baum sagt Ihnen, dass Sie Ihre Ziele hoch ansetzen und nicht an Ihren Fähigkeiten zweifeln sollen, egal wie unerreichbar das Ziel scheinen mag.

Silver Banksia – Schutz, Loslassen von Kummer, Entwicklung einer positiveren Einstellung, Wachstum und positive Weiterentwicklung. Ein sanfter Baum, der Sie in Liebe hüllt und Ihnen die Gewissheit gibt, dass sich alles zum Guten wendet, wenn Sie nur Vertrauen haben und sich dem Leben öffnen.

Stechpalme – Schützt, vor allem das Heim, gegen alles Negative; ein Baum, der auch für finanziellen und materiellen Gewinn sorgt. Ein weiterer Baum, der dazu ermutigt, Schwierigkeiten als Möglichkeit für positives Handeln zu nutzten; ein Baum, der besonders gut gegen feindselige Energien von Frauen oder bei der Lösung von Problemen mit Männern in Ihrem Leben wirkt. Die Stechpalme ist eine männliche Pflanze, die eine starke, aktive Energie ausstrahlt, wie man sie mit dem männlichen Aspekt unseres Seins assoziiert. Der Sage nach war die Stechpalme der König des zu Ende gehenden Jahres (von Mitte Juni bis Ende Dezember). Seine Gemahlin und Königin war der Efeu.

Tamarinde – Liebe, vor allem neue Liebe und Wiederaufbau von Vertrauen. Ein Baum voller sanfter Liebe, der vor allem nach einer Enttäuschung oder einem Vertrauensbruch hilfreich ist und Güte und Freundschaft verspricht, woraus sich tiefere, dauerhaftere Gefühle entwickeln können.

Tanne – Der Weihnachtsbaum, also ein Baum der Geburt, der Wiederkehr des Lichts und des Neubeginns, des Lebenszyklus und der Reinigung. Ein Baum, der Licht in die Dunkelheit bringt und selbst am dunkelsten aller Tage zukünftige Freuden verspricht.

Ulme – Ruhiger Schlaf, Liebe und Geben. Die Ulme ist an vielen Orten durch eine Krankheit bedroht, strahlt aber trotzdem Heiterkeit und Würde inmitten von Lärm und Chaos aus.

Wacholder – Schützt vor allen negativen Kräften und reinigt. Einer der besten Bäume, um schlechte Gewohnheiten, eine Sucht oder emotionalen Ballast aus der Vergangenheit abzulegen.

Walnuss – Baum der Prophezeiung, unter dem sich traditionellerweise die Hexen treffen; Gesundheit, Steigerung der geistigen Fähigkeiten, Fruchtbarkeit, erfüllt Wünsche. Ein Baum, der verspricht, dass sich nach und nach alles zum Guten wendet und der die Geheimnisse medialer Fähigkeiten enthüllt.

Weide – Ein Mondbaum; Intuition, Mondmagie, Heilung, lässt Wünsche in Erfüllung gehen, steigert Ihre medialen Fähigkeiten und lässt Sie die Emotionen anderer besser verstehen. Lassen

Sie sich mit dem Strom des Augenblicks treiben und tauchen Sie in die Emotionen einer Situation oder eines Menschen ein, um die Wahrheit zu entdecken; ein guter Baum, wenn Ihre Emotionen und Ihre Intuition blockiert sind.

Wein – Wiedergeburt und Erneuerung, Freude, Ekstase und Magie. Er empfiehlt Ihnen, die Einschränkungen und Verbote in Ihrem Geist aufzugeben und das zu suchen, was Ihnen Glück und Verbundenheit mit dem Leben bringt.

Weißdorn – Mut, Grenzen festlegen, Reinigung, Schutz, männliche Potenz (obwohl es ein weiblicher Baum ist), und Reinigung; ein magischer Baum. Nutzen Sie diesen Baum, um sich vor der Skepsis und dem Zynismus anderer zu schützen und sich einen persönlichen Freiraum zu schaffen, in den die Forderungen der anderen nicht eindringen.

Weiße Mangrove – Stärkt Sie selbst und andere, macht Sie sensibel, intuitiv, fürsorglich, ausgeglichen und verbindet Sie mit dem Pulsschlag des Lebens. Ein weiterer Baum, der Sie mit anderen und der Weisheit der Natur verbindet; mit seiner Hilfe überwinden Sie Gefühle von Einsamkeit und Entfremdung.

Zeder – Glück und Treue in der Liebe und in reifen Beziehungen. Ein sehr reinigender und heilender Baum, der Ihre Ängste beseitigen kann, die Sie davon abhalten, Ihr Glück zu finden.

Zypresse – Langes Leben, Heilung und Trost. Ein guter Baum, um einen Verlust zu verarbeiten und um etwas zu trauern.

IHREN HAIN EINWEIHEN

Initiation ist ein Wort, das uns in der modernen Welt merkwürdig erscheinen mag. Wir verbinden damit, in die Dunkelheit einzutauchen, um unser Ego abzuschütteln oder mit Riten, die mit Schritten ins Ungewisse verbunden sind und mit Versprechungen, bestimmten Pfaden und Lebensweisen zu folgen. Zahlreiche druidische Gruppen betrachten die persönliche Einweihung als eine Privatangelegenheit. Es gibt aber auch öffentliche Zeremonien, wie beispielsweise jene des British Druid Order, bei denen Sie gemeinsam mit anderen Ihren Wunsch kundtun, gesegnet und als Barde anerkannt zu werden. Der Barde ist bei manchen Systemen der erste Grad in der druidischen Ausbildung *(siehe Seiten 235f.)*.

Egal ob Sie allein oder in einer Gruppe arbeiten, können Sie ein einfaches Ritual ausführen, um Ihren persönlichen Hain zu einem heiligen Ort zu weihen. Auf diese Weise grenzen Sie innerhalb der Bäume und anderen Pflanzen einen Bereich, frei von den Alltagssorgen, ab, in dem Sie sich spirituell weiterentwickeln können.

In gewisser Weise erklären Sie also sich selbst und dem Kosmos/der göttlichen Quelle gegenüber, dass Sie Ihren Geist mit den Mächten der Natur und den höheren spirituellen Energien verbinden. Menschen, die ihren Hain und sich selbst so geweiht haben berichten, dass sie sich ruhiger und weniger unter Druck gesetzt fühlen, gelassener sind, und dass sie ihrer inneren Führung vertrauen.

Die Einweihung Ihres Hains ist der erste große Schritt, um jene weise Frau zu werden, egal wie alt Sie sind, von der ich in der Einführung gesprochen habe. Wenn Sie in einer Gruppe oder mit Freunden oder Familienangehörigen arbeiten, können Sie das Einweihungsritual als Begrüßungszeremonie verwenden. Da Sie den Hain in sich tragen, können Sie die Einweihung an dem Ort, an dem Sie für gewöhnlich arbeiten durchführen. Auch im Urlaub können Sie das Ritual begehen und dort einen Wald oder einen Kreis aus Bäumen in der Nähe eines Strandes aufsuchen.

Sobald Sie einen Hain eingeweiht haben, haben Sie einen magischen innerlichen Hain geschaffen, der jedem Ort, an dem Sie arbeiten, Macht verleiht, egal ob es sich um einen tatsächlichen Hain oder einen visualisierten handelt. Wenn Sie in der Nähe von Bäumen arbeiten, gehen Sie vor allem bei trockenem Wetter mit Kerzen und sonstigem Räucherwerk sorgfältig um, und platzieren Sie diese in großen, mit Sand gefüllten Schalen oder Kübeln.

Wie Sie sich vorbereiten und welche Hilfsmittel Sie brauchen

Planen Sie den Ort und die Zeit so wie Sie eine ganz besondere Feier planen würden. Am besten wählen Sie bei Tagesanbruch eine Baumgruppe in Ihrem Garten, eine besondere Stelle in der Nähe Ihres Campingplatzes, wenn Sie im Urlaub sind oder zwischen Ihren Pflanzen in Ihrer Wohnung. Sie könnten auch einen Hain aus Zweigen errichten, die Sie mit Bändern und Glocken versehen.

Die Abenddämmerung, wenn sich der Himmel scharlachrot und purpurn verfärbt, ist eine Zeit voller Kraft, aber vielleicht ziehen Sie es vor, zu arbeiten, wenn es dunkel ist. Obwohl es beim Druidentum häufig um Licht und Sonne geht, und viele Jahreskreisfeste bei Tagesanbruch stattfinden, habe ich festgestellt, dass persönliche oder Gruppeneinweihungen besser im Mondlicht durchgeführt werden. In einer klaren Vollmondnacht wird Ihr Hain silbern erstrahlen und eine Brücke zwischen der materiellen Welt und der höheren spirituellen Ebene bilden.

Wenn Sie Ort und Zeit gewählt haben, gehen Sie so vor:

- Vor der Einweihung Ihres Hains sollten Sie mit ätherischem Lavendel- oder Rosenöl baden oder duschen und danach etwas Lockeres für die Zeremonie anziehen (Vorschläge, wie Sie eine Robe herstellen, finden Sie auf den *Seiten 24f.)*.
- Legen Sie in die Mitte Ihres Hains einen Felsen oder Stein oder ein unpoliertes, flaches Stück Amethyst, Rosenquarz oder Calcit – alles mächtige, weibliche Energiesteine. Zu Hause können Sie einen niedrigen Tisch aus unbehandeltem Holz als zentralen Punkt verwenden. Auf Kunst- und Handwerksmessen oder in Ethnoläden finden Sie solche Gegenstände oft recht günstig und ein großer Teil des Gewinns geht dabei meistens an den Hersteller. Sie können auch eine gleichmäßige, dicke Schieferplatte verwenden, die Sie auf zwei Ziegel legen.
- Gibt es in Ihrem Hain von Natur aus kein Wasser, füllen Sie eine Obstschale aus Kristall (ältere Verwandte oder Flohmärkte sind eine gute Bezugsquelle dafür) mit Wasser und stellen Sie diese in die Mitte Ihres Steines oder Tisches.

- Zünden Sie auf dem Stein eine Bienenwachs- oder eine weiße Kerze in einem Kerzenhalter an oder stellen Sie eine Gartenfackel, die Sie in einen Behälter mit Sand oder Erde gesteckt haben, vor dem Stein auf.
- Nördlich der Kerze platzieren Sie ein dickes Kräuterbündel oder Räucherstäbchen (solche für den Garten sind sehr stabil und lassen sich gut halten ohne sich zu verbrennen) aus Salbei, Zeder, Lavendel oder Rosmarin. Verwenden Sie einen tiefen Behälter, in dem das Räucherwerk aufrecht Platz hat oder verwenden Sie Salbeiblätter, die Sie in einer flachen, großen Keramikschale entzünden können. Der Grund, warum man eher in Nordamerika heimische Kräuter als europäische für das Räuchern verwendet ist der, dass sie zuverlässiger brennen. Sie benötigen eine Feder, um den Rauch zu fächeln.
- Außerdem benötigen Sie Quellwasser (oder stilles Mineralwasser) und eine kleine, durchsichtige Schüssel, die Sie auf dem Stein oder Tisch oder links davon platzieren, während Sie nach Norden blicken.

Verbinden Sie sich

- Setzen Sie sich still an einen Baum im Hain, und zwar so, dass Sie in etwa nach Osten blicken. Druidinnen betreten einen Hain oder Kreis *(siehe Seiten 67–70)* für gewöhnlich von Westen her, der Richtung der Anderswelt und blicken in die Richtung der Wiedergeburt, den Osten.
- Nehmen Sie sich Zeit, um sich mit jedem Baum und jeder Pflanze im Hain zu verbinden. Wenn Sie möchten, stehen Sie auf und gehen Sie im Uhrzeigersinn herum, berühren Sie jeden Baum, spüren Sie seine individuelle Energie und sagen Sie zu jeder Baummutter, oder Schwester, wenn es sich um einen jüngeren Baum handelt: »Ich begrüße Euch, Mütter und Schwestern des Hains. Ich bitte Euch, diesen heiligen Ort zu segnen.« (Bei sehr alten Bäumen können sogar Großmütter dabei sein.)
- Gehen Sie weiter im Kreis, bis Sie zu Ihrem Ausgangsbaum zurückgekehrt sind und segnen Sie diesen.

- Wenn Sie sitzen, wandern Sie mit Ihren Augen noch einmal im Kreis oder gehen Sie noch einmal herum, und berühren Sie jeden Baum, um sich mit dem ihm innewohnenden Naturgeist zu verbinden. Danken Sie ihm für seine Anwesenheit und sein Versprechen, den Hain und alle Bäume und sonstigen Pflanzen zu beschützen (ein Versprechen, das nicht einfach zu erfüllen ist, aber ein wichtiges, wenn unsere Nachfahren noch unversehrte Haine vorfinden sollen).
- Vielleicht werden Sie belohnt, und entdecken um jeden Baum einen zarten Schimmer, spüren eine hauchdünne Berührung auf Ihrem Körper oder empfinden ein tiefes Gefühl von Frieden.

Die Zeremonie

- Gehen Sie jetzt in die Mitte und entzünden Sie Ihr Räucherwerk an der Kerze. Gehen Sie direkt nach Osten, und beginnen Sie gegenüber der Stelle, an der Sie gesessen sind. Schreiten Sie langsam und bedächtig im Uhrzeigersinn im Kreis herum und fächeln Sie den Rauch Ihres Räucherwerks mit der Feder zu den Ästen und Blättern hinauf. Sagen Sie bei jedem Baum: »Möge dieser Ort voller Frieden und Heiligkeit sein. Ich segne Euch alle, Baum-Großmütter, Mütter und Schwestern und bitte darum, eins mit Euch zu sein«.
- Stellen Sie sich dann in die Mitte, wobei Sie nach Osten blicken. Fächeln Sie sich den Rauch Ihres Räucherwerks spiralförmig im Uhrzeigersinn von den Füßen bis nach oben zum Scheitel und dann wieder nach unten zur Erde. Sagen Sie dabei: »Ich verbinde meine eigenen lebendigen, wachsenden Energien mit dem Leben innerhalb dieses Hains. Seid gesegnet. Ich, Eure Schwester und Tochter, grüße Euch«.
- Bringen Sie das Räucherwerk in die Mitte des Kreises zurück und sorgen Sie dafür, dass es sicher weiterbrennt.
- Heben Sie jetzt die kleine Schüssel mit Wasser hoch und besprengen Sie jeden Baum oder jede Pflanze mit einem oder zwei Tropfen Wasser, wobei Sie im Osten beginnen. Sagen Sie dabei: »Möge Euch das Wasser der Mutter stark machen und

nähren, so dass ich von Euch an diesem besonderen Ort Stärke und Nahrung empfangen kann.«

- Wenn Sie Ihren Baum im Westen erreicht haben, setzen Sie sich wieder unter ihn, und blicken Sie dabei in die Mitte des Kreises. Stellen Sie die Schüssel vor sich hin, nehmen Sie etwas Wasser in Ihre hohle Hand und trinken Sie ein paar Tropfen. Sagen Sie dabei: »Möge das Wasser der Mutter mich ebenso stark machen und nähren, so dass ich zu einer Quelle der Kraft werde und die Kraft des Hains verkörpere. Ich bitte Euch, als Eure Schwester und Tochter, um Euren Segen.«
- Vergießen Sie das restliche Wasser unter dem Baum, unter dem Sie stehen und setzen Sie sich dann ruhig im Licht der Kerze und im Duft des Räucherwerks hin.
- Wenn Sie bereit sind, löschen Sie die Kerze und das Räucherwerk (in der Keramikschale oder im Sand). Räumen Sie alles weg. Geben Sie die gebrauchten Kerzen und das Räucherwerk in eine braune Papiertüte, die Sie später entsorgen.

Der Abschluss Ihrer Hain-Arbeit

Im Gegensatz zur Magie, brauchen Sie Ihren Hain nicht zu verschließen, denn er reist in Ihrem Herzen mit Ihnen. Vielleicht möchten Sie aber einen kleinen Spruch anbringen, wie etwa: »Möge dieser Hain für immer offen und heil sein, in meinem Herzen und in meinem Leben.« Und vielleicht möchten Sie langsam herumgehen und jeden der Bäume oder sonstigen Pflanzen in Ihrem Hain berühren und sagen: »Ich segne und danke Euch. Nun, da ich diesen Ort verlasse, bitte ich noch einmal um Euren Schutz, so wie ich meinen der Natur anbiete. Bis zum nächsten Mal.«

Versuchen Sie, etwas Zeit damit zu verbringen, Pflanzen zu versorgen, Müll aufzuheben, Vögel zu füttern oder auf eine andere Weise Ihr Versprechen, sich um die Natur zu kümmern, zu erfüllen.

DIE WÄCHTERIN IHRES HAINS ENTDECKEN

Vielleicht sind Sie sich schon bewusst, wenn Sie in Ihrem Hain umhergehen oder sitzen, dass es eine weise Wächterin gibt, deren geheimnisvolle Präsenz die Bäume und sonstigen Pflanzen beschützt und die neben Ihnen steht, wenn Sie arbeiten und Ihre Schritte mit sanfter Hand lenkt oder Ihr Herz mit prophetischen Worten oder Liedern erfüllt, selbst wenn Sie normalerweise gar nicht poetisch oder musikalisch sind.

Sie brauchen keine Angst zu haben, denn dabei handelt es sich nicht um ein Gespenst oder einen Geist, der Ihr Leben übernehmen möchte. Der Wächter des Hains wartet vielmehr darauf, in Ihre spirituelle Welt eingeladen zu werden und er erwartet immer von Ihnen, dass Sie Ihre eigenen Entscheidungen treffen.

Die meisten Frauen haben eine Wächterin und jene von uns, die mit den Druidinnen aus alter Zeit in Verbindung treten möchten, interpretieren diese Präsenz als den Geist einer weisen Druidin aus der Vergangenheit. Wie sie sich Ihnen auch zeigt, sie wird wahrscheinlich zunächst während einer Meditation oder in Ihren Träumen auftauchen, um Sie auf den neuen Pfaden zu geleiten und dann wieder nach Hause zu bringen. Ihre Führerin kann Ihnen auch dabei helfen, Zugang zu den universellen Symbolen oder der kosmischen Datenbank zu finden und diese zu interpretieren. Diese Informationen sind hilfreich für Weissagungen und helfen Ihnen, die Verbindung zwischen der inneren und äußeren Welt herzustellen, denn Traum- und Weissagesymbole können in der Alltagswelt auf ganz unerwartete Weise auftauchen. Ihre Führerin kann sich auch im Laufe Ihrer spirituellen Entwicklung verändern.

Wenn Sie mit Ihrer Wächterin Kontakt aufnehmen möchten, setzen Sie sich am besten still in einen echten oder visualisierten Hain und schaffen die Voraussetzungen, unter denen Ihre Wächterin am ehesten erscheint. Arbeiten Sie an einem Übergangspunkt des Tages, beispielsweise in der Abenddämmerung, die den Beginn des keltischen Tages darstellt oder bei Tagesanbruch. Es hilft Ihnen vielleicht, sich eine Hütte auf einer Lichtung oder eine Höhle nahe der Küste vorzustellen. Visualisieren Sie Ihre Wächterin, die in einen Umhang gehüllt ist, und in einer Waldlichtung Kräuter sammelt oder über offenem Feuer einen Heiltrank braut. Sie können auch Ihre Augen schließen oder sich auf eine Pflanze konzentrieren und sich vorstellen, wie sich im Nebel eine Gestalt bildet und sich der Nebel langsam lichtet.

Nähern Sie sich der Wächterin in Ihrem Geist – vielleicht spricht sie zu Ihnen und unter Umständen erkennen Sie, dass Sie diese Stimme schon einmal gehört haben, möglicherweise in Ihren Träumen, als Sie noch ein Kind waren. Ihre Wächterin hat vielleicht die Gestalt einer herkömmlichen Druidin in weißer Robe, aber sie kann auch in Braun gekleidet sein oder ein ganz anderes Gewand tragen. Es gibt keine Aufzeichnungen darüber, wie sich die frühen Druiden kleideten und die meisten Bilder stammen von frühen viktorianischen Künstlern, die vom wieder auflebenden Natur-Mystizismus beeinflusst waren *(siehe Seiten 240–242)*. Ihre Führerin mag sogar in Blätter gehüllt sein, denn vielleicht ist sie eine der alten Baummütter, die in Bäumen wie dem Holunder leben *(siehe Seiten 144f.)*. Mutter Holunder ist beispielsweise meine persönliche Führerin, die mir viel über Geduld und langfristige Ziele beigebracht hat. Das hat mir sehr dabei geholfen, meinen dringenden Wunsch, alles sofort fertig zu stellen und Ergebnisse zu erzielen, zu dämpfen.

Sie können sich auch eine Geste ausdenken, mit der Sie Ihre Wächterin um Schutz oder Rat bitten, wenn Sie Ihren Hain nicht aufsuchen können, etwa, dass Sie Ihr Stirnchakra oder geistiges Energiezentrum, das sich etwas oberhalb zwischen Ihren Augen befindet, berühren. Oder Sie denken sich einen Satz aus, wie zum Beispiel »Mutter/Gebieterin segne und beschütze«, den Sie dann in Ihrem Geiste wie ein Mantra rezitieren, wenn Sie den Rat Ihrer Wächterin benötigen.

Bei Ihrer ersten Begegnung kann es sein, dass Ihre Wächterin eine Botschaft für Sie hat oder Sie fühlen sich vielleicht einfach nur geschützt und geborgen wie ein Kind. Lassen Sie die Vision wieder los, wenn es Zeit dafür ist, denn Sie wissen ja, dass Sie sich jederzeit wieder mit Ihrer Wächterin verbinden können.

WIE SIE IHREN HAIN IN IHREM ALLTAGS-LEBEN EINSETZEN

Manchmal werde ich von anderen gefragt – und ehrlich gesagt, habe ich mich das selbst auch gefragt –, was man in einem Hain eigentlich macht. Wozu braucht man ihn? Fragen Sie ein Kind, warum es ein Baumhaus oder ein Versteck unter Sträuchern baut. Oder fragen Sie sich, warum wir als Erwachsene manchmal früher von unserer Arbeit weg wollen oder eine Verabredung absagen müssen, damit wir allein, vielleicht sogar im Regen in einem Park, einem Wald oder am Wasser spazieren gehen können.

Die moderne Druidin, die in der Stadt lebt, kann nicht einfach in den Wald gehen oder ans Meer fahren, wenn sie die Welt um sich herum nicht mehr ertragen kann. Deshalb ist ein Hain hilfreich. Wenn wir uns ausgelaugt und ängstlich fühlen oder eine wichtige Entscheidung treffen müssen, spielt es keine Rolle, ob der Hain tatsächlich oder nur in unserem Geist existiert. Im Laufe der Zeit wird Ihr Hain augenblicklich auftauchen, wenn Sie in einem überfüllten Zug sitzen, an einer Besprechung mit feindseliger Atmosphäre teilnehmen oder wenn Termine unmöglich einzuhalten sind. Sie werden eine innere Ruhe und Harmonie spüren, die es Ihnen ermöglicht, Ihre Emotionen, Worte und Taten zu beherrschen, und nicht mehr wie ein Blatt im Wind herumgewirbelt zu werden.

Im nächsten Kapitel werden wir mit dem heiligen Kreis arbeiten, einem weiteren magischen Ort, den Sie für Ihre spirituelle Arbeit und Weissagungen nutzen.

3. EINEN HEILIGEN KREIS ERRICHTEN

Innerhalb Ihres Hains oder Ihrer Baumgruppe gibt es einen heiligen Ort. Das ist der heilige Kreis, wie er auch in der Hexenkunst verwendet wird. Magier grenzen diesen Bereich bei speziellen Zeremonien ab, indem sie sich auf seine vier Hauptrichtungen konzentrieren und sich die unterschiedlichen Kräfte innerhalb der vier Kreisviertel vorstellen *(siehe Seiten 68–70).* Manchmal ziehen sie diesen Kreis innerhalb des heiligen Tempels, in dem sie arbeiten, und schaffen so einen geschützten Arbeitsbereich. Das können Sie in Ihrem Tempel aus Bäumen ebenfalls machen.

Bei alltäglichen Ritualen brauchen Sie sich nicht um einen heiligen Kreis und die verschiedenen Himmelsrichtungen zu kümmern. Manche Druidinnen arbeiten überhaupt nie mit einem heiligen Kreis, weil sie glauben, dass jeder Ort heilig und magisch ist, und sie finden es unnötig, den Hain in verschiedene Bereiche aufzuteilen. Ich schlage jedoch vor, dass Sie dieses Kapitel lesen und bei besonderen Zeremonien den heiligen Kreis, ähnlich dem magischen Kreis der Hexen, verwenden. Wenn sich das für Sie nicht richtig anfühlt, lassen Sie es.

DRUIDINNEN, HEXEN UND DER KOSMISCHE KREIS

Es scheint, als sei der Kreis der Druidinnen dem Kreis der Hexen sehr ähnlich. Das ist keine große Überraschung, denn die beiden Religionen sind verwandt. Wie ich bereits erwähnt habe, betrachtet man das Druidentum mehr und mehr als Nachfolgereligion der Hexenkunst. (Sie gehören vielleicht sogar zu den Vorreitern einer neuen Bewegung und in einigen Jahren findet man wahrscheinlich mehr Bücher über das Druidentum in Buchläden als über Zauberei.) Es gibt aber sehr entscheidende Unterschiede. Ich werde versuchen, meinen Standpunkt zu erklären.

Der in beiden Disziplinen verwendete Kreis ist derselbe, aber sein Zweck ist ein anderer. Druidinnen geht es im Allgemeinen nicht darum, Energie zu manipulieren, um persönliche, äußere Umstände zu beeinflussen, so wie das viele Hexen tun – obwohl es bei der wahren weißen Magie häufig um Frieden und Schutz der Schwachen geht.

Zahlreiche Druidinnen sind auch Hexen und kombinieren diese zwei Lebenswege ganz einfach. Es gibt auch Bestreben, die Rituale dieser beiden Lehren aneinander anzugleichen. Ich selbst arbeite sowohl als weiße Hexe als auch als Druidin.

Ich glaube, dass es bei der druidischen Arbeit im Kreis und auch sonst darum geht, uns innerlich zu verändern, so dass wir anders denken, sprechen und handeln. Wirkungslos? Die Wissenschaft beginnt allmählich zu verstehen, wie sich der Flügelschlag eines Schmetterlings auf das ganze Universum auswirken kann. Wenn also hundert, tausend oder zehntausend Druidinnen aufgrund ihrer inneren Transformation Wert auf ihre Worte und Taten legen, dann ist das eine ganze Menge an druidischer Macht, mit der positive Energie ins Universum geschickt wird.

DIE KRAFT DES KREISES

Der Kreis steht dafür, dass alles Leben miteinander verbunden ist und immer weiter besteht. Das Symbol der Frauen ist der Kreis, das der Männer ist die gerade Linie. Die Menstruation der Frau stellt einen Zyklus dar und Frauen scheinen sich instinktiv auf das Auf und Ab des Lebens einzustellen. Männer hingegen können den Lauf des Lebens von A nach B mit Höchstgeschwindigkeit absolvieren und dann erstaunt fragen, was nun?

Manche Druidinnen glauben, die Kraft des Kreises kann weitergegeben werden, indem man in einem Hain tatsächlich die Form eines Kreises nachzeichnet, mit anderen in diesem Kreis steht, und sich dabei an den Händen hält.

AUSSERHALB DES HAINS ARBEITEN

Ein Kreis kann auch hilfreich sein, wenn Sie beispielsweise ein Ritual nicht in einem Hain aus Bäumen ausführen, sondern in einem alten Steinkreis, der als solcher eventuell nicht mehr eindeutig zu erkennen ist oder in der Nähe eines einzelnen Steins oder eines heiligen Brunnens. Es kann auch einmal vorkommen, dass Sie an einem Strand oder auf einer Wiese einen magischen Bereich für Ihre Arbeit abgrenzen möchten. Druidinnen und Druiden arbeiten manchmal gerne in der direkten Sonne, manchmal in einem schattigen Hain, vor allem, wenn es in dem Ritual darum geht, Menschen oder Orten Energie zu schicken. Freie Plätze, an denen man bis zum Horizont sehen kann, sind von Licht durchflutet. In diesem Fall kennzeichnet der Kreis den Ritualbereich, und die diffusen Naturenergien können darin gesammelt und konzentriert werden. Jeder Ort ist anders als der Hain und bietet die Möglichkeit, unterschiedliche magische Energien zu erforschen.

DIE VIER ELEMENTE IM DRUIDENTUM

Um all das besser verstehen zu können, werfen wir doch zunächst einmal einen Blick auf die vier Elemente in der Magie, die den vier Himmelsrichtungen und den Vierteln des Kreises zugeordnet sind.

Plato, der griechische Philosoph, der um 360 v. Chr. lebte, glaubte, das Universum bestehe aus den vier Elementen: Erde, Luft, Feuer und Wasser. Bis zur Zeit von Elisabeth I. glaubten die Menschen immer noch, dass unser Körper auf der Zusammensetzung dieser Elemente beruhe.

Im neueren Druidentum heißt es auch, dass die keltischen Druiden und Druidinnen mit der griechischen Philosophie vertraut waren und man glaubt, dass sie die vier Elemente bei ihrer Arbeit im heiligen Kreis einsetzten. Ich denke nicht, dass das der Fall war. Während seines Wiederauflebens zog das Druidentum Mitglieder aus verschiedenen magischen Orden an, so wie dem Orden der Goldenen Morgendämmerung, der in der ersten Hälfte des zwanzigsten Jahrhunderts an Popularität verlor, und dessen Magie (in der die vier Elemente verwendet wurden) das Druidentum beeinflusste. Obwohl ich glaube, dass die Kelten nicht unbedingt mit den vier Elementen arbeiteten, und das Druidentum als sich ständig entwickelnde Tradition auf seinem Umweg zur modernen Magie nützliche Methoden aufgeschnappt hat, empfehle ich, die vier Elemente einzusetzen, wenn Sie mit den Energien der Natur arbeiten.

Psychologen wie Jung haben bestätigt, dass die Eigenschaften der verschiedenen Elemente unser Wesen mitbestimmen. Wir können also mit Hilfe von Ritualen die Stärken und Schwächen der einzelnen Elemente, die wir in uns tragen, weiterentwickeln beziehungsweise überwinden. Wenn Sie meinen, all das Gerede über Wächterinnen, vier Himmelsrichtungen, Kreise und Elemente habe nichts mit Ihrer Vorstellung von einer Naturreligion zu tun, dann können Sie auch einfach in Ihrem Hain sitzen oder Hand in Hand mit Ihren Freunden im Kreis stehen und um den Segen der Geister dieses Ortes bitten – und die vier Elemente vergessen.

Ich möchte Ihnen jedoch ein paar grundlegende Informationen geben und Vorschläge machen, wie Sie die vier Elemente und die ihnen entsprechenden Himmelsrichtungen in Ihre druidischen Rituale einbeziehen können.

EINEN ELEMENTE-KREIS ZIEHEN

Wenn Sie einen Ritualkreis für die Arbeit mit einer Gruppe ziehen, haben Sie mehrere Möglichkeiten. Diese fallen weg, wenn Sie alleine arbeiten. Dann ziehen Sie einfach einen Kreis um den Bereich, in dem Sie arbeiten möchten. Wenn andere Menschen am Ritual teilnehmen, besteht die Möglichkeit, einen Kreis zu ziehen, die Menschen darin willkommen zu heißen und sie ihren eigenen Platz finden zu lassen. Sie können den Kreis auch um die Gruppe herum ziehen, so dass er diese umgibt. Die Gruppe kann diesen Teil des Rituals nicht sehen, sondern hört nur Ihre Worte. Die dritte Möglichkeit besteht darin, den Kreis nur innerhalb der Gruppe zu ziehen. In diesem Fall habe ich gesehen, wie ein Aufseher während der Zeremonie schweigend außerhalb des Kreises seine Runden macht, so wie ein alter Wächter, damit die Zeremonie nicht gestört wird.

Der dreifache Kreis

Der dreifache Kreis ist sowohl in der Magie wie auch im Druidentum eine der ältesten und wirksamsten Methoden, einen Kreis zu ziehen. Auch in Ihrem Alltagsleben bietet er Ihnen geistigen Schutz, wenn Sie ihn um Ihr Heim oder Ihren Arbeitsplatz oder eine Zeichnung davon ziehen. Sie können auch um Ihren Hain einen Kreis ziehen, wenn Sie sich ungeschützt fühlen oder unter argem Stress oder Druck stehen und es Ihnen schwer fällt, sich zu konzentrieren. Die Drei ist für die Druiden eine sehr wichtige Zahl, denn die Kelten glaubten, dass es drei Reiche gäbe, Erde, Wasser und Himmel. Das Feuer hielten sie für jene Kraft, die alles Leben vereinigt, hervorbringt und reinigt. Bei diesen Reichen handelt es sich um keine abstrakten Begriffe. Es geht dabei um die Erde unter Ihren Füßen, den Himmel über Ihrem Kopf und die riesigen Ozeane, die die Landmassen umgeben. Ich schreibe detailliert über diese Reiche auf den Seiten 71–74, doch jetzt wollen wir uns auf die Elemente konzentrieren.

Für diesen Kreis verwenden wir Salz als Symbol für die Erde, Wasser als Symbol für das Element Wasser (das mit dem Reich des Meeres verbunden ist) und Rauch als Symbol für die Luft (die mit dem Reich der Luft verbunden ist). Wenn Sie möchten, können Sie auch eine Kerze oder eine Fackel verwenden, die das Feuer repräsentiert. Gehen Sie wie folgt vor.

- Ziehen Sie Ihren ersten Kreis im Uhrzeigersinn mit Salz außerhalb oder wenn Sie wollen innerhalb der Runde, die Ihre Gruppe bildet. Wenn Sie allein sind, ziehen Sie den Kreis um

Ihren heiligen Bereich. Sie können den Kreis für jedes einzelne Element von einer anderen Person ziehen lassen. In der druidischen Lehre ist es üblich, im Osten zu beginnen, aber wenn Sie einer anderen magischen Tradition angehören, können Sie im Norden beginnen. Ziehen Sie im Uhrzeigersinn einen vollständigen Kreis. Verwenden Sie einen Kompass oder schätzen Sie wo die Himmelsrichtungen liegen. Wie schon erwähnt, gibt es für druidische Rituale keine festen Richtlinien, aber wenn Sie etwas förmlicher vorgehen möchten, können Sie beispielsweise sagen: »Möge dieser Kreis aus Erde, der uns schützt, in unserem Herzen und in unserem Geist unversehrt bleiben, egal ob wir hier sind oder weit weg. Sei gesegnet.«

- Zeichnen Sie dann einen zweiten Kreis, indem Sie im Uhrzeigersinn Mineralwasser oder Sonnen- oder Mondwasser mit Ihren Fingern oder mit einem Bündel Zweige, das Sie in eine Schale Wasser tauchen, versprengen *(siehe Seiten 81–83 und 105–107)*. Ziehen Sie den zweiten Kreis gleich außerhalb des ersten und beginnen Sie wieder im Osten oder Norden. Sagen Sie dabei: »Möge dieser Kreis aus Wasser und aus Liebe in unserem Herzen und in unserem Geist unversehrt bleiben, egal ob wir hier sind oder weit weg. Sei gesegnet.«
- Schließlich ziehen Sie einen dritten Kreis im Uhrzeigersinn außerhalb des zweiten. Verwenden Sie dazu ein Räuchergefäß mit Räucherwerk, ein Räucherstäbchen oder ein Kräuterbündel aus Salbei, Zeder oder Kiefer und sagen Sie: »Möge dieser Kreis des Himmels und der Stärke in unserem Herzen und in unserem Geist unversehrt bleiben. Sei gesegnet.«
- Möchten Sie, dass das vierte Element, Feuer, in Ihrem Kreis enthalten ist, geben Sie etwas Salz in das Wasser, verrühren Sie es mit einem klaren Bergkristall im Uhrzeigersinn und verwenden Sie dieses für den ersten Kreis. Passen Sie den Spruch entsprechend an, so dass die Erde und das Wasser/die Meere enthalten sind. Der zweite Kreis wird dann dem Rauch/der Luft gewidmet und der dritte dem Feuer/der Sonne. Sie können auch eine Fackel oder große Kerze tragen und so außerhalb der ersten beiden einen Kreis aus Feuer ziehen. Dem Wasser Salz hinzuzufügen ist eine Möglichkeit, gesegnetes Wasser herzustellen.

Die Eigenschaften der vier Elemente

Bevor wir weiter auf die Verwendung der Elemente in Kreisritualen eingehen, möchte ich die Eigenschaften der Elemente, die für druidische Rituale relevant sind, näher erläutern. Ich habe jedem Element Gottheiten aus der keltischen Welt zugeordnet. Ich finde, sie sind ein guter Anhaltspunkt, wenn Sie mit den Elementen arbeiten. Wenn Sie möchten, können Sie Näheres über die Gottheiten auf den Seiten 198–205 nachlesen.

Erde

Die Erde steht für den Norden, Mitternacht und den Winter.
Farben – Grün oder braun.
Eigenschaften – Stabilität, gesunder Menschenverstand, Schutz, Traditionen wahren, Schönheitssinn, Geduld und Ausdauer, Großzügigkeit, andere akzeptieren, nährend.
Hat Einfluss auf – Fülle und Wohlstand, Fruchtbarkeit, Finanzen, Recht und Ordnung, Institutionen, Behörden, Mutterschaft, den physischen Körper, Nahrung, Heim und Familie, Tiere, das Land, Landwirtschaft, Gartenbau und Umweltschutz, Geburt und Tod.
Keltische Gottheiten – Die Cailleach sind die alten Göttinnen des Winters, die ihre Gestalt wechseln und viele verschiedene Formen annehmen können, wie etwa die von Bäumen, Hasen, Katzen, Menhiren und lieblichen jungen Mädchen. Sie sorgen im Winter für die Tiere und lassen es schneien, damit sich das Land ausruhen und erholen kann. Auch der Große Vater Cernunnos/Herne, der Jäger, Herr der Jagd und der Tiere und aufopferungsvoller Gott des Winters *(siehe Seite 201)*.
Kristalle – Achat, Smaragd, Gagat, Obsidian, Rosenquarz, Rutilquarz, Tigerauge.
Orte – Megalithe, Steinkreise, Haine, Wälder, Heime, Tempel, die Krypten von Kirchen und Kathedralen, die auf heiligen druidischen Stätten errichtet wurden, Cromlechs, Leylines, Höhlen.
Krafttiere/Vögel – Bär, Bulle, Schlange.
Substanzen – Salz, Kräuter, Blumen, Bäume, Münzen, Brot, Mais und Weizen, Nüsse, Lehm, Gras, Erde, Sand, Beeren, Potpourri, Kessel, Teller.

Luft

Die Luft steht für den Osten, die Morgendämmerung und den Frühling.

Farben – Gelb und grau.

Eigenschaften – Logisch, zielstrebig, forschender und analytischer Verstand, die Fähigkeit, gut zu kommunizieren, Konzentration, vielseitig, anpassungsfähig, Suche nach Wahrheit, wirtschaftlicher und technischer Scharfsinn, Heilkräfte durch das Channeln höherer Energien.

Hat Einfluss auf – Neubeginn, Veränderung, Gesundheit und Heilung, Unterrichten, Reisen, Wechsel von Heim oder Beruf, Wissen, Prüfungen, die Medien, Wissenschaft, Ideen, Ideale, Geldverdienen.

Keltische Gottheiten – Arianrhod, die walisische Göttin der magischen Inspiration, des Himmels und des Vollmondes sowie Hüterin des ständig kreisenden Silberrads der Sterne. Auch Taranis, der Donnergott, der das Rad des Schicksals dreht und Veränderungen möglich macht; oft wird er dargestellt, wie er aus einem Baum aufsteigt *(siehe Seite 205).*

Kristalle – Amethyst, klarer Bergkristall, Citrin, Diamant, Lapislazuli, Sodalith, Sugilith, Saphir.

Orte – Berggipfel, Hügel, Türme, Türme von Kirchen und Kathedralen, der Himmel, Pyramiden, freie Ebenen, hohe Gebäude, Balkone, Dachgärten.

Krafttiere/Vögel – Adler, Falke, Greifvögel, weiße Taube.

Substanzen – Vier Winde, Wolken, Ballons, Drachen, Schwerter, Messer, Federn, durch die Luft verbreitete Samen und Sporen, Weihrauch, Räucherwerk, Rauch, Nebel, Öle, Stürme, Boote, deren Segel sich im Wind blähen, Wetterhähne.

Feuer

Das Feuer steht für den Süden, Mittag und den Sommer.

Farben – Rot, orange und gold.

Eigenschaften – Fruchtbarkeit in allen Bereichen des Lebens, Kreativität, bringt Licht, Macht, Leidenschaft, Freude, Auslöser, Transformation, Mut.

Hat Einfluss auf – Ehrgeiz, Leistung, Erleuchtung, Inspiration, alle kreativen und künstlerischen Unterfangen, Poesie, Kunst,

Bildhauerei, Schriftstellerei, Musik, Tanz, Religion und Spiritualität, übersinnliche Fähigkeiten, wie etwa das Channeln, Erneuerung, Sexualität. Es ist auch nützlich für die Zerstörung von Dingen, die nicht mehr gebraucht werden, für Rituale, um etwas zu binden oder zu verbannen und somit für Schutz.
Keltische Gottheiten – Die dreifache Göttin Brigid ist die Göttin des Feuers und der Sonne. Irischen Legenden nach hängt sie ihren Umhang an den Strahlen der Sonne auf; sie ist auch die Göttin des Herdes und die Schutzpatronin der Schmiede sowie der Heilung und der Poesie. Bel oder Belenus ist der Scheinende, der Gott des Feuers, dem die reinigenden Beltane-Feuer Anfang Mai ihren Namen verdanken; ihm waren auch die Freudenfeuer an Samhain oder Halloween gewidmet, wenn das Licht der Dunkelheit weicht *(siehe Seiten 213f.)*.
Kristalle – Bernstein, Blutstein, Boji-Steine, Karneol, Granat, Lava, Pyrit, Rubin, Topas, Türkis.
Orte – Herde, Freudenfeuer, Wüsten, Vulkane, heilige Feuer, Leuchtfeuer auf einer Bergspitze, alle Großbrände, Sonnenfinsternis.
Krafttiere/Vögel – Hirsch, Löwe, Drachen, Widder und der legendäre goldene Phönix, Symbol der Transformation und Wiedergeburt – der Phönix verbrannte sich selbst alle fünfhundert Jahre auf einem Scheiterhaufen und erhob sich als junger, goldener Phönix aus der Asche.
Substanzen – Kerzen, Bienenwachs, Flammen, Asche, Glasfaserlampen, die Sonne, Blitze, Zauberstäbe, Speere und Lanzen, Feuer, Fackeln, Kürbislaternen, Kristallkugeln, Spiegel, Sonnenfänger, Sonnenblumen und alle anderen gelben Blumen.

Wasser

Das Wasser steht für den Westen, die Abenddämmerung und den Herbst.
Farben – Blau und silber.
Eigenschaften – Mitgefühl, innere Harmonie, Friedensstifter, unbewusste Weisheit, Fähigkeit, sich mit der Natur zu verbinden und zu verschmelzen, die jahreszeitlichen Zyklen, der Lebenszyklus.
Hat Einfluss auf – Liebe, Beziehungen, Freundschaft, Träume, Reinigungsriten, Heilung mit den Kräften der Natur, vor allem

mit Kristallen und gesegnetem Wasser, Wahrsagen durch Bilder, die man im Wasser erkennt, Weissagung, jegliche Wasser- und Meeresmagie, Mondmagie, Seereisen.
Keltische Gottheiten – Ceridwen, Göttin der druidischen Initiation, die in ihrem Kessel das Elixier der Inspiration und Wiedergeburt braut. Manannán oder Manannán mac Lir, der Gott des Meeres, der Stürme hervorrufen oder Nebel erzeugen konnte, um sein Volk zu schützen. Er wird vor allem mit Inseln und Landzungen, wo Land und Meer zusammentreffen, assoziiert; als großen Magier verbindet man ihn auch mit den Inseln der Seligen, vor allem mit Arran und der Isle of Man.
Kristalle – Aquamarin, Calcit, Koralle, Jade, Mondstein, Fluorit, Perle, Opal, Turmalin.
Orte – Der Ozean, Flüsse, Seen, Teiche, heilige Brunnen und Bäche, Marschland, Überschwemmungsgebiete.
Krafttiere/Vögel – Frosch, Delfin, Otter und Biber, alle Fische, vor allem der Lachs.
Symbole und Substanzen – Milch, Wasser, Blut, Muscheln, Kelp, Wein, Kelche, Becher.

DIE RICHTUNGEN ABGEHEN

Um die Kräfte der einzelnen Elemente wirklich kennen zu lernen, sollten Sie sich etwas Zeit nehmen, um einen dreifachen Kreis zu errichten und ihn abzugehen.

Sie können während des Rituals den Rand Ihres Kreises entlanggehen. Verschiedene Rituale und Feste beginnen an unterschiedlichen Stellen. Ein Frühlingsritual könnten Sie beispielsweise im Osten beginnen; ein Erd- oder Wintersonnenwend-Ritual im Norden, seiner ihm zugeordneten Richtung; ein Sommersonnenwend-Ritual im Süden; und ein Wasser- oder Herbstäquinoktium-Ritual im Westen.

Wenn Sie einer druidischen Tradition folgen, erlernen Sie vermutlich eine bestimmte Methode, nur um später festzustellen, dass andere Gruppen anders arbeiten.

Wer hat Recht? Alle. Wenn Sie also alleine oder mit Ihrer eigenen Gruppe arbeiten, sollten Sie am besten etwas experimentieren.

Die Elemente verweben

Da alle Elemente Teil desselben Ganzen sind, können Sie in Ihrem Kreis die Elemente in ein Muster einweben, indem Sie zwischen den einzelnen Elementen diagonal hin- und hergehen. Tragen Sie die Kombinationen, die auf Sie eine besondere Wirkung hatten, in Ihr Tagebuch ein. Vielleicht haben Sie ein Gefühl des Friedens verspürt oder nach dem Ritual in Träumen oder Weissagungen Antworten auf Fragen bekommen, von denen Sie gar nicht wussten, dass Sie sie stellen sollten.

Sie können diagonal gehen, es sei denn es geht um Elemente, die sich nebeneinander befinden. In diesem Fall bewegen Sie sich im Uhrzeigersinn. Lassen Sie Ihre Füße den Ausgangspunkt bestimmen. Das ist vielleicht nicht die Stelle, mit der Sie gerechnet haben. Wenn Sie nicht das starke Gefühl haben, dass Sie die Kraft eines bestimmten Elements brauchen, lassen Sie Ihre Füße den Weg wählen.

Vielleicht legen Sie Wege zwischen den Elementen in einem Kreis in Ihrem Garten an, wobei Sie Steinpfade als Verbindung verwenden.

Die folgenden Anregungen sind vielleicht anfangs hilfreich. Wenn Sie daran zweifeln, stellen Sie sich die Wirkung bildlich vor, zum Beispiel, die des Wassers auf das Feuer oder die der Luft auf das Feuer. Das erzeugt vielleicht Bilder in Ihnen. Wenn Sie die Richtungen abgehen, rufen sie eventuell Erinnerungen und Gefühle aus Ihrem Leben hervor.

- **Von Norden nach Süden, Erde zu Feuer,** fördert Macht, Freude und Erleuchtung; gut, wenn Sie einen Energieschub brauchen, um zu handeln oder eine Sache zu klären.
- **Von Süden nach Norden, Feuer zu Erde,** um von der äußeren in die innere Welt einzukehren, um zuzulassen, dass Pläne und Ideen brachliegen, und um das Gefühl, unter Druck zu stehen, zu mindern, weil es Sie eher auslaugt, als dass es Sie zum Ziel zu führt.
- **Von Westen nach Osten, Wasser zu Luft,** hin zur aufgehenden Sonne, der Richtung der Wiedergeburt, des Neubeginns und der Regeneration nach Krankheit oder Kummer.

- **Von Osten nach Westen, Luft zu Wasser,** um zu ernten, was gesät wurde, um alte Bürden abzulegen und sich Zeit zu lassen, um zu heilen.
- **Von Norden nach Osten, Erde zu Luft,** um die Samen von Plänen und Träumen in die äußere Welt zu bringen, und um wieder zu vertrauen und lieben zu lernen.
- **Von Osten nach Norden, Luft zu Erde,** um sich von Bosheit, zerstörerischen Situationen und Beziehungen abzuwenden und eine Weile seine Meinung für sich zu behalten.
- **Von Süden nach Osten, Feuer zu Luft,** um seinem Bestreben neuen Schwung zu verleihen und um Träume und Energien zu materialisieren.
- **Von Osten nach Süden, Luft zu Feuer,** für eine maximale Steigerung, eine natürliche Weiterentwicklung, um Ziele zu erreichen, die große Anstrengung erfordern.
- **Von Norden nach Westen, Erde zu Wasser,** um aus der Vergangenheit Weisheit zu schöpfen, und um Fehler und verpasste Gelegenheiten neu zu bewerten und sie loszulassen.
- **Von Westen nach Norden, Wasser zu Erde,** um den Wunsch, die Kontrolle zu haben, loszulassen und vertrauensvoll in die Dunkelheit zu schreiten, in dem Wissen, dass das Licht wiederkehren wird.
- **Von Süden nach Westen, Feuer zu Wasser,** um den Dingen ihren Lauf zu lassen und Ihre Emotionen im Gleichgewicht zu halten.
- **Von Westen nach Süden, Wasser zu Feuer,** um Wut und Begierde mit Altruismus und Mitgefühl zu besänftigen.

Sie können die Elemente auch ohne einen Kreis zu ziehen in Ihrem Hain abgehen, indem Sie bestimmen, welche Bäume oder Pflanzen das jeweilige Viertel repräsentieren. In einem Hain werden Sie eventuell feststellen, dass die Wächter der Elemente Baummütter oder Essenzen sind, und wenn es sich um den Hain handelt, in dem Sie normalerweise arbeiten, werden sie Ihnen beim Weben des Elementnetzes helfen.

DRUIDISCHE KREISRITUALE

Ihren Kreis für ein Ritual vorzubereiten kann man damit vergleichen, Ihr Heim für besondere Gäste vorzubereiten. Sie möchten, dass der Bereich sauber und einladend ist.

Sich auf das Ritual vorbereiten

Für besondere Rituale sollten Sie den Bereich, in dem Sie den dreifachen Kreis ziehen, mit Kiefer- oder Zedernästen, die geistig reinigend wirken, oder mit einem Bündel aus Eschen- oder Haselnusszweigen fegen. Diese Zweige tauchen Sie zuvor in Wasser, in das Sie eine Prise Salz gestreut haben.

Wenn Sie bei schlechtem Wetter drinnen arbeiten und aus Topfpflanzen einen improvisierten Hain geschaffen haben, verwenden Sie einfach ein paar Tropfen Quellwasser oder verstreuen Sie getrockneten Lavendel oder Kamillenblüten in Ihrem Kreis und fegen Sie sie dann weg. Dabei absorbieren diese eventuell vorhandene negative Energien und reinigen den Bereich, in dem Sie Ihren magischen Kreis ziehen.

Sobald Sie Ihren Kreis vorbereitet haben, werden sich dort positive Kräfte, im modernen Druidentum die Scheinenden genannt, sammeln. Dabei handelt es sich um das Äquivalent zu den Erzengeln in der herkömmlichen Magie. Behagt Ihnen diese Vorstellung nicht, dann können Sie sich diese Kräfte des Lichts und des Schutzes auch als Säulen des Lichts vorstellen.

Im heiligen Kreis arbeiten

In diesem Abschnitt wenden wir uns wieder den Unterschieden zwischen dem Druidentum und der Hexenkunst zu. Die Druiden-Kreise, selbst die ganz formellen, bleiben in der Regel offen, damit ein Teilnehmer, der zu spät kommt, eintreten, oder den Kreis jederzeit verlassen kann.

In der Praxis funktioniert das ganz gut, so lange vier irdische Torhüter vom Anfang bis zum Ende des Rituals an den vier Himmelsrichtungen stehen und dafür sorgen, dass die Kreisenergien intakt bleiben.

Eine weitere Aufgabe dieser irdischen Torhüter besteht darin, die Scheinenden, die spirituellen Torhüter der vier Himmelsrichtungen zu begrüßen. Diese spirituellen Torhüter schützen den Rand des Kreises, so dass Sie sich bei Ihrer Arbeit keine Sorgen um die Freisetzung negativer Energien zu machen brauchen, die vielleicht zutage kommen, wenn Sie ein trauriges Thema behandeln oder an der Heilung der Erde arbeiten. Vielleicht möchten Sie sich gar keine Gedanken über diese formellen Symbole der Magie machen, sondern sich einfach darauf verlassen, dass die Scheinenden auch auftauchen, wenn Sie allein oder nur mit ein paar Freunden arbeiten. Statt Energie aufzubauen und in den Kosmos zu entlassen, wie das in der Magie geschieht, absorbieren Druidinnen diese Kräfte selbst und bedanken sich mit Blumen oder Kräutern bei Mutter Erde und den Scheinenden.

Es ist auch möglich, dass wir unsere Schwächen und Sorgen mit unseren Opfergaben hinterlassen, und darum bitten, die Erde möge sie aufnehmen und durch heilende Kräfte ersetzen.

Die heilige Mitte markieren

Wenn Sie allein oder nur mit ein paar Freunden arbeiten, ziehen Sie innerhalb des Hains einen dreifachen Kreis zu Ihrem Schutz, der gerade groß genug ist, dass Sie darin umhergehen und sitzen können. Sie können die heilige Mitte bei einem Kreisritual, das Sie allein oder mit einer Gruppe ausführen, mit einem Tisch, auf dem Sie Ihre Hilfsmittel ablegen, mit einem Stein, der den Wächter der Steine repräsentiert oder mit einem Kessel, markieren. Wenn Sie den Kreis horizontal und vertikal durchqueren, treten Sie nicht in die heilige Mitte. Andere Druidinnen ziehen es vor, die Mitte frei zu lassen und visualisieren genau im Zentrum einen kleinen Lichtkreis als Zugang für die Vorfahren.

Die Wächter der Elemente in den vier Kreisvierteln begrüßen

Betrachten wir jetzt die unterschiedlichen Kräfte der spirituellen Wächter der vier Richtungen. Bei formellen Ritualen bieten sie Unterstützung und Schutz. Beginnen wir im Osten.

- Beginnen Sie mit dem Ziehen Ihres Kreises im Osten und wenn er fertig ist, stehen Sie im Osten und blicken nach außen. Bei Gruppenritualen übernehmen es verschiedene Personen, die Energien der vier Kreisviertel anzurufen. Man kann sie sich als die Wächter von Erde, Luft, Feuer und Wasser vorstellen oder moderner ausgedrückt, als Personifizierung oder Repräsentation der vier unterschiedlichen Arten geistiger Energie.
- Bevor Sie den Wächter der Luft im Osten begrüßen, visualisieren Sie Morgennebel oder das Licht der Morgendämmerung und warten Sie darauf, dass der Wächter Gestalt annimmt – je nach Ort, kann der Wächter des Elements anders aussehen. Der Wächter kann eine weise Druidin sein, die vor langer Zeit lebte, ein strahlendes Wesen der Anderswelt, das der Menschheit ihre Führung anbietet oder eine bestimmte Gottheit, wobei es sich nicht unbedingt um eine handeln muss, von der ich gesagt habe, dass man sie mit dem jeweiligen Element assoziiert.
- Fragen Sie sich selbst, welche Eigenschaften dieser Wächter der Luft wohl besitzt. Bestimmt hat er einige von denen, die auf Seite 62 dem Element zugeordnet sind. Für gewöhnlich ist dieser Wächter sehr jung, dynamisch und wartet ungeduldig darauf, die Zeremonie fortzusetzen. Versuchen Sie der Stimme, die möglicherweise im Wind zu hören ist, zu lauschen und den Enthusiasmus des Wächters und seinen Wunsch nach Veränderung zu spüren. Es kann aber auch sein, dass Sie ungewollt einige Ihrer Illusionen aufgeben. Wenn Sie so weit sind, heißen Sie den Wächter des Ostens zu Ihrem Ritual willkommen und öffnen Sie das Portal, indem Sie entweder tatsächlich im Uhrzeigersinn einen Bogen ziehen oder das Tor der aufgehenden Sonne visualisieren.
- Gehen Sie in Ihrem Kreis weiter Richtung Süden, wobei Sie wieder nach außen blicken, und visualisieren Sie die strahlende Mittagssonne. Dieser Wächter wird noch dynamischer sein. Er wird von einem Glorienschein aus Licht umgeben sein, wie eine Flamme niemals stillstehen, Inspiration und Erleuchtung ausstrahlen und auch die finstersten Ecken erhellen. Wenn Sie so weit sind, heißen Sie diesen Wächter in

Ihrem Kreis willkommen und öffnen Sie das Portal im Süden, indem Sie entweder einen Bogen ziehen oder das Tor der strahlenden Mittagssonne visualisieren.

- Als Nächstes gehen Sie in Richtung Westen, und blicken Sie nach außen in einen prächtigen Sonnenuntergang oder das allmählich schwindende Licht. Dieser Wächter wird sanfter sein und von Versöhnung und Heilung sprechen. Diesen freundlichen Wächter nimmt man gerne auf. Ziehen Sie wieder mit der Hand einen Bogen oder visualisieren Sie ein Tor, hinter dem Schatten tanzen, aber keine, die Ihnen Furcht einflößen. Obwohl dies bei den Kelten die Richtung des Todes war, fürchtete man sie nicht, denn sie symbolisierte die Rückkehr in den Mutterleib; von dort ging man dann in den Osten, und erhob sich von neuem mit der Morgendämmerung.
- Schließlich gehen Sie in Richtung Norden, und blicken Sie nicht in die Leere, sondern in eine samtene Dunkelheit, in der Tausende von Sternen und das Silberrad von Arianrhod erstrahlen. Bei diesem Wächter handelt es sich wahrscheinlich um einen weisen Großvater oder um eine sanfte, aber entschlossene Großmutter. Er/sie ermutigt Sie, das hektische Treiben unserer modernen Welt hinter sich zu lassen und in der Stille zu warten, Ihrem Herzen zu lauschen, von dem man sagt, es klinge viel harmonischer als der schönste Ton (T.S. Eliot nannte es »die Stille zwischen zwei Wellen«). Begrüßen Sie diesen Wächter und ziehen Sie einen Bogen oder stellen Sie sich vor, wie sich im Angesicht des Mondes ein Tor öffnet.
- Wenn Sie die Tore nach einem Ritual wieder schließen, bedanken Sie sich bei den Wächtern, entweder in der Reihenfolge, in der Sie sie begrüßt haben oder in umgekehrter Reihenfolge. Schließen Sie jedes Tor mit einem Bogen gegen den Uhrzeigersinn oder indem Sie sich vorstellen, wie sich das Tor schließt.

Was dringt in den Kreis ein, wenn Sie die Tore öffnen? Die Antwort lautet, die Stärke und Weisheit der einzelnen Richtungen, die Sie in sich aufnehmen können. Dabei werden Sie genau von den Energien erfüllt, die Sie gerade brauchen.

Die weisen Vorfahren in den Kreis einladen

Manchmal laden Druidinnen die weisen Vorfahren *(siehe Kapitel 10)* in den heiligen Kreis ein. Bei speziellen Ritualen können Sie Opfergaben für die weisen Vorfahren, die uns während der Rituale und auch zu anderen Zeiten beschützen, hinterlassen.

Die weisen Vorfahren könnte man mit Ihrer Lieblingsurgroßmutter vergleichen, die starb, als Sie noch sehr jung waren und deren Gegenwart Sie manchmal spüren oder deren Parfum Sie manchmal riechen können, wenn Sie traurig sind. Wenn Sie das beunruhigt, denken Sie an Familienmitglieder, die vor Hunderten von Jahren lebten, und die in Ihren Genen weiterleben, und über die man in Ihrer Familie Geschichten erzählt – jene Pioniere, die den Ozean überquerten oder im Falle meiner Vorfahren, ihre Möbel auf einen Karren packten und im neunzehnten Jahrhundert vom Land in die Stadt zogen, um dort Arbeit zu suchen. Sie können auch an spirituelle Vorfahren denken, vielleicht an jene weisen, geheimnisvollen Druidinnen oder die energischen keltischen Frauen, wie etwa Boudicca, Königin der Iceni, die es mit der römischen Armee aufnahm, als deren Soldaten ihre Töchter vergewaltigten und ihren Stamm bedrohten.

DIE DREI REICHE

Ein weiterer Unterschied zwischen dem Druidentum und der Hexenkunst besteht darin, dass die Druidinnen auch mit den drei Reichen der Erde, des Meeres und des Himmels arbeiten – ein Konzept, das uns von den Neu-Druiden überliefert wurde. Das ist eine ausgezeichnete Möglichkeit, mit den Naturkräften zu arbeiten, auch wenn Sie nie einen heiligen Kreis verwenden. Manche Druidinnen verzichten ganz auf den heiligen Kreis und zeichnen ein Symbol der drei Reiche, das dreiarmige Symbol der Triskele *(siehe Seiten 77–79)*, und verwenden dieses zur Verstärkung der magischen Kräfte.

Das Schöne am Druidentum ist, dass man so viele Möglichkeiten hat, und fast jeder findet etwas Passendes, indem er verschiedene Methoden kombiniert.

Die Erde/Land

Hier sind Menschen, Tiere, Insekten, Pflanzen, Bäume, Kristalle und Steine heimisch, und da uns dieses Reich am vertrautesten ist, ist es wahrscheinlich am einfachsten, damit zu beginnen. Sollten Sie jedoch am Meer leben und arbeiten oder in einer Gemeinschaft, die vom Fischfang lebt, dann ist vielleicht das Meer Ihr natürliches Reich. Süßwasser aus Brunnen und Flüssen wird manchmal der Erde zugeordnet, aber ich finde, es passt besser zum Reich des Meeres.

Land ist im Allgemeinen recht stabil, obwohl Erdbeben und Erosion es verändern können. Wenn das Land unter unseren Füßen also verschwinden kann, sollten wir lernen, es zu schätzen. Verbringen Sie etwas Zeit damit, barfuß über Erde oder Gras zu gehen und in der Erde oder im Sand zu graben, egal ob im Freien oder bei der Arbeit mit Ihren Topfpflanzen. Machen Sie Töpfe und Figuren aus Ton. Als Erwachsene machen wir uns Sorgen darüber, dass wir schmutzig werden, wenn wir mit Erde arbeiten, was dazu führen kann, dass wir unsere natürliche Verbindung zur Erde verlieren.

Bei einem der druidischen Initiationsriten (zumindest moderneren Berichten zufolge) ging es darum, eine Höhle oder unterirdische Kammer unterhalb einer großen Steintafel (einem Cromlech) zu betreten und die Dunkelheit willkommen zu heißen. Aus psychologischer und geistiger Sicht ist das eine wirksame Methode, um die Kraft der Erde zu verstehen. Sie können sich nach und nach an dunkle Orte gewöhnen, sollten sich selbst dabei aber nicht drängen. Das kann eine gute Möglichkeit sein, sich mit Ihrer inneren Weisheit und Ihren prophetischen Fähigkeiten *(siehe Seiten 127–129)* zu verbinden. Sie können sich auch an einem warmen Tag am Strand teilweise im Sand eingraben und sich darin wälzen.

Gemäß der Legenden und Erzählungen über Menschen aus keltischen Ländern, die aus viktorianischer Zeit und von Volkskundlern des frühen zwanzigsten Jahrhunderts stammen, hat jeder Ort seine Wichte. Sie sind die braunen, geheimnisvollen, großen Wächter, die sich um die Erde und das, was wir auf ihr errichtet haben, kümmern. Mehr über diese Berichte finden

Sie in meinem Buch *Complete Guide to Fairies and Magical Beings.*

Wenn Sie ihnen Opfergaben, wie etwa ein paar Blumen oder etwas Milch an Ihrer Grundstücksgrenze, hinterlassen, werden Sie spüren, dass diese Wesen Sie beschützen. Da Sie nur die Essenz der Gaben entnehmen, müssen Sie den Topf, den Sie dafür verwenden, immer säubern und wieder auffüllen.

Wenn Sie in einem Wohnblock leben, können Sie Samen als Opfergaben in einen Topf geben, auf das Fensterbrett oder den Balkon stellen und beobachten, wie sie gedeihen. Wenn an Ihrem Arbeitsplatz eine schlechte Atmosphäre herrscht, stecken Sie Jade oder einen Amethyst in die Erde eines Blumentopfs, um die guten Geister der vergessenen Wächter anzulocken.

Sich um das Wohlergehen des Erdenreiches anzunehmen, ist eine recht mühsame Sache. Dazu gehört nämlich, dass Sie Müll aufsammeln, für den Umweltschutz eintreten und vor allem, Kindern – selbst den lästigen von nebenan – die Wunder der Erde näher bringen, vielleicht indem Sie ihnen Ihre Steinsammlung zeigen oder eine Pflanze schenken, um die sie sich kümmern müssen.

Das Meer

Das Meer ist wild und ständigem Wechsel, wie dem von Ebbe und Flut unterworfen. Es wird vom Mond beherrscht, in einem endlosen Kreislauf vom Himmel aufgesaugt und als Regen wieder freigegeben.

Auch das Meer ist reich an Leben. Es gibt dort von Fischen, Robben und Seevögeln bis hin zu einer Vielzahl von Pflanzen unendlich viele Lebewesen.

Suchen Sie einen Platz am Wasser, egal ob am Meer, an einem Fluss, einem See oder einem Teich und beobachten Sie, wie sich die Stimmung je nach Jahreszeit und Wetter ändert. Schwimmen oder rudern Sie, selbst wenn es nur in einem Swimmingpool ist, und wenn Sie mutig genug sind, tauchen Sie ganz unter. Eine andere Methode der druidischen Initiation war, sich unter einen Wasserfall zu stellen.

Verbringen Sie Zeit in Ihrem Badezimmer. Zünden Sie Duftkerzen an, und lassen Sie deren Licht in Ihrem Badewasser tanzen oder stellen Sie sich unter die Dusche als Ersatz für einen Wasserfall.

Fahren Sie mit Ihren Kindern ans Meer und wünschen Sie sich bei jeder siebenten Welle etwas. Legen Sie einen Teich in Ihrem Garten an. Selbst wenn Sie Hunderte Kilometer vom Meer entfernt leben, sind seine Sauberkeit und die Erhaltung seiner Bewohner, wie etwa der Wale, Delfine und Robben, wichtige Anliegen, wenn wir etwas für zukünftige Generationen hinterlassen wollen. Arbeiten Sie, wenn Sie können, aktiv am Umweltschutz mit oder spenden Sie zumindest Geld an Naturschutzorganisationen.

Der Himmel

Der Himmel ist das Reich von Licht und Schatten, von Sonne, Mond und Sternen. Wenn möglich, besuchen Sie an einem sonnigen Tag oder bei Tagesanbruch eine weite Ebene und beobachten Sie, wie die riesige Sonne am Horizont aufgeht. Oder stellen Sie sich in das Licht des Vollmondes und nehmen Sie durch jede Pore seine Magie auf.

Kaufen Sie sich eine Sternenkarte für Ihren Computer oder einen Sternenglobus und beobachten Sie im Verlaufe des Jahres die Sterne und Konstellationen, wie sie zu unterschiedlichen Zeiten auf- und untergehen, erscheinen und verschwinden, und wie sich die Planeten weiterbewegen.

Studieren Sie Vögel in ihrer natürlichen Umgebung und in Schutzgebieten und was am wichtigsten ist, geben Sie dieses Wissen an die nächste Generation weiter. Junge Leute sind vielleicht imstande, sich die Namen fiktiver, außerirdischer Monster zu merken, aber oft wissen sie nicht, wie die Vögel in ihrem Garten heißen.

Setzen Sie sich für saubere Luft und die Umkehr der globalen Erwärmung ein. Kämpfen Sie für den Erhalt der Regenwälder, denn wenn wir die Lungen unseres Planeten vernichten, werden unsere Nachfahren wegen unserer Sorglosigkeit ersticken.

Die drei Reiche in Rituale einbeziehen

Im heiligen Hain treffen die drei Reiche zusammen und in der Mitte befindet sich das heilige Feuer, das sie vereinigt. Das Feuer wird entweder durch ein kleines Feuer in einer Kohlenpfanne oder durch eine Laterne mit einem Teelicht symbolisiert. Man kann auch eine Kerze, die man in einen Topf, einen Kessel oder in den Sand steckt, dazu verwenden. Wenn Sie alles berücksichtigen, also die Elemente und die Reiche kombinieren möchten, können Sie in einem formellen Ritual ein Feuersymbol im Süden des Kreises verwenden, um das vierte Element darzustellen. Zwei Feuerquellen garantieren ein dynamisches Ritual. Experimentieren Sie einfach mit den unten angeführten Ideen und wählen Sie eine aus, die Ihnen zusagt.

- Ziehen Sie auf der Erde mit einem Stock einen kleinen Kreis um Ihr Feuer, so dass Sie am Feuer stehen und Opfergaben darbringen können. Die drei Reiche können Sie als konzentrische Kreise, die sich vom Feuerkreis nach außen erstrecken, in die Erde oder den Sand zeichnen. Wenn Sie im Haus arbeiten oder nur wenig Platz haben, können Sie auch Miniaturkreise aus Lehm machen oder in einen Sandkasten zeichnen. In einem Miniaturkreis kann ein Teelicht das Feuer im Mittelpunkt repräsentieren.
- Da Sie während des Rituals nach innen zum Feuer hin blicken, ist es am besten, wenn der äußerste Kreis der Erde gewidmet ist, dem Beginn der Reise. Sie blicken dann über das Meer hin zum Himmel und darüber hinaus zur Sonne, dem Herzen des Feuers. Eine andere Möglichkeit ist es, die Erde für den mittleren Kreis zu wählen, die innen vom Meer und außen vom Himmel umgeben ist. Entscheiden Sie selbst.
- Zeichnen Sie einen Eingang, der wie ein Prozessionsweg vom Westen, wo Sie eintreten, durch die drei Reiche/Kreise als gerader Weg hin zum Feuer in der Mitte führt.
- Platzieren Sie im äußersten Kreis, der die Erde darstellt, Symbole der Erde, wie etwa eine Schale mit Obst, Nüssen und Blumen.

- In den mittleren Kreis, der das Meer darstellt, stellen Sie eine Schale mit Seetang, Meersalz, Wasserpflanzen wie Seerosen, und Delfine oder Fische aus Keramik.
- Im innersten Kreis, der den Himmel darstellt, platzieren Sie eine Schale mit Federn, Samen, kleinen Spiegeln, die das Licht reflektieren und kleine Papierdrachen.
- Für jedes Reich sollte ein Gegenstand dabei sein, der leicht und schnell brennt und versuchen Sie, Objekte zu wählen, die für Sie persönlich von Bedeutung sind.
- Beginnen Sie im Reich der Erde und tragen Sie eine kleine Schale bei sich, in der Sie die brennbaren Opfergaben sammeln.
- Blicken Sie am Eingang zum Erdenreich nach Osten, hin zur Mitte und zum Feuer. Erklären Sie, was für Sie an der Erde kostbar ist und gehen Sie dabei im Uhrzeigersinn um den Kreis.
- Wenn Sie um den Kreis herumgegangen sind, heben Sie ein brennbares Erdensymbol auf, legen Sie es in Ihre Opfergabenschale und gehen Sie zum mittleren Kreis, der für das Meer steht.
- Gehen Sie bei den Reichen des Meeres und des Himmels gleich vor. Wenn Sie beim Abschreiten der Reiche die Worte, die Ihnen in den Sinn kommen, einfach fließen lassen, staunen Sie vielleicht selbst über Ihre Eloquenz.
- Wenn Sie alle brennbaren Opfergaben in die Mitte gebracht haben, bieten Sie dem Wächter des Feuers die Gaben der drei Reiche nach und nach zum Dank an und bitten Sie um Heilung für die drei Reiche und eventuell für jemanden der krank ist oder Sorgen hat. Je weniger Sie für sich selbst erbitten, desto mehr kosmische Segnungen werden Ihnen zuteil werden. Dieses Ritual eignet sich gut, um Lebewesen und Orten oder ganz bestimmten Personen und Tieren heilende Energien zu schicken, beispielsweise einem Vertreter jedes Reichs.
- Wenn die Gaben verbrannt sind, danken Sie dem Wächter des Feuers. Während Sie beim Zurückgehen nochmals im Uhrzeigersinn jeden Kreis abschreiten, danken Sie dem Wächter des jeweiligen Reichs.

- Sie können dieses Ritual gemeinsam mit anderen Menschen ausführen, wobei diese die einzelnen Reiche repräsentieren und vielleicht einer den Wächter des Feuers darstellt, der die Gaben annimmt und verbrennt, und mit seinen persönlichen Gebeten und Segnungen versieht.

DIE TRISKELE

Die Triskele ist laut archäologischen Belegen ein echtes, keltisches Artefakt. Es handelt sich dabei um ein dreiarmiges Symbol, dessen Strahlen vom Mittelpunkt ausgehen, und das manchmal in einen Kreis eingeschlossen ist. Die Neu-Druiden assoziierten dieses Symbol mit den drei keltischen Reichen der Erde, des Meeres und des Himmels. Da das Symbol die Form einer Spirale mit drei Armen hat, die gegen den Uhrzeigersinn vom Mittelpunkt ausgehen, scheint diese Assoziation durchaus angebracht.

Als ich die keltische und römische Abteilung des Britischen Museums in London besuchte, entdeckte ich eine Reihe von Triskelen auf Artefakten, die darauf hinweisen, dass es sich um ein rituelles Symbol der Kelten handelte. Zum Beispiel gab es einen eisernen Achsnagel mit einer eingegossenen, bronzenen Triskele in der Mitte, der aus der Zeit von 300 bis 200 v. Chr. stammte. Er wurde in Ost-Yorkshire ausgegraben und stammt von einer Streitwagen-Bestattung, wobei der Streitwagen den Verstorbenen vermutlich in die Anderswelt befördern sollte.

Eine bronzene Triskele in Form einer Hornkappe, die aus den Jahren 200 bis 100 v. Chr. stammt, wurde in Saxthorpe in Norfolk gefunden. Ihre genaue Funktion ist unbekannt. Bei formellen druidischen Ritualen wird manchmal im Zentrum des Kreises ein Horn geblasen, um die weisen Vorfahren zu rufen. Sie können sich an diese Tradition anhängen und die Triskele ebenso damit in Verbindung bringen (so wie ich das tue).

Die Triskele symbolisiert auch die kontinuierliche Spirale des Lebens in der keltischen Welt: Geburt, Tod und Leben nach dem Tod, dem die Wiedergeburt folgt. Ich habe mir eine dauerhafte Triskele aus Steinen in meinem Garten angefertigt, die für mich eine Quelle der Kraft darstellt.

Machen Sie sich ein Amulett mit einer Triskele

Üben Sie das Zeichnen der Triskele *(siehe unten),* bis Sie imstande sind, sie in schwungvollen Bewegungen gegen den Uhrzeigersinn von der Mitte ausgehend nachzuzeichnen. Dann ziehen Sie einen Kreis um die Triskele, um die schützende Energie einzuschließen.

Die Triskele wird manchmal auch in Form von drei verbundenen Spiralen in einem Kreis dargestellt, ähnlich den Spiralen der Muttergöttin, wie man sie bei Ganggräbern wie jenem in Newgrange in der Nähe von Dublin, Irland, findet.

Triskele

- Sie können für Ihr Amulett, das Sie als Glücksbringer tragen können, beinahe jedes Naturmaterial verwenden. Es kann sich beispielsweise um eine Metall- oder Holzscheibe handeln, auf der Sie die Triskele eingravieren. Sie können auch eine auf einen Kristall malen oder auf ein Stück dünnes Papier oder Papyrus, das Sie einrollen und in ein Silber- oder Goldröhrchen stecken, das Sie an einer Halskette tragen können. Sie können sie auch aus Ton herstellen.

- Meine Lieblingsmethode ist, eine kleine Bienenwachskerze auf einer Metallschale zu schmelzen und das Symbol in das weiche Wachs einzugravieren. Wenn es wieder fest ist, können Sie es in weiße Seide hüllen oder in einem kleinen Beutel aufbewahren.
- Sie können die Triskele auch mit einem silbernen Stift auf schwarzes Papier zeichnen und zum Meditieren verwenden.
- Machen Sie eine große Triskele in einem Kreis am Strand, in Erde in einem Wald oder mit Kreide auf einem harten Untergrund im Freien. Verwenden Sie dieses Symbol wo Sie nur können – selbst in einer Stadt werden die miteinander verbundenen Reiche eine Woge an Erdenergie erzeugen, die sowohl belebt wie auch schützt.
- Sie können auch eine Talisman- oder energetisierte Triskele anfertigen, mit der Sie die gesammelten Kräfte und den Schutz der drei Reiche in Ihr Leben bringen. Vielleicht brauchen Sie das, weil Sie einen Wendepunkt in Ihrem Leben erreicht haben oder weil Sie ein wichtiges Projekt – ein irdisches oder ein spirituelles – ausführen möchten.
- Um Ihre Triskele zu energetisieren, legen Sie sie auf ein weißes Tuch und bestreuen Sie sie mit ein paar getrockneten Rosenblättern oder Potpourri. Sagen Sie dabei: »Erde, Himmel und Meer, bringt mir Macht.« Dann beschreiben Sie im Uhrzeigersinn einen Kreis aus Wasser um die Triskele und sagen Sie: »Meer, Himmel und Erde, bringt die Wahrheit ans Tageslicht.« Zuletzt machen Sie mit einem Räucherwerk aus Kiefer oder Fenchel, für die Macht des Himmels, ein gleichschenkeliges Dreieck in die Luft, das das Amulett einschließt. Sagen Sie: »Himmel, Erde und Meer, auf dreifach Begehr, von des Himmels Mächten, die sich von unten nach oben erstrecken, von Erde und Meer, bringe Segen mir her.«

Im nächsten Kapitel geht es um die Kraft der Sonne, die sowohl für unser Alltagsleben als auch für die Reiche der Magie eine Quelle der Energie und Inspiration darstellt.

4. MIT DER SONNE ARBEITEN

Wenn die Hexenkunst die Religion des Mondes ist, dann ist das moderne Druidentum, so wird häufig behauptet, die Religion der Sonne. Die öffentlichen Rituale werden im *Angesicht der Sonne,* überwiegend bei Tageslicht ausgeführt. Einige Rituale, wie etwa die Sonnwendfeiern *(siehe Seiten 214–222)* beginnen oder enden jedoch in der Dunkelheit. Das ist noch nicht alles, denn beim Druidentum geht es vor allem um unser inneres Gleichgewicht. Wie Sie im nächsten Kapitel näher erfahren werden, ist der Mond für die Druidinnen ebenfalls wichtig. Er hilft Ihnen, Ihre eigenen physischen und emotionalen Zyklen besser zu verstehen, und sowohl mit der Energie der Nacht als auch mit der Energie des Tages zu arbeiten.

DIE SONNE UND DIE DRUIDIN

In zahlreichen Kulturen, einschließlich der klassischen griechischen und römischen Mythologie, wird die Sonne als männliche Kraft betrachtet. Keltische Mythen, die im frühen Mittelalter aufgezeichnet wurden, berichten jedoch von keltischen Sonnenmüttern.

Sulis, Brigid, Grainne und Aine sind in der modernen keltischen Tradition Sonnengöttinnen. Zeremonien, die Aine und

Grainne gewidmet waren, überlebten bis weit ins zwanzigste Jahrhundert in Irland, und wurden als Volksrituale im Hochsommer ausgeführt *(siehe Seiten 199 und 203).*

Die weibliche Kraft der Sonne erforschen

Die Sonne ist heutzutage ein energetisierendes und Leben spendendes Symbol für Druidinnen, und ich habe festgestellt, dass ihre Kraft zu unterschiedlichen Zeiten des Tages und des Jahres eine ganz andere Ausstrahlung hat. Um das zu spüren, gehen Sie im Sonnenschein spazieren, vor allem dann, wenn die Sonne an einem Wintertag ganz unerwartet durchbricht. Lassen Sie ihr Licht und ihre Wärme in jede Pore eindringen. Aalen Sie sich im Sonnenlicht nach dem Regen, rudern oder schwimmen Sie in ihrem Licht im Meer oder in einem Swimmingpool.

Beobachten Sie, wie das Sonnenlicht sich auf dem Wasser kräuselt, wie es die Blätter färbt, wie es inmitten von Schatten strahlend funkelt. Gehen Sie bei Sonnenaufgang, zu Mittag und in der Abenddämmerung hinaus und spüren Sie die unterschiedlichen Energien, die die Natur, die Straßen der Stadt und Sie selbst durchströmen.

Beschreiben Sie in Ihrem Tagebuch die Bilder, Worte, Emotionen und Eindrücke, die die Sonne zu unterschiedlichen Tages- und Jahreszeiten (für Näheres über die Wendepunkte der Jahreszeiten *siehe Kapitel 12*) sowie an verschiedenen Orten in Ihnen hervorruft. Spüren Sie, wie Sie intensive Hitze, strahlenden Sonnenschein oder ein sanftes abendliches Leuchten erleben. In unserer modernen Welt ist es möglich, innerhalb von 24 Stunden Sommer und Winter zu erleben. Wenn wir um den Globus fliegen, können wir die Sonne untergehen und innerhalb von wenigen Stunden wieder aufgehen sehen. Durch Computertechnik oder via Satellit können wir Bilder von der Mitternachtssonne im Norden, oder von der lodernden Kugel, die sich über dem Horizont der Wüste erhebt, einfangen. Wir können das Sonnenlicht im Schnee betrachten, eine Sonnenfinsternis beobachten und uns an den Sonnenstrahlen, die während der Sommer- oder Wintersonnenwende auf einem Steinkreis oder dem Labyrinth einer Kathedrale tanzen, erfreuen.

SONNENWASSER ZUBEREITEN

Eine Möglichkeit, wie Sie und andere die heilende und energetisierende Kraft der Sonne aufnehmen können, bietet das Sonnenwasser, das Sie selbst herstellen. Am wirksamsten ist es, wenn es am Morgen des längsten Tages, der Sommersonnenwende um den 21. Juni (21. Dezember in der südlichen Hemisphäre), während einer teilweisen Sonnenfinsternis zubereitet wird. Wenn Sie das Glück haben, dass es in Ihrer Nähe eine totale Sonnenfinsternis gibt, so sollte das Sonnenwasser dann hergestellt werden. Sie können das Sonnenwasser aber auch an jedem beliebigen Tag, während die Sonne von morgens bis mittags scheint, zubereiten.

- Wenn das Wetter gerade düster ist oder Sie an einem Ort leben, an dem die Sonne im Winter nur kurz scheint, können Sie zusätzliche klare Bergkristalle und einen Citrin in das Wasser geben, um die Sonnenenergie zu verstärken.
- Füllen Sie eine goldfarbene oder eine Messingschüssel – es kann aber auch eine durchsichtige Kristallschale sein (wie zum Beispiel eine altmodische Obstschale) – mit reinem Quellwasser. Sie können auch stilles Mineralwasser verwenden, da dieses häufig aus ehemals heiligen Quellen stammt. Ansonsten verwenden Sie Regenwasser, das Sie in einem Gefäß oder einer Regentonne gesammelt haben, es sei denn, Sie leben in einem Gebiet mit starker Luftverschmutzung.
- Geben Sie drei klare Bergkristalle hinein und wenn Sie möchten, umgeben Sie die Schüssel mit sonnengelben Blumen.
- Lassen Sie das Wasser von der Morgendämmerung bis zu Mittag stehen, oder bis die Sonne in Ihrer Zeitzone direkt über Ihnen steht (stellen Sie die Schüssel über Nacht hinaus, wenn Sie nicht so früh aufstehen möchten, und bedecken Sie sie mit einem feinen Gitter, damit nichts hineinfällt; so wird Ihr Wasser auch noch mit den Kräften des Mondes aufgeladen).
- Füllen Sie das Wasser in kleine, durchsichtige, gelbe oder goldfarbene Glasflaschen, die Sie mit einem Stöpsel verschließen. Solche Flaschen finden Sie auf Antiquitäten- oder Kunst- und Handwerksmessen. Bewahren Sie einige dieser gefüllten Flaschen im Kühlschrank zum Trinken auf.

- Geben Sie ein paar Tropfen Ihres Sonnenwassers in Ihr Badewasser. Benetzen Sie damit Ihre Stirn und den Haaransatz, wenn Sie sich gestresst oder ausgelaugt fühlen oder trinken Sie es schluckweise, um Energie und Vertrauen zu tanken. Sie können mit ein paar Tropfen Sonnenwasser auch Ihre Pflanzen und Tiere energetisieren oder es als heiliges Wasser in Ritualen verwenden.

Mit Sonnenwasser heilen

Das Sonnenwasser hilft, Menschen, Tiere und Orte zu heilen, indem Sie den Zweck und den Namen des Patienten oder des bedrohten Ortes nennen, wenn das Wasser fast fertig ist. Warten Sie, bis die Sonne kurz vor Mittag direkt in Ihre Schüssel scheint. Rühren Sie das Wasser dreimal im Uhrzeigersinn mit einem Bleikristallpendel oder einem spitzen Bleikristall um, und sagen Sie dabei für wen und für welchen Zweck das Wasser bestimmt ist. Sie können entweder mehrere kleine Schüsseln oder Flaschen zubereiten oder das Wasser mit mehreren Wünschen versehen, wobei Sie jedes Mal separat rühren; beides funktioniert.

- Bitten Sie die höchsten Mächte des Lichts um Heilung und geben Sie den Namen der Person und seine Krankheit oder sein Leid an. Wenn es sich um einen Ort handelt dann beschreiben Sie die Ursache seiner Verschmutzung oder Zerstörung, während Sie das Wasser umrühren. Dann segnen Sie es.
- Nachdem Sie das Wasser umgerührt haben, blicken Sie auf seine Oberfläche und visualisieren Sie das Gesicht der Person, des Tieres oder des bedrohten Ortes, wobei Sie sich denjenigen wieder gesund vorstellen und flüstern Sie »Sei gesegnet«. Dann weihen Sie das Wasser dem nächsten Anliegen.
- Verteilen Sie das fertige Wasser in einzelne Glasflaschen. Geben Sie in jede einen winzigen Bergkristall und binden Sie dann ein goldenes Band darum.
- Wenn Sie die Person, die Sie heilen möchten, gut kennen und sie anwesend ist, können Sie die Flasche in der Sonne öffnen oder an einem dunklen Tag goldene Kerzen entzünden oder eine Glasfaserlampe einschalten. So erhalten Sie goldenes

Licht und reiben dann der Person die Stirn mit ein paar Tropfen ein. Sprechen Sie dazu Ihre eigenen heilenden Worte, die voller Liebe und Fürsorge sind.

- Wenn es sich um ein Tier handelt, reiben Sie seine Herzgegend mit ein wenig Wasser, das Sie erwärmt haben, ein. Sollte das Tier Schmerzen haben und sich nicht angreifen lassen, geben Sie das Wasser in seine Trinkschale, die Sie in das Sonnenlicht stellen.
- Sie können das Foto einer Person, eines Tieres, einer bedrohten Art oder eines Ortes mit dem Wasser besprengen. Dabei sollten Sie das Bild in helles Licht tauchen und Ihre Bitte um Heilung aussprechen. Wenn es sich um einen Ort in Ihrer Nähe handelt, versprengen Sie das Wasser auf der Erde oder im verschmutzten Wasser, wenn es das ist, was Sie heilen möchten.
- Schicken Sie der kranken Person, der Sie Heilung wünschen, die restliche Flasche mit Sonnenwasser. Fügen Sie einen kleinen Citrin als Geschenk bei und erklären Sie in einem Brief, dass Sie ihr alles Liebe wünschen. Außerdem erklären Sie darin wie und warum Sie das Sonnenwasser zubereitet haben.

AWEN UND DIE SONNE

Wenn Sie an einer modernen, öffentlichen Druidenzeremonie teilnehmen oder dabei zusehen, werden Sie hören, wie die Versammelten neunmal Awen rufen. Vielleicht werden Sie auch aufgefordert, dabei mitzumachen. Ähnlich dem buddhistischen Mantra *Aum,* handelt es sich hierbei um die druidische Bezeichnung der Lebenskraft und Inspiration, die das Universum erfüllt und die mit der Sonne verbunden ist. Manche Druidinnen bezeichnen dies als den Ton, der die Schöpfung auslöst. In Büchern heißt es, dass dieses Wort als *AAH-oo-en* oder *AAH-oo Wen* oder wie drei gleichwertige, eintönige Silben ausgesprochen wird. In der Praxis jedoch, wenn eine Menge Leute Awen in der Abenddämmerung oder im frühen Morgenlicht rufen, verschmelzen die Töne und ähneln mehr dem Klang des Meeres oder des Windes, der durch ein Maisfeld rauscht. Sie ähneln dem Ruf von Vögeln, die sich zum Schlafen niederlassen, vor allem, wenn man mit ansteigender Stimme ruft.

Üben Sie, mit gleich bleibendem Ton, drei-, sechs- oder neunmal Awen zu rufen. Dann singen Sie in einer Höhle, einem Tunnel, in dichtem Wald, in einem felsigen Tal oder einem alten Steinbruch so als ob Sie Tonleitern, auf- oder absteigend, üben würden. Lassen Sie dabei Ihre Stimme durch das Echo anschwellen. Singen Sie die Silben beim Gehen, tanzen Sie sie in Ihrem Hain, schwimmen Sie sie im Wasser, so dass ihr Klang ein Teil von Ihnen wird so wie *Aum,* ein kreativer Klang, der Sie mit Kraft und Sicherheit erfüllt, so dass Sie sich nie mehr Gedanken darüber machen, ob Sie ihn wohl richtig aussprechen.

Awen ist auch ein Symbol, das Druidinnen und Druiden zeichnen, um Segen zu erbitten und weiterzuleiten (es wird gerne am Ende von E-Mails verwendet und kann für nicht-kommerzielle Zwecke aus dem Internet heruntergeladen werden). Es besteht aus den drei Strahlen der Sonne.

Ich kenne zwei völlig unterschiedliche Erklärungen für seine Form. Eine besagt, dass bei Sonnenaufgang zur Sommersonnenwende die Sonne drei sich ausbreitende Sonnenstrahlen, das Awen, aussendet. Diese öffnen die Tore von Annwyn, dem Zugang zur Anderswelt. Eine andere Erklärung ist, dass es sich um die Punkte handelt, an denen die Sonne zur Zeit der Tagundnachtgleichen und Sonnenwenden aufgeht. An den Tagundnachtgleichen geht sie im Osten auf, was durch den mittleren Strich dargestellt wird. Zur Zeit der Sommer- beziehungsweise Wintersonnenwende geht die Sonne in Richtung Ost-Nord-Ost beziehungsweise Ost-Süd-Ost auf, was durch die seitlichen Striche dargestellt wird.

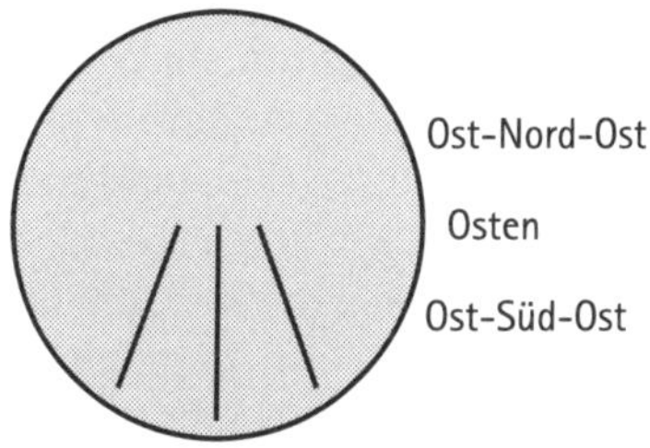

Das Awen-Symbol mit den drei Sonnenstrahlen. Rechts sind die Richtungen angegeben, in denen die Sonne zur Winter- bzw. Sommersonnenwende aufgeht.

Awen und seine Verbindung zur Sonne im Allgemeinen wird eher auf die Neu-Druiden und weniger auf die Kelten zurückgeführt. Manche Druidinnen glauben jedoch, dass Awen, was übersetzt strömender Geist bedeutet, ein altes Konzept ist, das christianisiert wurde. Wichtig ist, dass es meinen Erfahrungen und den Erfahrungen anderer Frauen nach, ein mächtiges, geistiges Sonnensymbol ist.

Die Strahlen sind manchmal von einem dreifachen Kreis umgeben, der die drei keltischen Reiche der Erde, des Meeres und des Himmels repräsentiert, oder von zwei Kreisen, welche die Existenz und den Übergang der Seele symbolisieren (*siehe Seiten 243f.* für eine Liste von Büchern, in denen diese neu-druidischen Ansichten und diese komplexen Aspekte des Universums beschrieben werden), oder von einem einzelnen Kreis.

Mit Awen arbeiten

Fertigen Sie dieses Sonnensymbol jetzt an und setzen Sie es ein, um Zutritt zur Anderswelt zu erhalten und die Kraft der Sonne in Ihr Leben zu bringen, im Winter wie im Sommer.

- Zeichnen Sie ein Awen-Symbol in den Sand oder die Erde oder machen Sie eines aus Samen, Nüssen oder Zweigen, und umschließen Sie es mit einem Kreis, um seine Kraft darin zu sammeln und zu konzentrieren. Sie können das Symbol auch aus kleinen Steinen oder Muscheln in Ihrem Garten anfertigen und mit einem Kreis aus kleinen Kieselsteinen (oder Glassteinchen) umgeben. Arbeiten Sie, wenn möglich, bei Sonnenschein, so dass der Kreis von Licht erfüllt ist und die Kiesel- oder Glassteinchen leuchten. Im Winter, wenn es schneit, wird die Sonne das Weiß wegschmelzen und das Symbol bleibt bestehen. Im Haus können Sie ein Miniatur-Awen aus Ton herstellen oder auf Papier zeichnen. Sie können auch kleine Bergkristalle und Citrine verwenden, die das Sonnenlicht mit Hilfe von Plexiglas-Regenbögen und Sonnenfängern am Fenster einfangen, das sich, wenn nötig, noch mit goldenen Kerzen verstärken lässt.
- Stellen oder setzen Sie sich so hin, dass Sie nach Süden blicken, wo sich die drei Sonnenstrahlen treffen. Arbeiten Sie

zur hellsten Zeit des Tages oder visualisieren Sie strahlendes Licht, wenn es düster ist.

- Visualisieren Sie eine der wunderschönen keltischen Sonnen- oder Feuergöttinnen, die im Sonnenlicht erstrahlt (nehmen Sie zum Beispiel Brigid, die ihren Umhang wie auf Seite 63 beschrieben am Sonnenrad aufhängt). Visualisieren Sie die alte oder weise Frau Ceridwen, die direkt vor Ihnen einen Kessel aus purem Gold umrührt, aus dem sich ein Flüsschen aus flüssigem Gold um Ihren Kreis schlängelt. Spüren Sie, wie die Erdenmütter den Boden unter Ihren Füßen erwärmen, der von der geschmolzenen Lava erhitzt wird, der Sonne unterhalb der Erdoberfläche.
- Atmen Sie goldenes Licht langsam durch Ihre Nase ein und Dunkelheit aus, bis Sie einen gleichmäßigen, kontinuierlichen Rhythmus gefunden haben und gar nicht mehr merken wie Sie atmen. Sie sollten nur noch spüren, dass von allen Seiten, von oben, von unten und von ringsum Licht in jede Pore Ihres Körpers eindringt.
- Visualisieren Sie, während Sie kontinuierlich weiteratmen, wie das Licht von Ihren Zehen bis in Ihre Fingerspitzen aufsteigt, dann von oben durch Ihren Scheitel wie ein rauschender Wasserfall in Sie hineinströmt. Dabei verschmelzen oben und unten, innen und außen und Sie sind nur noch Licht.
- Beginnen Sie »Awen« zu rufen, zuerst leise und langsam, dann lauter und stärker, wobei Sie aber einen angenehmen Tonfall beibehalten, so dass sich Ihre Stimme nicht überschlägt und das Gefühl von Harmonie und Ruhe innerhalb des Wasserfalls aus Licht nicht verloren geht.
- Fahren Sie fort, bis Sie sehen können, wie Licht aus Ihrem Inneren strömt und Sie mit der Quelle der Kraft und Inspiration verbunden sind.
- Spüren Sie den Augenblick, in dem Sie vollkommen eins mit der Sonnenkraft sind, dann lassen Sie die Awen-Rufe allmählich abklingen und langsamer werden, bis Sie nur noch ein Flüstern sind und kehren Sie dann zur vollkommenen Stille und Ruhe zurück.
- Machen Sie ein Zeichen, eventuell das Awen-Symbol, in Ihre Handfläche, das Sie daran erinnert, dass Sie sich immer,

wenn Sie weit weg von zu Hause sind oder sich unruhig fühlen, Ihren Sonnenkreis ins Gedächtnis rufen und sich wieder mit dem Licht verbinden können.

- Wenn Sie während dieses Rituals einen klaren Bergkristall oder Citrin innerhalb des Kreises neben sich legen oder in Ihrer Hand halten, wird er mit Kraft erfüllt. Sie können nach dem Ritual das Awen-Symbol mit einem goldenen Stift darauf zeichnen, und ihn bei sich tragen, so dass er Ihnen Kraft und Schutz gibt.
- Lassen Sie das Leuchten ebenfalls langsam verblassen, denn Sie wissen, dass es immer bei Ihnen ist, selbst wenn es unsichtbar ist, denn Sie sind eine Tochter des Lichts.
- Danken Sie der Sonnengöttin und der weisen Ceridwen, die während Ihrer Arbeit über Sie gewacht hat. Vielleicht belohnt Sie sie mit ein paar Worten der Inspiration oder mit einem Anflug von Kreativität, der sich in Ihrer alltäglichen Arbeit offenbart.
- Wenn Sie nur ein temporäres Awen angelegt haben, entfernen Sie es. Wenn es sich um ein dauerhaftes Symbol handelt, vergraben Sie eine kleine Opfergabe, wie etwa einen Kristall oder ein paar Kräuter, in der Nähe des Zeichens.

Sich vom Awen-Symbol inspirieren lassen

Es gibt viele Möglichkeiten, Inspiration durch das Awen-Symbol zu erfahren. Wenn Sie nach und nach mehr über das Druidentum lernen, werden Sie vielleicht feststellen, dass sich Ihr spirituelles Bewusstsein plötzlich erweitert. Sie überlegen sich besser, was Sie sagen, sind in Ihren Äußerungen weniger impulsiv und ungestüm, so dass Ihre Worte weise klingen, und in Zeiten der Besinnung sogar prophetischen Charakter annehmen können. Das mag Sie erschrecken, ist aber eine ganz natürliche Entwicklung.

Sie entdecken vielleicht an scheinbar profanen Aspekten Ihres Lebens plötzlich etwas Kreatives, so dass diese für Sie und andere, mit denen Sie zu tun haben, schön und bedeutungsvoll werden.

Für die moderne Druidin, besonders für eine, deren Definition von Inspiration nichts mit dem mittelalterlichen Bardentum zu tun hat (und die so gnädig ist, von niemandem zu erwarten, dass er auf einem kalten Hügel sitzt und ihren poetischen Darbietungen lauscht), kann der Fluss der Lebenskraft praktischere Formen annehmen. Es zeichnet sich ein Trend ab, wonach man das Druidentum als einen lebendigen Glauben betrachtet, der ebenso am Arbeitsplatz und im Einkaufszentrum zu Hause ist, wie in einem Hain oder Steinkreis. Man hält es für wichtiger, ihn auszuüben als ihn zu verkünden.

Die Inspiration durch das Awen-Symbol kann dazu führen, dass Sie mehr gechannelte Informationen erhalten. Es fällt Ihnen vielleicht leichter, Probleme zu lösen und kreative Entscheidungen zu treffen. Sie channeln und entwickeln Heilkräfte, um Ihren Kollegen, Nachbarn, und sogar gestressten Fremden Frieden und Harmonie zu bringen. Vielleicht beginnen Sie zu malen, sei es, dass Sie Bilder malen oder Wohnungen und Häuser ausmalen. Somit gestalten Sie Ihr eigenes Leben und das der anderen farbenfroher. In Ihrem Garten oder auf Ihrem Balkon Pflanzen zu setzen, zu jäten und zu düngen kann genauso ein Ausdruck für Ihren druidischen Glauben sein, wie gereizte Kinder in den Schlaf zu singen. Bildhauern oder Regale aufhängen, sich um die Errichtung von Kinderbetreuungsstätten zu kümmern, Naturschutzgebiete durch friedliche, aber entschlossene Aktionen vor deren Zerstörung zu bewahren – alles hilft dabei, positive Energie in einer negativen, zynischen Welt zu verbreiten.

Ein Awen-Ritual – das Tor öffnen

Es gibt Zeiten, in denen Sie aus tiefstem Herzen Inspiration brauchen, vielleicht weil ein unerwarteter Rückschlag Ihr Vertrauen von Grund auf erschüttert hat. Wir wissen, das Awen ist das Tor, aber es kann sein, dass wir zwar einen Blick in dieses Tor werfen, aber nicht durchgehen möchten.

- Beginnen Sie wieder damit, ein Awen-Symbol in einem Kreis darzustellen. Zeichnen Sie diesmal die drei Tropfen der Inspiration, die darauf fallen. Stellen Sie diese als Punkt oberhalb jedes Sonnenstrahls dar. Auf den ersten (von links) Awen-

Strahl stellen Sie eine Schale mit Sonnenkräutern, wie etwa Lorbeer, Wacholder, Rosmarin, Salbei (breitblättriger Salbei), Safran oder Johanniskraut.

- Auf den zweiten Awen-Strahl stellen Sie eine goldene Kerze, wenn möglich aus Bienenwachs. Aus Sicherheitsgründen geben Sie die Kerze in einen breiten Kerzenständer oder eine Metallschale.
- Auf dem dritten Awen-Strahl platzieren Sie eine kleine, goldfarbene oder durchsichtige Glasschale mit Sonnenwasser. Wenn Sie ungefähr zu Mittag, der idealen Zeit arbeiten, steht Ihr Sonnenwasser vielleicht seit der Morgendämmerung im Awen-Kreis, um Kraft aufzunehmen. Legen Sie auf jeden der drei Tropfen der Inspiration einen runden Bleikristall.
- Setzen Sie sich in den Kreis vor das Awen-Symbol, wobei Sie nach Süden blicken und die drei Tropfen der Inspiration am weitesten von Ihnen entfernt sind. Führen Sie das oben beschriebene Ritual aus, um sich selbst mit Leuchten zu erfüllen, behalten Sie aber diesmal, während Sie Ihre Awen-Rufe ausklingen lassen, die Vision des Leuchtens bei. Nehmen Sie eine Prise der Sonnenkräuter und werfen Sie sie in die Kerzenflamme. Dabei sagen Sie: »Awen, immerwährender Strom, ich bringe Sonne zu deiner Sonne. Ich bitte dich um einen Tropfen deiner heiligen Inspiration, die im Kessel der Mutter gebraut wurde, und der mich durchströmen möge.«
- Tauchen Sie den Zeigefinger Ihrer Krafthand in das Sonnenwasser, trinken Sie einen einzelnen Tropfen und sagen Sie: »Sei gesegnet.« Wiederholen Sie diese Schritte für den zweiten und dritten Tropfen, wobei Sie jedes Mal eine Prise der Kräuter verbrennen, um Inspiration bitten, einen Tropfen trinken und Dank sagen.
- Nach dem dritten Tropfen fügen Sie nach »Sei gesegnet« Folgendes hinzu: »So nähere ich mich dem Tor in das Licht. Ich bitte darum, das darin zu sehen, was mir zu wissen gestattet ist. Ich vertraue der Sonne.« Konzentrieren Sie sich auf die drei Kristalle und lassen Sie sie mit dem Awen-Symbol verschmelzen, das in reinem Gold erstrahlt und sich zu einem goldenen, kristallinen Tor erweitert, das sich langsam öffnet und goldenes Licht enthüllt.

- Blinzeln Sie und wenn Sie Ihre Augen öffnen, sehen Sie vielleicht ein einzelnes Bild, das sich vor dem Leuchten abzeichnet, bevor dieses verschwindet.
- Nehmen Sie jetzt nacheinander die Kristalle von den drei Tropfen und legen Sie sie in das Sonnenwasser. Bitten Sie jedes Mal um Kreativität, Inspiration oder Fruchtbarkeit für einen Bereich Ihres Lebens, in dem Sie dies brauchen. Vielleicht hören Sie in Ihrem Geist Worte oder Sie sehen plötzlich ein Bild im Wasser, das in den Träumen dieser Nacht oder wenn Sie still in sich versunken sind, einen Sinn ergibt. Nehmen Sie alles, was Sie bekommen, als einen Segen an.
- Setzen Sie sich still hin und wenn Sie so weit sind, blasen Sie die Kerze aus. Wenn Sie jemanden kennen, der krank oder betrübt ist, schicken Sie ihm dabei Liebe und Licht.
- Wenn Sie nur ein temporäres Awen angefertigt haben, entfernen Sie es, so wie zuvor. Bevor Sie das machen, vergraben Sie die drei Kristalle und die restlichen Kräuter ungefähr in der Mitte des Symbols. Wenn es sich um ein dauerhaftes Garten-Awen handelt, gießen Sie das restliche Sonnenwasser darüber, um es zu reinigen und vergraben Sie wiederum Ihre Opfergaben.

Im Laufe der Monate möchten Sie vielleicht länger in das Tor blicken oder sich auf seine Schwelle stellen. Sie brauchen keine Angst davor zu haben, dass Sie auf der geistigen Ebene in die Anderswelt entführt werden; Sie werden vom Eingang aus nur Licht und Schönheit sehen. Mit der Zeit wird es Ihnen gelingen, einen flüchtigen Blick auf Ihre eigene einzigartige Vision von der Anderswelt zu werfen, was bei jedem Einzelnen ein Gefühl immerwährenden Glücks und Friedens auslöst.

Die keltischen Druidinnen waren viel enger mit der Natur verbunden als die modernen. Als hohe Priesterinnen konnten sie sich vermutlich auf das Druidentum konzentrieren und mussten nicht die Felder bestellen oder sich darum Gedanken machen, Wasser vom Fluss zu holen. Heutzutage müssen Druidinnen neben ihren Ritualen und Weissagungen für gewöhnlich auch noch Zeit haben, ihren Lebensunterhalt zu verdienen und erledigen, trotz aller Emanzipation, die meiste Hausarbeit. Wir haben keine Gemeinde, die uns unterstützt und unseren Glauben ausüben lässt, ohne dass wir uns um die physische Welt sorgen müssen.

Bevor wir also unsere eigene, endgültige Reise in die Ewigkeit antreten, müssen wir uns vermutlich damit begnügen, kurze Einblicke in magische Reiche zu erhaschen. Diese Reiche erfüllen uns mit dem Wissen, dass unsere Seele unsterblich ist und dass dies nur eine erste Zwischenstation auf unserer Reise durch viele Leben in das Land des Leuchtens ist.

DIE JAHRESZEITEN DER SONNE

In Kapitel 12, in dem es um das druidische Jahresrad geht, beschreibe ich die Jahreskreisfeste an den Tagundnachtgleichen und Sonnenwenden, wo wir mit deren unterschiedlichen Energien arbeiten und deren Eigenschaften und Stärken wir in unser Leben bringen, indem wir unsere Riten ausführen wie es unsere Vorfahren taten, damit sich das Jahreszeitenrad weiterdrehte.

Aber auch an jedem einzelnen Tag dreht sich das Sonnenrad und wir können mit dem jeweiligen Hoch oder Tief der Sonne arbeiten, um unsere Verbindung zur Natur wiederherzustellen und die Kraft aufzunehmen, die wir brauchen. Dazu brauchen wir keine formellen Rituale auszuführen. Zünden Sie beispielsweise eine Kerze an, um die Abenddämmerung willkommen zu heißen, setzen Sie sich hin und lassen Sie sich vom schwindenden Licht einhüllen. Konzentrieren Sie sich auf einen Punkt am Horizont und spüren Sie, wie der Tag zu Ende geht, indem sich das Rad sanft nach unten dreht.

Es könnte natürlich auch sein, dass Sie ein Schichtarbeiter sind oder noch eine Menge Papierkram zu erledigen haben, bevor Sie nach Hause gehen können. Oder Sie müssen sich auf die Heimkehr Ihrer Familie und deren Forderungen vorbereiten. Doch diese kurze Phase der Stille bei Einbruch der Dunkelheit kann Ihren Verstand zur Ruhe bringen und Ihrem Geist eine Harmonie schenken, mit der Sie Ihre Aufgaben fröhlich und in der halben Zeit erledigen, während alle anderen um Sie herum hektisch und gereizt sind.

Sonnenzeiten

Die Sonne geht an jedem Tag zu einer anderen Zeit auf; den genauen Zeitpunkt finden Sie in einem Kalender oder in der Zeitung. Wenn Sie nicht genau auf dem Längengrad leben, der die westeuropäische Zeit festlegt, wird die Sonne zu Mittag nicht genau über Ihnen stehen, also richten Sie sich einfach nach der Zeit, zu der die Sonne bei Ihnen direkt über Ihnen steht. Auch der Sonnenuntergang variiert von Abend zu Abend. Wenn Sie am Wochenende oder sonst ein paar Tage frei haben, richten Sie sich nach folgenden vier Zeitpunkten: Tagesanbruch, Mittag, Dämmerung, Mitternacht. Gehen Sie ins Freie, um die unterschiedlichen Energien zu spüren und folgen Sie dem Rhythmus des Himmels, wie das unsere Vorfahren vor Einführung der Elektrizität taten.

Wenn Sie Angst im Dunkeln haben, arbeiten Sie anfangs unmittelbar vor Tagesanbruch, so dass Sie die unweigerliche Rückkehr des Lichts erleben – für unsere alten Vorfahren war dies eine Sache des Vertrauens, und wenn Sie wieder vertrauen können, werden Sie sich auch entspannen.

Tagesanbruch

Der Tagesanbruch ist für die Druiden ein ganz besonderer Zeitpunkt, da der Sonnenaufgang zur Sommer- oder Wintersonnenwende vor allem die Geburt oder Wiedergeburt des Lichts symbolisiert. Viele Steinkreise und Ganggräber sind nach dem Sonnenaufgang an bestimmten Tagen ausgerichtet. Auch im Christentum wird die Bedeutung dieser besonderen Sonnenaufgänge anerkannt. So erscheint beispielsweise genau in der Mitte des riesigen, achteckigen Fliesenlabyrinths in der Kathedrale von Amiens, in der Picardie in Frankreich, zur Winter- und Sommersonnenwende (um den 21. Juni) ein Sonnenstrahl.

Die Mitte des Labyrinths im Hauptschiff der Kathedrale von Amiens stimmt mit der Frühlings-Tagundnachtgleiche überein, wobei man im Ritual nach Osten blickt. Da die Sonne jedoch nur an den Tagundnachtgleichen im Osten aufgeht (und im Westen untergeht), ist es besser, mit der tatsächlichen Position der Sonne, wenn sie am Morgen aufgeht, zu arbeiten.

Es lohnt sich, früh aufzustehen und die wunderschönen Schattierungen zu beobachten, wenn sich die Dunkelheit, manchmal nicht ohne Kampf, zurückzieht. Sie werden feststellen, dass die Morgendämmerung zu unterschiedlichen Zeiten und an unterschiedlichen Orten immer anders ist – im Winter, im Sommer, bei schlechtem Wetter oder wenn es klar ist, in einer Ebene, in der Wüste, am Meer und hoch über Bergen und Wäldern. Gehen Sie in der Stille der Stadt spazieren, bevor diese aufwacht oder auf dem Land, oder beobachten Sie, wie die Dunkelheit über dem Meer dahinschwindet und die Wellen scharlachrot färbt. Jede Morgendämmerung ist eine kleine Frühlings-Tagundnachtgleiche, eine Auferstehung und die Geburt neuer Hoffnung.

Heute ist der Tag, den Sie erhofft oder vor dem Sie sich in vielen schlaflosen Nächten oder unruhigen Augenblicken gefürchtet haben. Schreiten Sie also mutig in die Morgendämmerung, schreien Sie Ihren Protest hinaus oder Ihre Überzeugung, dass Sie diesen Tag überstehen werden oder sogar zum besten aller Zeiten machen werden.

Mittag

»Sei nicht traurig, sei wie die Sonne zu Mittag« heißt ein Absatz im I Ging. Egal ob die Sonne herunterbrennt oder sich hinter düsteren Wolken versteckt, ihre Energie zu Mittag ist stark, so wie Sie. Seien Sie also an jedem Mittag, so wie zu jeder Sommersonnenwende, dankbar für das, was Ihnen beschert wurde. Wenn Sie nur wenig Positives finden, dann ergreifen Sie etwas von der Kraft der Sonne, indem Sie ihr Licht durch eine Bleikristallkugel reflektieren lassen (selbst die kleinste Kugel wird bersten vor Kraft). Lassen Sie sich vom reflektierten Licht mit Energie auffüllen und mit der Gewissheit, dass alles gut wird.

Denken Sie auch daran, das Licht und die Kraft der Mittagssonne für Ihre Heilarbeit zu verwenden, indem Sie das Licht durch einen Bergkristall oder eine Kristallkugel (die Größe ist egal) reflektieren. Sprechen Sie heilende Worte in den Kristall und richten Sie die Lichtstrahlen auf die Person, das Tier oder den Ort, der Heilung braucht. Vielleicht werden Sie mit einem winzigen Regenbogen in der Mitte des Kristalls belohnt, der Ihnen bestätigt, dass positive Gedanken dreifach zum Absender zurückkehren.

Abenddämmerung

»Beschließe keinen Tag mit Ärger« pflegte meine mittlerweile verstorbene Mutter zu sagen. Das ist die tägliche Botschaft der Abenddämmerung, und ganz besonders die der Herbst-Tagundnachtgleiche. Alles, was wir gewonnen oder verloren haben, verschmilzt mit der Dunkelheit und mit ihr können wir Kummer und Groll begraben.

Wenn Sie in der Nähe von Wasser sind, ist die Abenddämmerung eine gute Zeit, um einen Stein oder eine Blume, die für Ihren Kummer steht, hineinzuwerfen. In der Erde vergraben Sie den Kern einer Frucht oder ein paar Samen, so dass eventuell neue Früchte oder Blumen aus dem gedeihen können, was Ihnen vielleicht eine allzu teure Lehre war. Zünden Sie Ihre Abenddämmerungskerze an, wenn Sie zu Hause sind (das ist im Sommer leichter, wenn es erst spät dämmert), segnen Sie Ihre Feinde und übergeben Sie den Tag der Dunkelheit, um ihn von ihr bearbeiten zu lassen. Dann, wenn die Schatten harte Gefühle besänftigen, können Sie, wenn nötig, versöhnliche Briefe oder E-Mails schreiben, tröstende Anrufe machen oder Ihre Liebe oder Vergebung direkt aussprechen, auch wenn der andere nicht anwesend oder unversöhnlich ist.

Wenn in Ihrer Welt alles gut ist, können Sie Ihren eigenen Frieden und Ihr Glück mit anderen teilen, vielleicht mit jemandem, der immer allein nach Hause geht und sich wünscht, dass dies nicht so wäre; mit einem Freund oder Familienangehörigen, der weit weg von zu Hause in einem Hotel oder an einer Universität ist, oder mit einem Nachbarn, der sich über einen kurzen Besuch freuen würde. Tun Sie dies bevor Sie es sich in Ihrem eigenen Heim allein oder mit Ihren Lieben gemütlich machen.

Wie schon erwähnt, können Sie die Abenddämmerung selbst bei Ihrer Arbeit willkommen heißen und vielleicht später, wenn Sie nach Hause kommen, eine Kerze anzünden oder ein einfaches Ritual ausführen, etwa eine Liste mit Namen von Menschen und Orten vorlesen, von denen Sie wissen, dass sie in Not sind.

Mitternacht

Mitternacht erscheint Ihnen vielleicht als eine Zeit, die wenig mit der Sonne zu tun hat, aber sie entspricht der Wiedergeburt des

Lichts zur Zeit der Wintersonnenwende. So wie der Sonnenuntergang für die Kelten einen neuen Tag einläutete, ist Mitternacht in der modernen Zeit die Phase des Übergangs.

Vielleicht sind Sie zu dieser Zeit wach, weil Sie ausgegangen sind oder sich mit Freunden getroffen haben oder Sie sind Schichtarbeiter oder sind spät von der Arbeit oder einer Reise nach Hause zurückgekehrt. Es könnte auch sein, dass Sie wach liegen und sich um einen Menschen, den morgigen Tag oder das nächste Jahr sorgen. Das ist eine Zeit, in der Probleme riesig erscheinen können.

Wir alle kennen den Ausdruck »die finsterste Stunde ist die vor der Morgendämmerung« und er enthält ein Fünkchen Wahrheit. In einer anderen Zeitzone jedoch scheint die Sonne hell und wir wissen, im Gegensatz zu unseren Vorfahren, dass die Sonne nicht im Meer oder im Leib von Mutter Erde verschwindet, um bis zum nächsten Morgen zu schlafen.

Mitternacht ist auch die Zeit der weisen Vorfahren. Sie sind keine Furcht erregenden Gespenster, die Sie verfolgen, sondern sanfte Wesen aus früheren Zeiten. Diese Wesen haben Sie spirituell und genetisch zu dem gemacht, was Sie sind. Um Mitternacht sind auch die Wächter der Nacht bei Ihnen, die Sie in diesen Stunden vor der Morgendämmerung beschützen und die für Ihren friedlichen Schlaf sorgen, wenn Sie sich Ihnen anvertrauen.

Doch jetzt geben Sie sich der Dunkelheit hin und all den Dingen der Vergangenheit, den Stimmen des Zweifels oder der Kritik, die uns verletzten als wir unschuldige Kinder waren, und die vielleicht in der Nacht zurückkehren und uns verfolgen. Lassen Sie alles los, wofür jetzt nicht die richtige Zeit ist. Nennen Sie all Ihre Sorgen oder was immer Sie wach hält und an Ihnen nagt, wenn Sie versuchen, sich zu entspannen. Verbrennen Sie all das in Form von schwarzen Bändern oder Wollfäden mit einer dunkelblauen Kerze. Wenn Sie die Kerze auslöschen, schicken Sie das Licht zur Sonne, und denken Sie daran, dass es wiederkehren wird, um den Tag zu erhellen.

Im nächsten Kapitel widmen wir uns dem Alter Ego der Sonne, dem Mond, und dessen sanfterer, aber ebenso magischer Energie.

5. MIT DEM MOND ARBEITEN

Der Mond ist das Alter Ego der Sonne. Da der neue Tag bei den Kelten, wie es in deren Mythen und Legenden heißt, mit der Abenddämmerung begann, kam dem Mondlicht bei großen Festen und Ritualen besondere Bedeutung zu. Es verkündete die Präsenz und den Segen der Mondmutter. Wenn der Vollmond in der Abenddämmerung aufgeht, wird dies bei magischen Ritualen als besonders verheißungsvoll und Glück bringend betrachtet. Wenn zur Wintersonnenwende Vollmond ist, was nur alle achtzehn Jahre und sieben Monate vorkommt, so markierte dies das Ende eines kompletten Zyklus. An diesem Tag hatte das wiedergeborene Licht eine ganz besondere Kraft, weil es den durch den Vollmond angekündigten Wandel in sich trug.

DIE BEDEUTUNG DES MONDKALENDERS

Bevor es offizielle Kalender gab, richtete man sich vermutlich nach dem Mond, was bestimmte Ereignisse im Laufe des Jahres betraf. Einige dieser Ereignisse, wie etwa der Abflug und die Rückkehr der Zugvögel oder die Ankunft der Herden, fanden nach einer bestimmten Anzahl von Monden statt. Für eine Frau ist der Mond in Bezug auf ihren Körper von besonderer Bedeutung. Die Frauen menstruierten einmal im Monat, üblicherweise zur Zeit des Neumonds und waren bei Vollmond am fruchtbarsten. Eine Schwangerschaft dauert zehn Mondmonate.

Da der Mond immer wieder zunahm bis er voll war, dann abnahm, schließlich völlig verschwand, nur um zweieinhalb Tage später wieder aufzutauchen, schrieb man die Fruchtbarkeit von Tieren, Menschen und später von Feldfrüchten der Kraft des Mondes zu. Dann wieder verband man den Mond mit den drei Aspekten der Weiblichkeit, wie sie von der dreifachen Göttin, Jungfrau, Mutter und alte Frau, verkörpert werden, die in der keltischen Mythologie die drei Schwestern genannt wurden.

Die populären Namen, die man den Vollmondzyklen gab, beschrieben die Gaben und Entbehrungen jedes Monats. Diese Volkskalender harmonierten gut mit dem landwirtschaftlichen Jahr und manche Bauern und Gärtner setzen ihre Pflanzen immer noch drei Tage vor Vollmond, damit diese besonders gut wachsen, was sich botanisch nachweisen lässt.

Bestimmte Mondphasen leiteten Zeiten ein, in denen die Straßen trocken genug waren, um auf Märkte und Messen zu fahren oder um Gerechtigkeit zu suchen, so dass die Menschen ihre Reisen zwei bis drei Monde im Voraus planen konnten. Vor der Verbreitung des geschriebenen Wortes wurden diese Traditionen mündlich weitergegeben. Sie waren verpackt in Legenden, die den Zuhörer auf die jahreszeitlichen und landwirtschaftlichen Abschnitte eines Jahres aufmerksam machten. Selbst heute noch, wird in Spanien und Italien an den Tagen bestimmter Heiliger geerntet, die an diese frühen Gedächtnisstützen erinnern.

Der Mondkalender ist durch unsere Vorfahren tief in uns verwurzelt. Spirituell betrachtet, mag er sinnvoller erscheinen als der Sonnenkalender, der uns von den Römern, den patriarchalischen Verehrern des Himmelsgottes, aufgezwungen wurde.

DUNKELHEIT UND LICHT

Wir wissen nicht genau, wie das heutige Wissen über Zeitabschnitte und Jahreszeiten, auf das sich die moderne Hexenkunst und das Druidentum stützen, zustande kam. Im frühen Mittelalter gab es Beschwerden von Seiten der Kirche über Bauern, die noch immer Ernte- und andere Feste, zu Ehren nicht-christlicher Göttinnen und Götter feierten. Doch sowohl in der modernen Magie wie auch im Druidentum steht das Licht nicht über der Dunkelheit. Die Dunkelheit wird nicht als etwas Böses betrachtet, sondern als etwas, das dem Licht vorausgeht und den nährenden Leib von Mutter Erde verkörpert.

Keltischen Legenden zufolge begann die dunkle Hälfte des Jahres am keltischen Neujahrstag, dem 1. November. Die lichte Hälfte wurde durch den Sommerbeginn am 1. Mai eingeleitet. Man könnte annehmen, dass der neue Tag in der Dunkelheit der Morgendämmerung begann. Ob dies historisch belegbar ist, ist fraglich. Sicher ist, dass die Menschen, bevor es künstliches Licht gab, während des Winters viel von ihrer wachen Zeit, bevor sie also zu Bett gingen, im Dunkeln verbrachten. Deshalb nahm der Mond in ihrem Leben eine wichtige Rolle ein.

DER KELTISCHE MONDKALENDER

Der römische Geschichtsschreiber Plinius berichtet, dass die Druiden ihre Monate und Jahre nach dem Mond berechneten. Obwohl diese Aussagen über den keltischen Mondkalender teilweise archäologisch belegt sind, wurden die Lücken, die mit der Zeit entstanden, teilweise auch mit Fantasie gefüllt. Das hat, je nachdem, wie man es betrachtet, zu mehr Aufklärung oder zu mehr Verwirrung geführt. Die archäologische Quelle unseres Wissens über die keltischen Mondzyklen ist der Coligny-Kalender. Dabei handelt es sich um die Fragmente einer riesigen Bronzetafel, die, als sie intakt war, 1,5 mal 1 Meter groß war. Der Kalender, der nach dem Ort, an dem er 1897 in Ostfrankreich entdeckt wurde, benannt ist, wurde in Gallisch, aber mit römischen Buchstaben und Ziffern erstellt. Weil er römische Buchstaben enthält, datiert man ihn ungefähr auf den Beginn des 1. Jahrhunderts v. Chr., obwohl er auch noch älter sein könnte. Auch Julius Caesar bezieht sich auf ihn.

Der Kalender basiert auf zwölf zyklischen Mondmonaten und da insgesamt zweiundsechzig aufeinander folgende Monate aufgezeichnet sind, werden offenbar zwei weitere Monate (alle zweieinhalb bis drei Jahre einer, der jeweils aus dreißig Tagen besteht) hinzugefügt. Der Coligny-Kalender dauert von einem Vollmond zum nächsten. Ähnliche Aufzeichnungen sind in die Steine von Knowth, in der Nähe von Newgrange in Irland, einer der heiligsten Megalithstätten des Landes, eingraviert.

Eine andere Theorie befürwortet den Coligny-Kalender, geht aber davon aus, dass die romanisierten Gallier damit einen früheren keltischen Kalender ersetzten, der dreizehn Mondmonate dauerte, was der Anzahl der Vollmonde während eines kompletten Jahres entsprach.

MIT DEN MONDMONATEN ARBEITEN

Wenn Sie Zugang zum Internet haben, finden Sie viele ausgezeichnete Mondkalender und Berechnungen, die auf dem Coligny-System beruhen. Einige Mondchroniken beziehen sowohl die Coligny- wie auch die Baummonate mit ein.

Doch selbst wenn Sie auf solche Quellen zugreifen können, ist das kein Ersatz dafür, in den Himmel zu blicken und den Mond zu beobachten. Am besten kehren Sie zu den Bräuchen der Menschen zurück, die Kerben einritzten und den Mond in Verbindung mit den Ereignissen in der Natur brachten.

Verwenden Sie den Kalender und passen Sie ihn an Ihr Alltagsleben und Ihre Rituale an. Wenn Sie in einer Stadt leben, können Sie die monatlichen Mondenergien beobachten, indem Sie im Park oder wenn Sie am Wochenende aufs Land fahren darauf achten, wie sich die Blätter der Bäume verändern. Vielleicht möchten Sie auch die Mondnamen an Ihre eigene Welt anpassen. Wenn für Sie die Aussaat weniger Bedeutung hat als das Ausfüllen Ihrer Steuererklärung Ende Januar, können Sie eventuell den Namen des Vollmondes ändern, der hereinleuchtet, während Sie Ihren Papierkram erledigen, oder zumindest einen passenden Monatsnamen finden. So zum Beispiel Klageerhebungszeit oder Gerichtszeit, und Sie ordnen dann die Monde entsprechend um. Wenn Sie in der südlichen Hemisphäre oder in einer heißen Gegend mit wechselnden Jahreszeiten leben, wird Ihr Mondkalender zu einem anderen Zeitpunkt beginnen, vielleicht sechs Monate später, denn bei Ihnen wird der Sommer nicht mit dem Septembermond zu Ende gehen. In Nordskandinavien wiederum und in Nordosteuropa wird der Sommerbeginn und die Rückkehr der Zugvögel viel später stattfinden.

Wichtig sind nicht die Berechnungen und die vorgegebenen Namen. Es geht darum, dass Sie Ihren eigenen Mondkalender erstellen, danach leben und den Vollmond mit einem Ritual feiern. Wenn Ihre Mondzeiten von den Sonnenzeiten abweichen, tragen Sie beide in Ihr Tagebuch ein, damit Sie sich an Geschäftstermine und Geburtstage nach der modernen Zeitrechnung erinnern, aber denken Sie daran, dass diese Ereignisse auch am dritten Tag nach dem Flug der Gänse, oder wie immer Sie den Mond am Himmel nennen, stattfinden.

Wenn Sie Wert auf Beständigkeit legen, verwenden Sie die dreißig Tage des magischen dreizehnten Monats, Caillos genannt, oder *keine Zeit* im Coligny-Kalender, für Zeiten mit untypischem Wetter oder Naturkatastrophen, da man ihn mit einem Wandel in der Natur oder im Lebensstil assoziiert. Heben Sie sich diesen Schaltmonat auf, den Sie alle zweieinhalb bis drei Jahre benötigen um den Zyklus anzupassen, oder verwenden Sie ihn, wenn ein Mondname nicht zu dem passt, was gerade vor sich geht – ansonsten richten Sie sich nach dem Mond am Himmel.

Wegen der unregelmäßigen Umlaufbahn des Mondes und der Neigung der Erdachse variieren Mondmonate leicht in ihrer Länge und gelegentlich gibt es in einem Sonnenmonat zwei Vollmonde (den zweiten bezeichnet man als blauen Mond). Manche Monate sind von Natur aus kürzer als andere, aber das ist bei den Sonnenmonaten ebenso.

In der folgenden Aufstellung finden Sie keltische Namen für die Mondmonate. Ich habe diese aus verschiedenen Quellen gesammelt und an mein eigenes Leben als Druidin angepasst, in dem ich versuche, so eng wie möglich mit der Natur verbunden zu bleiben und gleichzeitig meinen Lebensunterhalt mit Hilfe der modernen Technik zu verdienen. Ich habe für jeden Monat einen Aspekt vorgeschlagen, für den Sie ein Ritual ausführen können, und am Ende der Tabelle finden Sie ein Beispiel für ein Mondritual.

Coligny-Name	Vollmondzeit	Ritual
Samonios: Aussaat	Oktober/November	Etwas beenden, das keinen Erfolg verspricht; realistische Pläne für das bevorstehende Jahr machen.
Dumanios: Tiefste Dunkelheit	November/Dezember	Licht ins Dunkel bringen; nach innerer und äußerer Erleuchtung und Inspiration suchen.
Riuros: Kältezeit	Dezember/Januar	Finanzielle Sicherheit, Heim und Familie.
Anagantios: Zeit des Zuhausebleibens	Januar/Februar	Das Leben so akzeptieren, wie es ist; sich daran erfreuen, was man hat und sich nicht darum sorgen, was man nicht hat.
Ogronios: Zeit des Eises	Februar/März	Das Aufkeimen von neuer Hoffnung und Vertrauen; langsam das Potenzial freisetzen, das im Winter eingefroren war.
Cutios: Zeit der Winde	März/April	Veränderung; Stagnation und Trägheit beseitigen.
Giamonios: Zeit des Sprossens	April/Mai	Neue Horizonte und Gelegenheiten; Fruchtbarkeit.
Simuisonas: Zeit der Helligkeit	Mai/Juni	Freude; dauerhafte Beziehungen; das Beste aus allem herausholen.
Equos: Pferdezeit	Juni/Juli	Reisen; Bewegung aller Art; Erweiterung von Heim oder Beruf.
Elembiuos: Klageerhebungszeit	Juli/August	Gerechtigkeit; Beförderung; Anerkennung und finanzieller Gewinn.
Aedrinis: Gerichtszeit	August/September	Ernten, was man gesät hat; Fülle; sein Leben und seine Reichtümer abwägen und das, was man nicht braucht, abstoßen.
Cantlos: Gesangszeit	September/Oktober	Letzter Energieschub für unerledigte Aufgaben; Beziehungen retten und versäumte Gelegenheiten nachholen.

Versuchen Sie jeden Monat, so nahe wie möglich um die Nacht des Vollmondes, ein Ritual auszuführen, mit dem Sie dessen Energien in Ihrem Leben begrüßen (sie sind ein bis zwei Tage vor und nach dem Vollmond spürbar). Sie können alleine arbeiten, mit Familienangehörigen und Freunden oder mit einer Gruppe. Selbst wenn Sie sehr beschäftigt sind, sollten Sie versuchen, sich wenigstens ein paar Minuten lang in das Licht des Vollmonds zu stellen. Atmen Sie sein silbernes Licht ganz langsam durch Ihre Nase ein und atmen Sie dunkle oder negative Energien mit einem Stoß aus. Egal, ob Sie dies ganz informell oder in einem Ritual tun, es ist vermutlich hilfreich, sich dabei auf eine der keltischen Mondgöttinnen zu konzentrieren.

Ich habe bereits Arianrhod, die schöne und geheimnisvolle Göttin der Reinkarnation und des Vollmondes erwähnt, die das Silberrad der Sterne hütete und die Seelen getöteter Helden und Heldinnen aufnahm, um sie dem Leben wiederzugeben. Sie können auch mit Ceridwen, der walisischen Mondgöttin *(siehe Seite 201),* Ethiniu, der Göttin des Polarsterns *(Seite 118),* Ana, der Muttergöttin *(Seite 199),* Arduinna, der gallischen Herrin des Waldes *(Seite 199),* Blodeuwedd, der Göttin der Blumen *(Seite 200)* oder Rhiannon, Gebieterin der Anderswelt und der Träume *(Seite 205),* arbeiten. Wenn Sie möchten, können Sie auch mit der Mondmutter arbeiten.

Ein Vollmondritual

Für mein Vollmondritual verwende ich Cantlos, die Gesangszeit, den September/Oktober-Vollmond. Das ist mein Lieblings-Vollmond, weil ich die letzten Tage und Abende, bevor mein Campingplatz über den Winter zusperrt, noch so gut wie möglich nutzen möchte. Wenn ich im Wohnwagen arbeite, kuschle ich mich an die Heizung. Wenn ich aber draußen bin koste ich die letzten Strahlen der Herbstsonne aus. Ich hülle mich warm ein, wenn es nicht regnet, damit ich im Freien sitzen und die Sterne beobachten kann.

Auch die Natur ist sich der bevorstehenden Veränderung bewusst. Auf den Stromleitungen sitzen dicht gedrängt kleine Vögel, die nur darauf warten, in den wärmeren Süden aufzubrechen und nicht mehr sonderlich daran interessiert sind, Samen aufzupicken. Die Gänse im nahe gelegenen Naturschutzgebiet üben für ihren langen Flug nach Kanada, und obwohl rundum die Vögel singen und zwitschern, spüre ich in meinem Herzen ein bittersüßes Gefühl, weil ich zurückbleibe.

Obwohl dieses Ritual Cantlos gewidmet ist, kann man es auch jedem anderen Mond ganz einfach anpassen. Auch die Hilfsmittel und Räucherstäbchen bleiben mehr oder weniger gleich. Sie können entweder die von mir empfohlenen Silberglocken verwenden, oder Symbole der unterschiedlichen Monde um einen Ast binden: Federn, Früchte der Jahreszeit, winzige Getreidegarben oder Knoten für den Erntemond, bunte Bänder für den Maimond oder Mistelzweige für den Mond der Wintersonnenwende *(siehe auch Seite 97)*.

Sie können den Stab, den Sie normalerweise verwenden *(siehe Seiten 25f.)*, dekorieren oder Sie besorgen sich für Ihr Mondritual einen aus Weiden- oder Erlenholz, beides Mondbäume, oder aus dem Holz des traditionellen Apfelbaums oder Sie nehmen einen Ast mit Früchten daran.

Heutzutage fertigt man Stäbe für druidische Zeremonien manchmal aus den Zweigen von Apfelbäumen, an denen noch Äpfel hängen. Sie sind ein Symbol für den Herbstmond, und werden mit Silberglocken oder kleinen Silberkugeln behängt, die wiederum für die Farbe und das Metall des Mondes stehen. Silberkugeln, die Sie für jeden Mond verwenden können, finden Sie bestimmt bei Ihrem Christbaumschmuck. Dekorieren Sie Ihren Stab, bevor der Vollmond aufgeht. Wenn Sie in einer Gruppe arbeiten, können Sie Ihren Hain mit allgemeinen Mondsymbolen, wie etwa silbernen Bändern und weißen Blumen oder mit Symbolen des jeweiligen Mondes schmücken – selbst Schmierzettel können zu Papierschlangen zerschnitten, silbern besprüht und an Zweige oder Pflanzen gehängt werden.

Gehen Sie wie folgt vor.

- Zünden Sie am Abend des Vollmondes, sobald er am Himmel erscheint, eine große, silberne Kerze an einer geschützten Stelle im Freien an. Machen Sie sich keine Sorgen, wenn es sich um keine schöne Stelle handelt. Auf dem kleinsten Hinterhof oder dem winzigsten Balkon können Sie dem Himmel genauso nahe sein wie auf einem vom Mond hell erleuchteten Strand.

- Stellen Sie eine silberne Schale mit Mineralwasser vor die Kerze. Der Mond sollte auf das Wasser scheinen und es silbern färben, aber das Wachs sollte nicht in das Wasser tropfen. Legen Sie drei kleine Mondsteine in das Wasser. Auf diese Art stellen Sie Mondwasser her.
- Ordnen Sie hinter der Kerze hufeisenförmig drei Jasmin- oder Mimosen-Räucherstäbchen an, die folgende drei Aspekte des Mondes repräsentieren: Jungfrau, Mutter und alte Frau.
- Nachdem Sie Ihren Mondzweig/-stab fertig dekoriert haben, berühren Sie nacheinander jedes Symbol (egal wie viele oder wenige Sie verwendet haben) und bitten Sie jedes einzelne um seinen Segen für Sie und alle Lebewesen, die die Energie des jeweiligen Monats mitbestimmen. Meinen Cantlos-Zweig zierten kleine Früchte des Holzapfelbaums, Kräuterbüschel für Kaninchen, Eicheln für Eichhörnchen, Federn für die Zugvögel und neun silberne Glocken.
- Läuten Sie nacheinander die neun Silberglocken und lassen Sie jede ganz ausklingen, bevor Sie die nächste läuten. Wenn Sie mit einer Gruppe arbeiten, kann jeder von Ihnen seinen eigenen Stab anfertigen und Sie können gemeinsam jeweils eine Glocke erklingen lassen, nachdem Sie einzeln die Segnungen erbeten haben.
- Zünden Sie die Räucherstäbchen mit Hilfe einer dünnen Kerze an und sagen Sie dabei: »Zuerst die Jungfrau, jetzt die Mutter und bald die alte Frau.« Halten Sie die dünne Kerze an die Flamme der großen Kerze und sagen Sie: »Aber das Licht kehrt immer zurück.«
- Stellen Sie sich im Kreis auf oder wenn Sie allein sind so, dass Sie in die Richtung des aufgehenden Vollmonds blicken. Atmen Sie das silberne Licht langsam und rhythmisch ein und atmen Sie Dunkelheit und Zweifel aus. Wenn Sie sich in einer Gruppe befinden, machen Sie sich keine Gedanken darüber, ihre Atemzüge zu synchronisieren, denn je mehr Kraft Sie in sich aufnehmen, desto harmonischer wird die Gemeinschaft werden.

- Wenn Sie alleine sind, spüren Sie vielleicht, dass Ihre Wächterin bei Ihnen ist. Wenn Sie schon mehr Erfahrung haben, werden sich Ihnen vielleicht die weisen Druidinnen und Druiden vergangener Tage anschließen, wenn Sie sie zu Beginn des Rituals darum bitten.
- Wenn Sie mit Licht erfüllt sind, werden Sie spüren, wie Sie Ruhe überkommt. Jetzt können Sie langsam und ruhig anführen, welche Kräfte, die mit der Kraft dieses besonderen Mondes assoziiert werden, Sie in Ihrem Leben anstreben. Cantlos bitte ich um Energie, um die vielen Aufgaben, die vor mir liegen, zu bewältigen. Am wichtigsten ist mir immer, die letzten Augenblicke des Lichtes und der Wärme zu genießen und mir keine Sorgen um das Morgen oder den nächsten Monat zu machen und darum, was passiert, wenn ich nicht hierher zurückkehren kann. Dann wenden Sie sich globalen Anliegen zu und bitten Sie die Mondenergie ganz spontan darum, bei der Lösung größerer Probleme zu helfen. Die Cantlos-Energie eignet sich gut, um für Nachschub an Nahrung und medizinischer Hilfe zu sorgen, um politische Führer dazu zu bringen, einen letzten Schritt in Richtung Frieden zu unternehmen, selbst wenn eine Situation aussichtslos erscheint. Sie eignet sich auch dazu religiöse Konflikte zu bereinigen.
- Konzentrieren Sie sich jetzt auf das heilende Mondwasser, das während des Rituals zubereitet wurde und versehen Sie es mit Segnungen für Menschen oder Tiere, die die Hilfe des Wassers brauchen könnten. Das Cantlos-Vollmondwasser ist beispielsweise besonders gut, um Depressionen, Angst oder Erschöpfung zu lindern.
- Wenn Sie fertig sind, bedanken Sie sich bei der Mondmutter und atmen Sie drei silberne Atemstöße durch Ihren Mund aus. Auf diese Weise schicken Sie den Menschen, Tieren oder Orten, an die Sie gedacht oder von denen Sie gesprochen haben, die Kraft des Rituals.
- Beschließen Sie die Zeremonie, indem Sie Ihre neun Glocken nochmals läuten und wenn die letzte verklungen ist, sagen Sie »Sei gesegnet«.
- Lassen Sie die Kerze und die Räucherstäbchen an einem sicheren Ort zu Ende brennen. Den Mondzweig nehmen Sie mit

und legen ihn neben Ihr Bett, damit er Sie während der Woche bestärkt und schützt. Sie können die einzelnen Symbole jede Nacht vor dem Schlafengehen berühren und dabei an die Eigenschaften, die sich langsam in Ihnen entwickeln, denken.

- Lassen Sie das Mondwasser bis zur Morgendämmerung stehen und bedecken Sie es mit einem feinen Gitter, damit nichts hineinfällt. Dann verwenden Sie es in weiteren Ritualen, geben es Freunden, Verwandten, und Arbeitskollegen zum Trinken. Fügen Sie es Ihrem Badewasser hinzu und gießen Sie Ihre Pflanzen damit. Sie werden feststellen, wie das Mondwasser im Laufe der Monate Menschen auf sanfte Weise emotional heilt und sie umgänglicher und weniger streitsüchtig macht. Heben Sie sich ein paar Tropfen für eine Pflanze auf, die vernachlässigt oder »missbraucht« wird (beispielsweise als Aschenbecher in einem Empfangsbereich). Im Laufe der Zeit werden die Menschen diese Pflanze dann respektieren.

ANDERE MONDRITEN

Sie können auch andere Teile des Mondzyklus feiern, nicht unbedingt jeden Monat, sondern einfach, wenn Sie Zeit oder Lust dazu haben. Für mich sind das ganz persönliche Riten, die wie ich glaube, vor allem für Druidinnen wichtig sind. Wie vermutlich die meisten Frauen, fühlen sich Druidinnen oft von persönlichen, beruflichen und familiären Verpflichtungen überfordert und haben gelegentlich Schuldgefühle, weil sie sich regelmäßig Zeit für ihre spirituelle Arbeit nehmen.

Das Mistelzweig-Ritual

Eine der faszinierendsten Pflanzen, die man mit dem Mond assoziiert, ist die Mistel, der Allesheiler der Druiden. Plinius schreibt von einem Ritual, bei dem die seltene Mistel verwendet wurde, die auf Eichen, dem heiligsten Baum der Druiden, wuchs. Das Ritual fand zu einer Zeit statt, die Plinius als den sechsten Mond bezeichnete. Gemäß dem julianischen Kalender der Römer, nach dem das Jahr Ende Dezember begann, kam dieser Vollmond ungefähr zur Sommersonnenwende vor. Es gibt auf jeden Fall Berichte über Mistelzweig-Rituale zur Sommersonnenwende in ganz Europa und später auch in Amerika.

Diese Zeit kann auch als der sechste Tag des Mondes, das heißt, der sechste Tag nach dem Neumond interpretiert werden, und da Plinius' Bericht aus zweiter Hand stammt, weiß man nicht genau, was er meinte. Die Mistel, die auf der Eiche wächst, so berichtet Plinius, wurde mit einer goldenen Sichel von einem druidischen Priester in weißer Robe geschnitten (Eisen wurde und wird von manchen Magiern für das Ernten von Kräutern nicht verwendet). Dann wurde die Mistel in einem weißen Tuch oder Umhang aufgefangen – als eine Pflanze, die in der Luft wächst, durfte sie von der Erde nicht beschmutzt werden. Die wörtliche Übersetzung von Plinius besagt, dass die Mistel in einem Tuch »von anderen« aufgefangen wurde.

Spätere Versionen von Plinius' Berichten und romantische Gemälde aus viktorianischer Zeit deuten darauf hin, dass diese »anderen« Jungfrauen waren. Da man die Mistel mit Potenz und Fruchtbarkeit assoziiert – laut Plinius wurde sie nach ihrer Ernte unfruchtbaren Tieren verabreicht –, kann es sich bei den Personen, die den Umhang hielten, um jungfräuliche Druidinnen gehandelt haben. Sie bildeten das lunare Gleichgewicht zum Sonnenkönig am Tag seines größten Triumphes, der Sommersonnenwende. Dem Schneiden der Mistel folgte die rituelle Opferung zweier weißer Stiere.

Am sechsten Tag des Mondes arbeiten

Der Druidenorden Keltria feiert sein Mistelzweig-Ritual am sechsten Tag jedes Neumondes *(siehe Seite 109)* und er konzentriert sich in seinen Zeremonien auf heilende und ausgleichende Energien des zunehmenden Mondes.

Private Rituale der Heilung sind an diesem Tag auch besonders wirksam. Obwohl die Beeren der Mistel giftig sind und man ein erfahrener Kräuterkenner sein muss, um die anderen Teile medizinisch anzuwenden, werden die heilenden Eigenschaften der Mistel in der modernen Medizin sehr geschätzt. Man verwendet sie zur Tumorbehandlung, bei Herzproblemen und Leukämie, bei hohem Blutdruck und inneren Blutungen, um das Immunsystem zu stärken und die Fruchtbarkeit zu erhöhen.

Die Mondenergie ist während des ersten Viertels des Mondzyklus relativ stabil. Zur Zeit des Vollmondes ist sie zwar stärker, aber weniger stabil, weil der Mond in Opposition zur Sonne steht. Ein Mistelzweig-Ritual am sechsten Tag des Neumondes kann jedoch eine Oase der Ruhe in Ihrem Leben schaffen. Sie werden sich selbst ausgeglichener fühlen, wenn Sie sich die Zeit für diese kostbare Heilarbeit nehmen.

Die Mistel wächst in vielen Teilen der Welt auf verschiedenen Bäumen und nimmt dabei deren magische Eigenschaften an – beispielsweise die reinigende und erleuchtende Kraft der Kiefer. Sie könnten eine Mistel auf einer Eiche zum Wachsen bringen – aber passen Sie auf, wenn Sie Kinder haben. Versuchen Sie Ihr Glück im nächsten Gartencenter oder in einem botanischen Garten, oder bestellen Sie die Samen per Post. Wenn Sie keinen echten Mistelzweig finden, kaufen Sie einen aus Seide, den Sie dann immer wieder verwenden können, und den Sie nur einmal symbolisch schneiden. Diese wunderbare Pflanze mit ihrem Zweijahreszyklus kann im Mai Knospen tragen, die im Februar blühen. Bei älteren Pflanzen kann es vorkommen, dass sie gleichzeitig Blätter, Blüten und Beeren trägt.

Ihr Mistelzweig-Ritual

Sie können dieses Ritual so einfach gestalten wie Sie möchten. Vielleicht richten Sie sich einen dauerhaften, ruhigen Ort der Heilung ein, einen Raum oder einen Tisch, den Sie mit einem der Jahreszeit angepassten Tuch bedecken, und auf dem Sie Ihre Kristalle, Kerzen und sonstigen Schätze aus der Natur aufbewahren, die Sie gerade nicht in Ihrem Kranichbeutel bei sich tragen. Wenn Sie sich eine heilige Stätte schaffen, das Äquivalent einer Druiden-Hütte im Wald, wird sich dort durch Ihre Arbeit die Energie erhöhen.

Gehen Sie beim Mistelzweig-Ritual wie folgt vor.

- In der Nacht des Neumonds (Sie werden den Mond noch mindestens zweieinhalb Tage nicht am Himmel sehen), eine Woche, bevor Sie Ihr Ritual ausführen, erstellen Sie ein Mistel-Heilbuch. Sie können dafür ein beliebiges kleines Notizbuch verwenden, dessen Umschlag Sie eventuell mit Bildern der

Pflanze dekorieren. Schreiben Sie die Namen jener Menschen hinein, von denen Sie wissen, dass sie krank oder aus dem Gleichgewicht sind. Verwenden Sie für jede Person eine eigene Seite.

- Legen Sie Ihr Notizbuch an einem ungestörten Platz auf ein weißes Seidentuch und umgeben Sie es mit Mistelzweigen oder stellen Sie Töpfe mit Heilkräutern rundum auf *(siehe Seiten 148–170).*
- Zünden Sie am sechsten Tag des Mondes eine reinweiße oder eine Bienenwachskerze an, die Sie hinter Ihrem Heilbuch aufstellen, und ersetzen Sie vertrocknete Mistelzweige durch frische. Wenn Sie einen Mistelzweig aus Seide verwenden, zünden Sie neben Ihrer Kerze ein Mistelräucherstäbchen an. Sollten Sie die richtige Nacht verpassen, wählen Sie die nächstmögliche. Es liegt an Ihnen, ob Sie lieber alleine arbeiten oder mit einer guten Freundin oder einem Familienmitglied, zu dem Sie eine harmonische Beziehung haben.
- Versuchen Sie, an einem Platz zu arbeiten, von dem aus Sie den zunehmenden oder wachsenden Mond sehen können. Wenn es bewölkt ist, stellen Sie silberne Kerzen im Zimmer auf und visualisieren Sie seine Sichel.
- Öffnen Sie das Buch und lesen Sie die Namen, sowie die Kommentare zur Art der Krankheit oder des Problems, langsam nacheinander vor.
- Schneiden Sie mit einem kleinen silbernen oder goldfarbenen Messer für jede Person ein winziges Ästchen vom Mistelzweig ab, legen Sie es auf die entsprechende Seite in Ihrem Buch und sagen Sie jedes Mal: »Sei gesegnet. Ich erbitte Heilung vom Mond und schicke Sie dir in Liebe und in Demut.«
- Nachdem Sie alle Namen vorgelesen haben, schließen Sie das Buch mitsamt den kleinen Mistelzweigen und lassen Sie die Kerze zu Ende brennen.
- Nehmen Sie am nächsten Morgen die Mistelzweige aus dem Buch und vergraben Sie sie. Aktualisieren Sie die Einträge im Buch im Laufe des Monats, das heißt, fügen Sie neue Namen hinzu und entfernen Sie Seiten mit Namen von Personen, die sich erholt oder sich Ihrem persönlichen Einfluss entzogen haben.

Neumondrituale

Die Nacht des Neumonds ist das genaue Gegenteil des Vollmonds – zu dieser Zeit verschwindet der Mond vom Himmel. Aus diesem Grund wird er auch als Dunkelmond bezeichnet. (In anderen Kulturen ist die Nacht des Neumonds jene Nacht, in der die erste schmale Sichel des zunehmenden Mondes am Himmel sichtbar ist.)

Wenn wir den Mond nicht sehen können, müssen wir darauf vertrauen, dass er noch immer schützend unseren Planeten umkreist und wieder erscheinen wird. Dieser Transit eignet sich gut zum geistigen Reinemachen. Verbrennen Sie dazu Eisenkraut, eine Pflanze, die man in der Kräuterkunde mit dem Neumond assoziiert, in der Flamme einer purpurnen Kerze. Während Sie das erste Blatt oder die erste Prise verbrennen, sagen Sie, was Sie im neuen Monat loswerden möchten. Beim zweiten geben Sie an, was Sie spirituell und in anderen Bereichen Ihres Lebens im bevorstehenden Monat zu erreichen hoffen.

Eine andere Möglichkeit wäre, dass Sie eine dünne, silberne Mondkerze anzünden, und statt das Eisenkraut zu verbrennen, streuen Sie es in eine Schale mit Wasser und geben dabei Ihre Absichten an. Wenn Sie fertig sind, können Sie das Wasser auf der Erde vergießen.

Bei modernen druidischen Ritualen bietet man Mutter Erde einen Teelöffel voll Honig zum Dank an, den man auf die Erde (oder eine Topfpflanze) leert. Vielleicht möchten Sie auch einen zweiten Löffel Honig in einer Tasse mit heißem Wasser für den Neumond auflösen und trinken, und somit das in sich aufnehmen, was Sie erreichen möchten. Die Keltria-Druiden führen ihr magisches Eisenkraut-Ritual im dritten Quartal des Mondes aus.

Mit den Mondphasen arbeiten

Zeichnen Sie den Verlauf des Mondes einen Monat lang auf und vergleichen Sie das, was Ihrem Tagebuch oder Ihren Ephemeriden zufolge passieren sollte (berücksichtigen Sie den Zeitzonen entsprechende Abweichungen) mit dem, was Sie sehen. (Die Ephemeriden sind Aufzeichnungen über die Positionen der Planeten an bestimmten Tagen und Zeiten sowie des Verlaufs und der Phasen des Mondes im Laufe des Jahres.)

Es dauert nur ein paar Minuten, sich auf den Mond zu konzentrieren und mit seiner Energie zu verschmelzen. Astronomisch gesehen gibt es acht Mondphasen, doch für Ihre spirituelle Arbeit reicht es zu wissen, dass der Mond zunimmt, bis er voll ist, wobei sein Umfang von rechts nach links anwächst. Dann folgt der Tag des Vollmondes und von da an nimmt er wieder ab, wobei sein Umfang von rechts nach links abnimmt, bis Sie wieder am Ausgangspunkt angekommen sind.

Machen Sie sich im Laufe der nächsten Monate detailliertere Notizen. Manchmal sind es vielleicht nur flüchtige Aufzeichnungen oder Sie kommen gar nicht dazu, weil Sie sonstige Verpflichtungen haben und nicht in einer Waldhütte leben, wo Ihre Schüler Sie mit Speis und Trank versorgen.

Ihre Kinder helfen Ihnen sicher gerne und Männer finden besonderen Gefallen daran, mit Himmelsgloben herumzuhantieren und ihr Wissen darüber zum Besten zu geben, in welchem Grad der Mond auf- und untergeht. Suchen Sie sich in allen vier Richtungen einen Fixpunkt – einen Baum, ein Hausdach, einen Kamin – und beobachten Sie, wie sich der Mondstand in jeder Nacht und am gleichen Tag jeden Monats verändert. Mit der Zeit werden Sie ein Muster erkennen.

Versuchen Sie dann anhand des Mondes vorauszuahnen, in welcher Stimmung Sie am nächsten Tag sein werden. Frauen werden vielleicht feststellen, dass sich ihre Menstruation an die Mondphasen anpasst, und ihre fruchtbarste Zeit, also ihr Eisprung um den Vollmond ist. Das wirkt Wunder, wenn Sie an prämenstruellen Beschwerden leiden. Es gibt keine Erklärung dafür, aber es könnte sein, dass sich Ihre körperlichen Zyklen einpendeln, sobald Sie Ihren Körper geistig auf den Rhythmus des Mondes eingestellt haben. Das haben mir eine ganze Reihe von Frauen, die Mondmagie praktizieren, nicht nur Druidinnen, bestätigt. Eigentlich kann jeder lernen, sich auf die unterschiedlichen Energien einzustellen. Es hilft beispielsweise auch hyperaktiven Kindern, wenn man sie bei abnehmendem Mond zu ruhigeren Aktivitäten anregt und von unangenehmen Geräuschen fern hält.

Der zunehmende Mond

Die Zeit des zunehmenden Mondes ist eine Zeit des Wachstums. Aus diesem Grund gibt es in vielen Kulturen das alte Ritual des Geldwendens bei zunehmendem Mond, damit es sich vermehrt. Jetzt ist die Zeit dafür, die beim Eisenkraut-Ritual geäußerten Pläne umzusetzen. Sie werden spüren, dass Sie mehr Energie und Enthusiasmus haben und können diesen Zustand nutzen, um neue Projekte zu planen oder sich bestehenden zu widmen. Je mehr der Mond zunimmt, desto stärker wird seine Energie – und Ihr Wunsch, zu handeln und in jedem Bereich Ihres Lebens aktiv zu sein.

Der Vollmond

Es ist kein Wunder, wenn Sie zur Zeit des Vollmondes plötzlich ungeduldig auf Ergebnisse warten und bereit sind, mehr Mühe und Zeit für etwas aufzuwenden. Gleichzeitig verspüren Sie vielleicht den heftigen Wunsch nach Veränderung, die es der menschlichen Rasse ermöglicht hat, sich weiterzuentwickeln, wenn auch nicht immer im besten Sinne. Blicken Sie in den Himmel. Der Mond ist beinahe voll und steht astrologisch in Opposition zur Sonne. Etwa einen Tag vor und einen Tag nach dem Vollmond sollten Sie Ihre Energien in die richtigen Bahnen lenken und anderen gegenüber, die mit dem Mond nicht so in Einklang stehen, nicht ungebührlich aggressiv oder ungeduldig sein. Schicken Sie Ihren Roman ab, machen Sie dem Mann oder der Frau Ihrer Träume einen Heiratsantrag, bitten Sie Ihren Boss um eine Gehaltserhöhung, oder verabschieden Sie sich von etwas oder jemandem, der Sie zurückhält. Nutzen Sie den Energieschub, damit er Sie ganz nach oben bringt.

Der abnehmende Mond

Jetzt nimmt der Mond wieder ab. Es ist Zeit, wieder in die Hütte oder das Gartenhäuschen, das Sie dank Ihres Durchsetzungsvermögens während des Vollmondes in Besitz genommen haben, zurückzukehren, und zu schlafen oder Zauberformeln zu sprechen, während Sie exotische Tränke brauen. Theoretisch zumindest, denn in der Praxis müssen wir natürlich immer noch arbeiten gehen und uns um die Familie kümmern, während der

Mond an Kraft verliert. Familienmitglieder, Freunde, Kollegen und der Schaffner im Zug sind vielleicht besonders grantig, und machen ihrer Reizbarkeit und dem Wunsch, in Ruhe gelassen zu werden, Luft. Kinder hingegen reagieren auf die Energie des abnehmenden Mondes damit, dass sie schneller und schneller umherlaufen, hinfallen und Dinge kaputtmachen, und sich dann darüber beschweren, dass es nicht ihre Schuld war.

Sie als weise Druidin versuchen natürlich, der Unruhe um Sie herum auf sanfte Weise Herr zu werden. Unwichtige Entscheidungen und Konfrontationen, die man bis zum nächsten zunehmenden Mond ohnehin wieder vergessen hat, sollten aufgeschoben werden. Wenn möglich, gönnen Sie sich zwischendurch ein Nickerchen oder verzichten auf eine geplante Freizeitaktivität. Ruhen Sie sich stattdessen bei Kerzenlicht aus oder machen Sie einen gemütlichen Spaziergang im Wald. Auf diese Weise kommen Sie zur Ruhe und sind für den nächsten Neubeginn nicht zu erschöpft.

Jetzt ist die Zeit, um alle schlechten, traurigen Dinge des Monats dem Kosmos oder der Erde zu übergeben, damit sie in positive Energie umgewandelt werden. Zu diesem Zweck können Sie Samen in die Erde stecken, Federn im Wind verstreuen oder Steine oder Blumen in Wasser werfen.

In vielerlei Hinsicht ist das eine sehr geistige Phase. Wenn Sie Ihre irdischen Aktivitäten etwas einbremsen und sich in Freizeit und Beruf nicht hetzen lassen, werden Sie vielleicht feststellen, dass Sie intensiver träumen. Ihre Fantasie wird angeregt und hre Weissagungen werden spontaner werden, weil Ihr Bewusstsein in den Hintergrund tritt und Sie sich von Ihren angeborenen Fähigkeiten leiten lassen.

Im nächsten Kapitel werden wir diese intuitiven Kräfte nutzen, um in die Zukunft zu blicken und die unsichtbaren Reiche zu bitten, uns auf unserem Lebensweg zu führen.

6. ORAKEL UND WEISSAGUNGEN

Die Symbole der Natur zu interpretieren und uns von ihnen führen zu lassen, ist für mich die Quintessenz des Druidentums. Das ist sozusagen das Gelbe vom Ei. Diese Fähigkeit entwickelt sich im Laufe der Monate und Jahre und liefert immer wieder neue Erkenntnisse, egal wie weit Sie auf Ihrem spirituellen Pfad bereits sind. Bei den Orakeln der Druiden geht es in erster Linie um die Stimmen der Natur, der weisen Vorfahren *(siehe Kapitel 10)* und vor allem um die eigene innere Weisheit, die im strömenden Wasser oder im Wind zum Ausdruck kommen kann.

DIE WEISHEIT DER NATUR INTERPRETIEREN

Wenn Sie im Wald arbeiten, werden Sie nach und nach die Stimmen in den Blättern hören und verstehen. Sie sehen vielleicht Bilder, wenn sich das Sonnenlicht bündelt oder ein Vogelschwarm über Ihnen kreist. Um Ihr eigenes, inneres Orakelsystem zu schaffen, müssen Sie die unzähligen, vielschichtigen Symbole, die sich in Ihren Träumen und Weissagungen offenbaren, sammeln, sortieren und analysieren. Sie sind der Schlüssel, der zur rechten Zeit die Tür zwischen Vergangenheit, Gegenwart und Zukunft öffnen wird.

In den verschiedenen Kapiteln dieses Buches finden Sie ein paar grundlegende Interpretationen dieser Symbole, wie etwa die Bedeutung der einzelnen Bäume *(siehe Kapitel 7)* sowie der Tiere und Vögel *(siehe Kapitel 9)*. Aber das sind auch nur Anhaltspunkte und Sie beschließen vielleicht, die Bedeutung der Symbole auf Ihre eigene Weise zu interpretieren, je nachdem, in welchem Zusammenhang sie auftauchen. Auf diese Weise werden Sie ein einzigartiges und kostbares Symbolsystem erstellen, das Sie vielleicht an andere weitergeben möchten.

Je mehr direkten Umgang Sie mit der Natur pflegen, desto reichhaltiger wird Ihr Symbolsystem werden. Heißen Sie jede Empfindung willkommen und gehen Sie sowohl bei rauen Bedingungen als auch an sonnigen Tagen spazieren. Durch einen heftigen Windstoß, der in einem heruntergekommenen Stadtteil Müll aufwirbelt, können wir lernen, dass wir dem Wind der Veränderung erlauben müssen, durch unser Leben zu wehen und die Scherben wegzufegen, wie schmerzhaft das auch sein mag.

Es ist auch wichtig, auf Details zu achten, sei es in Visionen, in Träumen oder beim Weissagen. Neben dem Hauptbild, das auftaucht, kann es sechs oder sieben Hintergrundeindrücke geben. Wenn Sie diese berücksichtigen, korrigieren oder ändern Sie vielleicht sogar Ihre anfängliche Interpretation einer Situation, die sich nur auf ein wesentliches Symbol stützte. Natursymbole in Träumen oder bei der Deutung geben eventuell auch einen zeitlichen Rahmen vor, je nachdem, ob Wolken auf Sie zukommen, sich von Ihnen weg bewegen, oder ein Dürregebiet mit einem wohltuenden Schauer erfrischen.

IHR EIGENES SYMBOLSYSTEM ERSTELLEN

Jedes Mal, wenn Sie in Ihrem Geiste ein deutliches Bild wahrnehmen oder Ihnen ein Naturphänomen auffällt, tragen Sie es in Ihr Tagebuch ein. Wenn Sie, wie ich vorgeschlagen habe, zunächst einen temporären Arbeitsordner verwenden und Ihre Einsichten später dauerhaft ablegen möchten, ist es hilfreich, die Seiten mit den Symbolen in etwa alphabetisch zu ordnen oder Ihre Aufzeichnungen von Ihrem Computerprogramm sortieren zu lassen, wie ich das gemacht habe, um Ordnung in mein chaotisches Gekritzel zu bringen. Selbst wenn ein Bild nicht sofort Gefühle oder sonstige Eindrücke in Ihnen auslöst, notieren Sie es. Wenn Sie dann Zeit haben, setzen Sie sich bei Kerzenlicht ruhig in Ihren Hain oder auf Ihren heilenden Platz, und wiederholen Sie den Namen des Bildes immer und immer wieder wie ein Mantra, bis Eindrücke auftauchen.

Es kann sein, dass in Ihren Träumen eine bestimmte Insel oder ein Haus immer wieder auftaucht, obwohl Sie es nicht erkennen. Analysieren Sie die Gefühle, die es in Ihnen auslöst: vielleicht ist es Freude, Frieden und ein Gefühl des Verlusts, wenn der Traum vorbei ist. Bei diesem wiederkehrenden Ort kann es sich um das Haus eines Vorfahren handeln, eine wichtige Unterkunft in einem früheren Leben oder es kann sich um eine Erinnerung aus der Vergangenheit handeln, die mit Ihnen persönlich gar nichts zu tun hat. Sie könnte aus der kosmischen Datenbank stammen und auftauchen, weil Sie diesen Ort finden oder die Gefühle, die er in Ihnen auslöst bearbeiten müssen, um Ihren gegenwärtigen Lebensweg zu ändern.

ALS WEISE RATGEBERIN FUNGIEREN

Ein druidisches Orakel hat nichts mit herkömmlicher Wahrsagerei zu tun. Es hilft dabei, eine Entscheidung zu treffen. Wie bei allen guten Methoden dieser Art, kann ein scheinbar einfaches Anliegen tiefer gehende Fragen aufwerfen, die der Fragesteller letztendlich selbst beantworten muss.

Je interaktiver eine Deutung ist, desto aussagekräftiger ist sie. Wenn Sie für andere mit Hilfe von Wasser weissagen, fragen Sie sie, welche Bilder sie in einer Schale mit Wasser, die von einer Kerze erhellt wird, wahrnehmen. Wenn Ihnen beim Weissagen für Freunde spontan Bilder oder Worte in den Sinn kommen, fragen Sie nach, was dieses Symbol für deren Leben bedeuten könnte. Ihr Gegenüber teilt Ihnen für gewöhnlich mit, dass es eine besondere, persönliche Bedeutung hat und gibt Ihnen wahrscheinlich noch wichtige Informationen, mit deren Hilfe Sie noch näher auf das Symbol eingehen können. Die zwei größten Geschenke, die Sie jemandem machen können, sind, ihm Ihre Zeit zu widmen und seine Meinung als gerechtfertigt zu akzeptieren, auch wenn Sie versuchen, ihm zu zeigen, wie er aus einer scheinbar selbst verursachten Spirale von Problemen herauskommt.

Von den keltischen Sehern lernen

Aus keltischen Legenden und Gedichten wissen wir einiges über druidische Seher (Näheres über den Barden Taliesin erfahren Sie auf *Seite 130*). Und erinnern Sie sich noch an die gallische Wirtin und Druidin, die Diokletian eine strahlende Zukunft vorhersagte?

Es scheint, dass Druidinnen sogar die Gottheiten berieten, obwohl die Legenden nicht genau zwischen Gott, Held und König unterscheiden. Eine anonyme Druidin sagte Balor, dem alten Sonnen- und Feuergott voraus, dass sein Enkelsohn ihn zu Fall bringen würde. Um dies zu verhindern, sperrte Balor seine jungfräuliche Tochter Ethiniu in einen Kristallturm. Der heldenhafte Cian machte sich jedoch auf die Suche nach ihr und ihrem einzigen Treffen entsprang Lugh, der junge Gott des Lichtes, der schließlich seinen Großvater stürzte.

Mit Prophezeiungen weise umgehen

Angesichts der grimmigen Kämpfe zwischen den Clans scheint es einfach, Balor vorzuschlagen, nachdem er die Prophezeiung gehört hatte, seine Tochter lieber dazu zu ermutigen, zu heiraten und mit einem anerkannten Erben Kinder zu zeugen. Sein Enkel wäre dann im Kampf auf derselben Seite gestanden und hätte seine Nachfolge zu gegebener Zeit ohne Blutvergießen angetreten (zumindest ohne dass sein Enkelsohn den tödlichen Speer geworfen hätte). Das bringt Möchtegern-Prophetinnen und Propheten in ein echtes Dilemma. Wenn Sie etwas Schlimmes sehen, sollten Sie es dann preisgeben? Versetzen Sie sich in die Lage der Druidin und überlegen Sie, wie Sie auf ein nur allzu bekanntes, modernes Dilemma reagieren würden. Herr oder Frau Balor kommt zu Ihnen und fragt Sie, ob ihre Ehe mit einer Scheidung enden wird. Sie hören bereits die Alarmglocken läuten.

Ihre Deutung bestätigt eventuell, dass das Ehepaar ernsthafte Schwierigkeiten hat. Es wäre also einfach zu sagen, dass sie sich scheiden lassen werden. Aber dann kommt Ihr Wächter und stupst Sie, um Sie daran zu erinnern, dass sich der gegenwärtige Lauf der Dinge, mehr oder weniger zufällig, ganz radikal ändern kann – es sei denn, Sie besiegeln ihr Schicksal.

Die Situation könnte sich durch einen unerwarteten Geldsegen ändern, durch den die finanzielle Belastung wegfällt. Eine neue Stelle könnte zu einem Umzug und einem Neubeginn führen. Ein gesundheitliches Problem könnte dazu führen, dass neue Prioritäten gesetzt werden. Eine unvorhergesehene Schwangerschaft, die auf eine vorübergehende Versöhnung oder eine Flasche Wein zu viel zurückzuführen ist, könnte die ganze Lage ändern. Diese und viele andere Szenarien können dazu führen, dass man die Situation neu überdenkt.

Es wäre natürlich auch möglich, dass einer oder beide Partner beschließen, ihre Liebe neu zu beleben oder ein Dritter, der für Unruhe gesorgt hatte, bekommt vielleicht kalte Füße, wenn er die wilden Teenager kennen lernt, die Teil des »Pakets« sind; der untreue Partner stellt vielleicht fest, dass man auch in einem Liebesnest den Abfall hinuntertragen muss.

Es ist einfach, Bilder zu entdecken und zu interpretieren sowie eine schnelle Lösung anzubieten. Aber eine Druidin muss sich ihre Antworten etwas genauer überlegen. Sie begeben sich auf die geistige Ebene und spähen durch die Nebel der Zeit, hören auf die leisen Stimmen bis Ihr inneres Ohr schmerzt und Sie eine Reihe praktischer und kreativer Lösungen anbieten können, die man auf der irdischen Ebene ausprobieren muss, um zu sehen, ob sie funktionieren. Egal, ob Sie in eine Stierhaut eingehüllt unter einem Wasserfall sitzen, die Wolken beobachten, in totaler Dunkelheit und Stille liegen und auf Inspiration warten, den Flug der Vögel interpretieren, in Flammen oder Wasser blicken oder Weissagungsstäbchen werfen *(siehe Kapitel 7)*, bei der Deutung geht es immer um das echte Leben von Menschen aus Fleisch und Blut. Je mehr sich unsere Weissagefähigkeiten entfalten, desto mehr wird uns bewusst, welch große Verantwortung wir auf uns nehmen, wenn wir versuchen, uns auch nur für einen Augenblick in die Lage eines anderen hineinzuversetzen.

HILFSMITTEL FÜR DIE WEISSAGUNG MIT DER NATUR

Halten Sie auf dem Land, aber auch in einem Stadtpark oder einer Grünanlage, immer die Augen offen. Betrachten Sie die Muster von herumwirbelnden Blättern, einen Regenbogen, der plötzlich aus dem Grau der Wolken auftaucht, oder die Saatkrähen, die sich in die Lüfte erheben und beobachten Sie, welche Bilder, Worte und Eindrücke in Ihnen entstehen. Wenn die Weissagung mit der Natur neu für Sie ist, verbringen Sie eine Woche oder zwei während Ihres Urlaubs oder ein paar Wochenenden damit, sich wirklich auf die Klänge, Bilder und Eindrücke der Natur einzustimmen. Setzen Sie sich im Park in die Nähe eines Brunnens oder suchen Sie einen Wasserfall oder einen Fluss. Hören Sie, wie der Regen auf das Dach prasselt oder der Wind in einem Kamin heult. Jedes Naturphänomen hat seine eigene Stimme, aber auf manche Stimmen stellen Sie sich wahrscheinlich leichter ein als auf andere, also verbringen Sie Zeit damit, jenen, die Ihnen am meisten liegen, Fragen zu stellen und auf die Antworten zu hören.

FEUER-DEUTUNG

Gerade bei den geweihten Feuern der großen Feste ging es darum, eine erfolgreiche Ernte oder Viehzucht zu verheißen (die weisen Druidinnen und Druiden errichteten die Feuer zweifellos mit großer Sorgfalt, so dass sie großen Optimismus und Zuversicht auslösen würden).

Sie können sich in der Feuer-Deutung eventuell mit einem Feuer in einer kleinen Kohlenpfanne üben oder sogar anhand Ihrer Grillkohle, in der das Fett glitzert. Ein Freudenfeuer im Garten ist auch eine ausgezeichnete Quelle der Inspiration. Sie können auch eine riesige Kerze in Ihrem Kessel anzünden. Opferfeuer betrachtete man als besonders wirkungsvoll, wenn man nach Omen suchte. In der modernen Feuer-Deutung könnten Sie eine Hand voll duftender Kräuter in die Flammen werfen, vielleicht solche, die man von Natur aus mit dem Feuer assoziiert, wie etwa Basilikum, Fenchel oder Minze.

Man hielt es für ein gutes Omen, wenn ein Opferfeuer hell brannte, wenn die Flammen durchsichtig statt dunkelrot oder gelb waren und wenn das Feuer knisterte. Ein Feuer, das still brannte, ließ sich nur schwer anzünden, wurde vom Wind verweht oder verbrannte die Opfergabe nur langsam, was darauf hinwies, dass die bevorstehenden Tage und Ereignisse nicht so günstig waren.

Traditionellerweise wurde auch pulverisierte Pechkohle in das Feuer geworfen. Wenn das Pech schnell aufflammte, verhieß es einen guten Ausgang für das jeweilige Unterfangen. Vielleicht möchten Sie Kiefernzapfen oder Nüsse in das Feuer werfen und beobachten, ob sie aufspringen oder sofort aufflammen.

Feuer-Deutung für andere

Stellen Sie eine Frage und konzentrieren Sie sich auf die Flammen. Halten Sie nach Bildern in ihrem Flackern Ausschau. Die Antwort kann in Form von Wörtern, Bildern oder etwas subtileren Gefühlen und Eindrücken auftauchen. Achten Sie wieder auf Ihre Gefühle und wenn Sie sich durch die Intensität der Flammen aufgewühlt fühlen, treten Sie etwas zurück.

Wenn jemand einen Rat braucht, bitten Sie ihn darum, eine Hand voll Kräuter in das Feuer zu werfen und halten Sie dann einen Stecken in die Flammen. Achten Sie darauf, dass er nur verkohlt, während Sie die Frage stellen. Dann soll der Ratsuchende den glühenden Stecken in die Flammen werfen und wenn er auflodert, wird ein Bild auftauchen. Bitten Sie die Person, zu sagen, welches Bild sie im Feuer sieht oder welche Worte und Bilder in ihrem Geist auftauchen, ohne darüber nachzudenken.

Wiederholen Sie dieses Ritual mit einem neuen Stecken und es kann sein, dass sich spontan eine weitere Frage ergibt. Fahren Sie so lange fort, bis vier oder fünf Bilder aufgetaucht sind. Überlegen Sie dann, ob die Symbole gemeinsam eine Antwort auf die Fragen liefern oder machen Sie Vorschläge, wie man das Problem hinter sich lassen und sich neuen Dingen zuwenden kann.

Sie können das Ritual abändern und dafür eine große Kerze und lange Räucherstäbchen verwenden, die Sie an der Kerze anzünden, während die Frage gestellt wird. Halten Sie die Räucherstäbchen kurz in die Flammen, so dass sie auflodern und ein Bild ergeben. Sandelholz, Myrrhe und Weihrauch eignen sich besonders gut dazu.

WOLKEN-DEUTUNG

Meine persönliche Lieblingsweissagung ist die Wolken-Deutung. Sie erfordert viel Zeit, aber es ist auch eine gute Sache, sich äußeren Reizen zu entziehen, um seinen Geist zu klären. Es kann aber auch sein, dass Sie sofort Bilder am Himmel erkennen können.

Bevor Sie mit der Wolken-Deutung beginnen, sollten Sie etwas Zeit damit verbringen, Wolken an unterschiedlichen Orten und zu verschiedenen Zeiten zu beobachten. Blicken Sie in der Morgendämmerung am Meer in den Himmel. Beobachten Sie an einem ruhigen Nachmittag auf einem Berggipfel die flauschigen Wolken, die sich kaum bewegen. Mustern Sie die schnell dahinjagenden Wolken über einer Ebene vor einem Gewitter oder an einem windigen Tag. Betrachten Sie schwere Schneewolken, plötzlich auftauchende, kleine schwarze Wolken an einem ansonsten blauen Himmel und die vom Sonnenuntergang karmesin- und purpurrot gefärbten Wolkengebilde. Studieren Sie die weißen oder grauen Wolken an einem Nachthimmel.

Eine wunderbare Möglichkeit für moderne Druidinnen, Wolken zu beobachten, ist vom Fenster eines Flugzeuges aus. Jede Wolke zeigt ein anderes Bild und liefert andere Eindrücke. Erzwingen Sie keine Bilder, aber notieren Sie all jene, die bedeutsam erscheinen und schreiben Sie auf, welche Gefühle sie hervorrufen.

Wählen Sie für Ihre erste Wolken-Deutung einen schönen, warmen Tag, an dem einzelne Wolken gut zu erkennen sind. Gehen Sie wie folgt vor.

- Setzen oder legen Sie sich wenigstens eine Stunde lang auf einen Hügel oder in ein Feld und lassen Sie die Bilder am Himmel, die sich immer wieder verändern und auflösen, an sich vorbeiziehen.
- Machen Sie Ihren Geist frei, indem Sie Sorgen oder unerledigte Dinge einer vorüberziehenden Wolke mitgeben.

- Lassen Sie Ihren Körper mit dem Gras und dem Himmel verschmelzen, so dass Sie mit dem Pulsschlag der Natur eins werden.
- Wenn Sie so weit sind, warten Sie, ob eine Frage oder ein Anliegen tief aus Ihrem Inneren auftaucht.
- Schließen Sie Ihre Augen halb und konzentrieren Sie sich auf eine Gruppe von Wolken, so dass diese eine Szene oder eine Reihe von Bildern erzeugen. Achten Sie darauf, ob diese Bilder Gefühle, Eindrücke oder Worte hervorrufen. Fahren Sie so lange damit fort, bis keine Bilder mehr in Ihrem Geist entstehen.
- Warten Sie, bis sich die Wolken langsam weiterbewegen und neu formieren und vielleicht erhalten Sie ein zweites Bild.
- Nachdem Sie zwei oder drei Bilder aus den Wolkenformationen empfangen haben, schreiben Sie alle Eindrücke nieder, solange sie in Ihrem Geist noch frisch sind. Analysieren Sie sie zu diesem Zeitpunkt nicht, denn diese Methode braucht Zeit zum Keimen.
- Gehen Sie langsam nach Hause oder zu Ihrem Auto zurück. Jetzt hat sich Ihr bewusster Verstand mit Ihrer Psyche verbunden und kann spontane Verknüpfungen herstellen.
- Sie können gemeinsam mit einem anderen Menschen arbeiten, der eine Antwort auf eine Frage braucht, und die Bilder, die er entdeckt, interpretieren.

Gemeinsame Wolkenarbeit

Mit einer Gruppe oder mit zwei oder drei engen Freunden Wolken zu beobachten, kann eine äußerst wertvolle Erfahrung sein. Das ist ein guter Einstieg in die Weissagung, wenn jeder seine Eingebungen äußert, die nicht unbedingt die Zukunft betreffen müssen, aber vielleicht etwas Licht auf aktuelle Anliegen, sei es globaler oder persönlicher Natur, werfen. Das ist auch eine gute Strategie, wenn es darum geht, ein gemeinsames Unterfangen oder eine Aktivität zu planen.

Sie benötigen dafür einen Kassettenrekorder, weil Sie sich die ganzen Aussagen sonst nicht merken. Gehen Sie wie folgt vor.

- Setzen Sie sich auf einen Hügel oder eine freie Fläche und betrachten Sie dieselbe Wolkenbank. Schnell dahinziehende Wolken eignen sich am besten.
- Bestimmen Sie eine Person, die mit dem Beobachten der Wolken beginnt und denken Sie daran, dass sie so lange weitersprechen soll, bis sie alle Eingebungen geäußert hat. Bringen Sie sie dazu, zu nennen, was sie in der Wolke erkennt, zum Beispiel: »Ich sehe eine Löwin.«
- Haben Sie keine Angst davor, Emotionen und Eindrücke auszusprechen, wie etwa: »Sie verlässt den Wald und betritt eine Lichtung. Sie weiß, sie muss andere finden, damit sie den bevorstehenden Winter überlebt.«
- Die nächste Person wählt eine andere Wolke. »Ich sehe einen Wolf. Er hat sein Rudel verloren, weil er vor den Jägern flüchtet. Er bedauert dies aber nicht, weil die anderen zu langsam waren, zu sehr in ihren Gewohnheiten verhaftet. Er ist von Natur aus ein einsamer Wolf.«
- Wenn Sie fertig sind, spielen Sie die Aufzeichnungen ab. Hören Sie schweigend zu. Dann diskutieren Sie die Ideen untereinander. Vielleicht symbolisieren die Wolkenbilder eine globale Situation, ein lokales Thema, an dem Ihnen allen etwas liegt oder irgendeine Ungewissheit oder eine Entscheidung, die die Gruppe betrifft. Wenn Ihnen die Symbolik nicht klar wird, bestimmen Sie einen Schriftführer, der die neuen Eindrücke aufschreibt, während Sie gemeinsam die Aufzeichnung Szene für Szene analysieren.
- Wenn Sie allein sind, erweitern Sie die Geschichte, vertonen Sie sie oder machen Sie ein Gedicht daraus, malen Sie Bilder oder machen Sie eine Skulptur daraus. Vielleicht treten Sie in Ihren Träumen in die Szene ein und die Landschaft erweitert sich. Sie können Ihre eigenen Erkenntnisse dann wieder der Gruppe mitteilen.
- Wenn Sie diese Übung etwa einmal im Monat ausführen, wird sich Ihre Geschichte entwickeln und die sich ändernde Energie der Wolken im Jahreskreis widerspiegeln.
- Sie können diese Methode der Wolkenarbeit auch innerhalb der Familie anwenden, um häusliche Probleme auf kreative Art zu lösen.

WASSER-DEUTUNG

Die Weissagung anhand von Bildern im Wasser ist die älteste Form der Deutung. Man übt sie bei Mondlicht oder im strahlenden Sonnenschein aus.

Traditionellerweise wird das Wasser mit Beifuß dunkler gemacht und man arbeitet in der Stunde vor dem Sonnenuntergang, so dass das natürliche Licht auf dem Wasser nach und nach scharlachrot wird. Sie können Ihre Wasserschale auch mit rosa- und purpurfarbenen Kerzen umgeben, um diesen Effekt zu erzielen.

Ob Sie an einem natürlichen Teich arbeiten, mit Bäumen, die Schatten werfen, mit vorüberziehenden Wolken und mit natürlichem Licht, oder im Haus mit einer Wasserschale, die von Kerzen, Sonnen- oder Mondlicht erhellt wird, Sie müssen mit dieser besinnlichen Substanz verschmelzen, damit die Bilder aus den tiefen, unbewussten Bereichen Ihrer Psyche so wie beim Wasser an die Oberfläche treten können. Hier sind noch ein paar Tipps zur Wasser-Deutung.

- Verbrennen Sie Lavendel- oder Rosen-Räucherstäbchen, um die Schranken Ihres Bewusstseins niederzubrennen, das Ihnen sagt, dass im Wasser nichts zu sehen ist.
- Wenn Sie im Haus arbeiten, stellen Sie Kerzen auf und setzen Sie sich an ein leicht geöffnetes Fenster, so dass sich die Oberfläche des Wassers kräuselt.
- Schwimmkerzen und Glassteinchen oder kleine Kristalle am Boden der Schale können sehr hilfreich sein, wenn die Wasser-Deutung etwas Neues für Sie ist.
- Am Tag verzichten Sie auf die Kerze und lassen Sie die Sonne auf das Wasser scheinen. Bringen Sie Kristalle und kleine Spiegel rund um die Schale an, damit Sie das Leuchten auf dem Wasser verstärken.
- Stellen Sie Ihre Frage, rühren Sie das Wasser neunmal mit einem Zweig um, schließen Sie kurz die Augen, öffnen Sie sie und blinzeln Sie. Blicken Sie auf die Oberfläche und nennen Sie, was Ihnen einfällt, egal ob es äußerlich auf der Wasseroberfläche auftaucht oder vor Ihrem inneren Auge.

- Rühren Sie wieder um und wiederholen Sie den Vorgang, um ein zweites und drittes Bild zu erhalten.
- Ob Sie alleine sind oder für jemand anderen weissagen, sprechen Sie laut und spontan aus, was Ihnen zu jedem Bild einfällt (zeichnen Sie auf, was Sie sagen, denn die Details vergisst man leicht) und sprechen Sie weiter, es sei denn, die Person für die Sie weissagen, möchte ihre eigene Interpretation, so wie sie die Sache sieht, äußern. Fügen Sie dann das gesamte Bild zusammen und verbinden Sie es mit der Frage.
- Wenn möglich, versuchen Sie die Wasser-Deutung im Freien bei Sonnen- oder Mondlicht durchzuführen, oder beleuchten Sie einen Gartenteich mit Fackeln. Verwenden Sie einen langen Ast, um das Wasser umzurühren.

Kräuter in das Wasser streuen

Die oben beschriebene Methode ist sehr wirksam, aber vielleicht fällt es Ihnen leichter für eine andere Person mit klarem Wasser zu weissagen, auf dem Sie getrocknete Kräuter verstreuen, so dass Sie beide handfeste Anhaltspunkte haben, aus denen Sie Bilder ableiten können. Das ist auch vorübergehend hilfreich, wenn Sie mit dem Weissagen aus reinem Wasser zu keinen Ergebnissen kommen. Sie können diese Methode natürlich auch für Ihre persönlichen Weissagungen verwenden.

- Füllen Sie eine tiefe, durchsichtige Glasschüssel langsam mit Wasser aus einem Krug, bis sie etwas mehr als halb voll ist.
- Werfen Sie, solange das Wasser noch in Bewegung ist, ein paar einigermaßen große, einzelne Blätter von getrockneten Küchenkräutern, wie etwa Herbes de Provence, Rosmarin, Basilikum oder Petersilie, hinein.
- Sie werden sich im Kreis bewegen und ein Bild oder vielleicht sogar mehrere formen, und wenn Sie die Kräuter nach und nach hinzufügen, bleiben sie in Bewegung und bilden immer neue Bilder.
- Verwenden Sie wieder einen Kassettenrekorder, denn Sie und der Fragesteller werden viele verschiedene Formen erkennen und benennen.

- Wenn sich das Wasser nicht mehr bewegt, zeichnen Sie die Formen, an die Sie sich erinnern können auf oder schreiben Sie deren Namen auf ein Stück Papier. Lassen Sie den Fragesteller das oder die Schlüsselbilder bestimmen und einen kleinen Kreis darum ziehen.
- Ziehen Sie gemeinsam Verbindungslinien von den anderen Bildern zum Schlüsselbild und dann zwischen den Hauptbildern und erforschen Sie dabei, wie diese zusammenhängen.
- Gießen Sie das Deutungswasser in die Erde oder in fließendes Wasser (ein Wasserhahn und ein Waschbecken reichen vollkommen), damit die Energien weiterfließen.

PROPHETISCHE FÄHIGKEITEN ENTWICKELN

Es gibt ein paar interessante Berichte in der frühen mittelalterlichen Literatur Irlands über druidische Rituale, die Prophezeiungen, für gewöhnlich in Träumen, auslösen sollten. Die Propheten wurden in einen tranceähnlichen Zustand versetzt, in dem sie die Fragen der Anwesenden beantworteten.

Entsprechend angepasste Rituale betrachtet man in der modernen druidischen Praxis als wirksame Methode, prophetische Fähigkeiten zu fördern. Deshalb beschreibe ich jetzt einige dieser Methoden, die uns seit Jahrhunderten überliefert wurden.

- Der Druide oder die Druidin schlief unter einem Wasserfall, eingehüllt in eine Stierhaut, so dass das intensive Geräusch sein beziehungsweise ihr Bewusstsein durchströmte. Dieser Brauch scheint mit dem Stieropfer zur Feier der Wintersonnenwende in Zusammenhang zu stehen. Der Druide oder die Druidin unter dem Wasserfall wurde dann beim ersten Tageslicht aus der dicken Stierhaut ausgepackt und in das glitzernde Wasser geworfen. Diese plötzliche Belebung seiner Sinne hat dann möglicherweise die prophetischen Fähigkeiten in seinem Unterbewusstsein ausgelöst.
- Der Druide oder die Druidin saß an eine Eberesche gelehnt, und wiederum in eine Stierhaut eingehüllt.
- Der Druide oder die Druidin schlief in einem der neolithischen Hügelgräber, wie man sie auch heute noch in Großbri-

tannien und anderen Teilen Europas findet. Der Druide oder die Druidin wurde dann beim ersten Morgenlicht des folgenden Tages, das in das Hügelgrab strömte, aufgeweckt, so dass er oder sie durch den plötzlichen Abbruch der Dunkelheit und die Sinnesbelebung Einblick in die Zukunft erhielt. Diese Methode ist aber sicher nichts für ängstliche Gemüter.

Moderne Techniken zum Schärfen der Sinne

Es gibt sanftere Methoden, um unsere Sinneswahrnehmung, Dunkelheit oder Stille zu durchbrechen und in schöpferische Gefilde unserer Psyche vorzudringen. Wenn Sie vorhaben, in der Wildnis oder einer entlegenen Gegend zu arbeiten, nehmen Sie eine gute Freundin, eine Familienangehörige oder eine andere Druidin mit, die Ihnen beisteht und Sie beschützt, und zwar nicht nur äußerlich, sondern auch vor Ihren Ängsten und der Einsamkeit, die Sie in solchen Augenblicken empfinden können. Sanfte Techniken sind viel wirksamer und sicherer als raue Entbehrungen, auf die uns das moderne Leben nicht gut vorbereitet hat. In eisige Wasserfälle zu springen ist nicht unbedingt die beste Möglichkeit, wenn uns auch ein Schwebetank zur Verfügung steht.

Was werden Sie sehen und sagen? Wer weiß. Dieses besondere Erlebnis kann Sie zu einem Gedicht inspirieren, zu einem Buch, zu einer modernen Heldensage oder einer Fantasy-Geschichte à la Tolkien. Vielleicht bekommen Sie Einsicht in das politische Weltgeschehen oder auch in familiäre oder berufliche Angelegenheiten. Ihnen könnten auch plötzlich Botschaften Ihrer Wächterin oder eines Lichtwesens, das Ihnen etwas beibringen möchte, bewusst werden. Einige dieser Weisheiten sollten Sie aufzeichnen, andere sollten Sie nur Ihrem Herzen anvertrauen. Sie werden das sehen, was für Sie geeignet ist – gewiss keine düsteren Schicksalsschläge, sondern nur Wege, die Sie zu einem erfüllten Leben führen. Hier sind ein paar Vorschläge.

- Wie oben erwähnt, versuchen Sie, in einem Schwebetank zu arbeiten. Schwebetanks gibt es in vielen alternativen Gesundheitszentren und sie sind sehr sicher. Der Salzgehalt ist so hoch, dass Sie nicht untergehen können, selbst wenn Sie einschlafen würden. Sie können auch darum bitten, dass zehn Minuten vor Ende der Sitzung das Licht eingeschaltet wird, damit Sie noch in dieser geschützten Umgebung Ihre Visionen formulieren und bearbeiten können.

- Eine andere Möglichkeit ist, an einem regnerischen Wochenende im Garten oder auf einem Campingplatz im Wald zu campieren. Stellen Sie das Zelt an einer Stelle auf, an der kein künstliches Licht scheint und lauschen Sie dem prasselnden Regen. Sie können auch ein kleines Landhaus an einem stillen Ort in der Nähe eines Flusses, eines Wasserfalls oder eines Strandes, mieten. Dann können Sie die ganze Nacht das Rauschen des Wassers hören. Lassen Sie sich im Geiste mit dem Wasser treiben und versuchen Sie nicht, einzuschlafen, es sei denn der Schlaf überkommt Sie. In diesem Fall haben Sie vielleicht prophetische Träume.
- Riesige Megalithgräber, die von Erdhügeln bedeckt sind oder Hügelgräber bieten Dunkelheit und Stille, und viele davon kann man auch heute noch besuchen. Da die Energie aber sehr stark ist, brauchen Sie nur fünf Minuten in der Dunkelheit zu sitzen, und Sie werden bereits starke Empfindungen wahrnehmen. Länger wäre wirklich unklug. Nehmen Sie eine Freundin mit, eine, die mit beiden Beinen fest am Boden steht, die Verständnis für Ihre Erfahrungen hat, aber Sie davor bewahrt, sich in der geistigen Welt zu verlieren.
- Höhlen bieten auch Stille und Dunkelheit und manche sind auch heute noch völlig unberührt, vor allem solche, die sich an der Küste befinden. Informieren Sie sich genau über die Gezeiten und stellen Sie einen Wecker, für den Fall, dass Sie zu lange abdriften. Wenn möglich, arbeiten Sie an einem trüben oder nebligen Tag.

Im folgenden Kapitel werfen wir einen Blick auf das, was inzwischen zum Markenzeichen der druidischen Deutung und Weissagung geworden ist, die Ogham-Zeichen, die die heiligen Bäume der Kelten repräsentieren.

7. DIE BAUMMÜTTER

Ich schreibe in diesem Buch mehrfach über Bäume, weil sie für mich einen wichtigen Bestandteil in der spirituellen Entwicklung einer Druidin darstellen. In diesem Kapitel gehe ich auf die traditionellen keltischen Bäume etwas näher ein.

1948 stellte der Gelehrte und Historiker Robert Graves das *Baumalphabet* durch seine Interpretation des keltischen Gedichts *Cad Goddeu* (Die Schlacht der Bäume) wieder her. Das keltische Gedicht stammt ursprünglich von dem im sechsten Jahrhundert lebenden Barden Taliesin. Robert Graves studierte auch mittelalterliche keltische Texte, die angeblich auf frühere Werke zurückgehen und vielleicht im zehnten Jahrhundert aufgezeichnet wurden. Da diese frühen Aufzeichnungen aber verloren gingen, kann man dies nicht mehr mit Sicherheit sagen.

Es gibt auch ein paar Überlieferungen aus Irland und Schottland über keltische Bäume. Diese stammen jedoch nicht aus der Zeit der Kelten. Das aus dem vierzehnten Jahrhundert stammende *Book of Ballymote* aus County Silog, das angeblich eine Kopie eines Werkes aus dem neunten Jahrhundert ist, berichtet beispielsweise, dass der Gott Oghma (Sonnenantlitz) das Ogham-Alphabet schuf. Andere Quellen, die über das Ogham-Alphabet berichten, sind das aus dem siebzehnten Jahrhundert stammende, schottische *Scholar's Primer,* das die Verwendung des

Alphabets aufzeichnete und O'Flahertys *Ogygia,* das in Irland im Jahre 1793 veröffentlicht wurde.

Viele moderne Methoden der Baum-Deutung greifen stark auf Robert Graves' Interpretationen zurück. Sie liefern uns zumindest Hinweise auf besondere Bäume, die in den Wäldern Europas wuchsen, bevor viele von ihnen im Mittelalter gerodet wurden, um neues Ackerland zu schaffen. Obwohl ich mit dem Baumalphabet arbeite, habe ich festgestellt, dass die direkte Visualisierung der Baummütter für Frauen vielleicht der wichtigste spirituelle Schritt ist, um zu einer weisen Druidin zu werden.

Die magischen Eigenschaften, die ich den Bäumen zuschreibe, habe ich den keltischen Mythen und Legenden, die uns erhalten geblieben sind sowie Graves' Interpretationen entnommen. Sie werden von einer Reihe moderner Druidenorden akzeptiert.

WER SIND DIE BAUMMÜTTER?

Der wichtigste Teil meiner Arbeit als allein praktizierende Druidin, war für mich, die Baummütter zu entdecken. In der deutschen und schwedischen Folklore gibt es noch immer Hinweise auf die Hylder, Holder oder Baummütter des Holunders. Aus England stammt die Geschichte der Elder Mutter, deren Baum in der Nähe von Rollright Stones, einem alten Steinkreis in Oxfordshire, stand. Der Legende nach handelt es sich dabei um einen kriegerischen König und seine Armee, die vor unbekannter Zeit von der alten Hag oder Elder Mutter von Rollright in Stein verwandelt wurden. Danach lebte sie in einem Holunderstrauch in der Nähe der Steine, um über die Jahrhunderte hinweg Wache zu halten, für den Fall, dass der Zauber gebrochen würde.

Bis zum Ausbruch des Zweiten Weltkriegs sollen am Abend der Sommersonnenwende Einheimische zum King Stone gegangen sein und nach einem Festmahl den Holunderstrauch zeremoniell beschnitten haben. Der Baum hat dann geblutet (und ursprünglich glaubte man, er würde das Land fruchtbar machen). Inzwischen wurde der Strauch gefällt, aber es gibt Zeichen dafür, dass er wieder zu wachsen beginnt. Es gibt auch immer noch eine aktive heidnische Gemeinde, die Rituale an den Steinen ausführt.

Andere weibliche Baumgeister wurden als Göttinnen anerkannt und erhielten in keltischen Legenden Namen von Göttinnen. Da gibt es zum Beispiel auf den Orkney-Inseln Druantia, die Tannengöttin, die von modernen Druidinnen manchmal die Mutter des Baumalphabets und der Deutung genannt wird. In Gallien assoziierte man sie auch mit der Eichenmutter, die weise, gebieterisch und prophetisch ist. Weit geheimnisvoller und mysteriöser ist Nemetona oder Nemain, eine Göttin aus Gallien, die in Legenden überlebt hat. Manche moderne Druiden nennen sie die Mutter des heiligen Hains – sie kann aus jedem Baum sprechen und ihre Gestalt kann plötzlich in dem vom Wind aufgewirbelten Herbstlaub erscheinen.

Moderne Druidinnen haben auch andere Baummütter entdeckt, die voller Weisheit sind. Auch ganz junge Frauen, die als Druidinnen tätig sind, können diese Weisheit erlangen, wenn sie mit den Bäumen arbeiten. Obwohl ich mich auf Bäume konzentriert habe, die mit den Kelten zu tun haben und häufig in anderen Teilen der Welt wachsen, können Sie mit den von mir empfohlenen Methoden wahrscheinlich in Ihren eigenen, bei Ihnen heimischen Bäumen Baummütter entdecken. Deren Eigenschaften spiegeln vielleicht jene wider, die ich bei meiner Arbeit als Druidin und Volkskundlerin entdeckt habe.

Die Baummütter sind es durchaus wert, sie kennen zu lernen. Sie sind für neue Druidinnen und Druiden hilfreicher als die jüngeren Dryaden, die Sie aus dem Augenwinkel heraus herumschwirren sehen und die noch nicht so viel Lebenserfahrung haben wie die Baummütter. Die Baummütter sind meist in älteren Bäumen zu finden, in knorrigen Bäumen mit einem auffälligen Stamm. Sehr alte Baummütter sind Baum-Großmütter.

Die Baummütter bieten Trost und Schutz in kalten, einsamen Zeiten, aber sie stellen auch hohe Anforderungen, so wie es jede strenge Mutter tun würde, die ihren zögernden Nachwuchs zu größeren persönlichen und spirituellen Leistungen anspornen möchte. Jede kann mit den Eigenschaften ihrer eigenen Baumart aufwarten sowie mit der Weisheit ihrer langen Lebenszeit, da sie im Laufe der Jahrhunderte die Bäume gewechselt haben kann.

Baummütter entdecken

Um eine Baummutter zu finden, besuchen Sie am besten einen alten Wald. Es kann dort eine ganze Reihe von Baummüttern geben, die derselben Art angehören, denn sie alle sind Schwestern. Sie verpflichten sich dazu, auf die Wälder aufzupassen und dafür zu sorgen, dass wir die Lungen der Welt nicht zerstören.

Am leichtesten werden Sie eine Baummutter in einem gewundenen Baum mit vielen Ablegern erkennen – selbst in einer schlanken Baumart mit Ästen und Blättern, die sich in unbedrohlicher Weise um Sie schlingen. Wenn Sie sich unter einen dieser Bäume setzen, suchen Sie nach einem Loch in der Nähe seiner Wurzeln und treten Sie in Ihrem Geiste ein und folgen Sie dem sich windenden Tunnel. Er könnte so aussehen wie der Kaninchenbau von Alice im Wunderland oder wie eine Treppe. Dort werden Sie die Baummutter und vielleicht ein paar ihrer Schwestern, die zu Besuch sind, treffen. Eifrig, geschäftig und freundlich werden sie Sie daran erinnern, was in Ihrem Leben erledigt und bereinigt werden muss. Erwarten Sie nicht, sich hinzusetzen und ein bedeutungsvolles Gespräch über das Universum zu führen – Sie erhalten Ihre Aufgabenliste und werden liebevoll verabschiedet. Es ist so, als ob Sie eine ältere Tante besuchen, die gerade ihren Frühjahrsputz macht oder ihre einschüchternden Freundinnen zu Besuch hat.

Sie haben vielleicht einen Doktor in Nuklearphysik und verwalten in Ihrem Arbeitsalltag ein Millionenbudget, aber für eine Baummutter sind Sie nur wie ein lästiges, wenn auch geliebtes, fünfjähriges Mädchen. Mit der Zeit wird es Ihnen im Reich der Wurzeln gestattet sein, der Weisheit der Baummütter zuzuhören, während diese ihren Kessel umrühren und am Schicksalsnetz weben. Und wenn Sie schlafen oder Angst haben werden Sie den Schutz der Baummutter spüren, mit der Sie am meisten im Einklang sind oder deren Eigenschaften Sie brauchen. Sie wird nicht die Rolle Ihrer speziellen Führerin an sich reißen, sondern Ihnen verschiedene Dinge beibringen. Wenn Sie viel Glück haben, wird Sie eine Baummutter unter ihre Fittiche nehmen und Ihre spezielle Führerin werden.

Weiter unten habe ich die Eigenschaften angeführt, die ich bei den Baummüttern der keltischen Bäume entdeckt habe, aber vielleicht machen Sie ganz andere Erfahrungen.

Wenn Sie in einem nicht-keltischen Land leben, werden Sie, wie schon erwähnt, auch im Olivenbaum, der Dattelpalme, dem Orangenbaum oder dem Banyanbaum und vielen anderen tropischen Bäumen, die im warmen Klima viel schneller reifen, Baummütter entdecken – oder in den Bäumen und Sträuchern im hohen Norden. Sie werden das Klima und den Boden, der diese Bäume nährt, widerspiegeln, und deshalb kann Ihre mediterrane oder kalifornische Mutter einmal hitzig und einmal mitteilsam sein. Im Gegensatz dazu wird Ihre Mutter der nördlichen Steppen wenig Zeit haben, um ausgelassen zu sein, weil sie sich ständig abmüht, ihre Wurzeln vor Eis und Schnee zu schützen, aber sie wird Ihnen in schlimmen und bedrohlichen Situationen beistehen.

Sich über Bäume informieren

Wie ich schon bei meinen Ausführungen über den heiligen Hain gesagt habe, sollten Sie immer ein gutes Baumbuch in Ihrem Kranichbeutel bei sich haben, wenn Sie auf dem Land unterwegs sind, es sei denn, Sie sind bereits ein Baumexperte. Baumgärten sind ein ausgezeichneter Ausgangspunkt für den Baum-Neuling, ebenso wie botanische Gärten, weil die einzelnen Arten dort meistens gut und genau beschriftet sind. Außerdem finden Sie dort eine weit größere Vielfalt als in unseren heutigen Wäldern. Es dauert Jahre, sich dieses Wissen anzueignen, aber es lohnt sich auf jeden Fall. Ein Baumdetektiv zu werden, kann sogar für den weltverdrossensten Jugendlichen eine Herausforderung sein.

Im Gegensatz zu unseren Vorfahren, die jeden Tag durch die Wälder gingen, in denen nur eine relativ geringe Anzahl von Baumarten heimisch waren, haben heutzutage nicht einmal die Landbewohner mehr so engen Kontakt zur Natur. Außerdem gibt es heute Bäume und Sträucher bei uns, deren ursprüngliche Heimat vielleicht Tausende von Kilometern entfernt ist. Selbst wenn Sie ein wirklich gutes Baumbuch verwenden, sieht ein Baum in natura vielleicht ganz anders als auf dem Bild aus. Nehmen Sie also etliche kleine wasserdichte Säckchen und Aufkleber in Ihrem Kranichbeutel mit, und was ganz wichtig ist, ein paar Stifte und Kugelschreiber.

Reißen Sie einen kleinen Zweig mit Blättern ab, sammeln Sie Beeren usw. und wenn möglich, nehmen Sie einen kleinen, abgebrochenen Ast mit, damit Sie später die Rinde begutachten können. Auf diese Weise erfahren Sie, mit wem Sie es zu tun haben und erhalten eine Menge Hintergrundinformationen. Wenn Sie Ihre schützende Eberesche visualisieren, wenn Sie beispielsweise spätabends in der U-Bahn unterwegs sind, werden Sie imstande sein, die *Rinde* zu spüren und die weichen, duftenden Beeren. Sie werden die Farbe der Blätter sehen und sich geistig mit dem Baum verbinden, den Sie vielleicht einen Monat zuvor im botanischen Garten gesehen haben.

Lauschen Sie dem Rauschen der Blätter

Mittlerweile sind Sie mit den Stimmen Ihres Hains vertraut. Wenn Sie allerdings eine große Baumgruppe oder einen Baumgarten besuchen, werden Sie feststellen, dass die Stimmen vieler Arten zusammenklingen wie ein gut auf einander abgestimmter Chor. Gehen Sie wie folgt vor, wenn Sie dem Rauschen der Blätter lauschen.

- Passen Sie sich zunächst dem natürlichen Dialog des Windes mit den Bäumen an – der Windstoß, der die Blätter, die an den Zweigen tanzen, erfasst, dann die Stille, während die Blätter auf den nächsten Stoß warten.
- Bevor Sie eine Frage stellen, stimmen Sie sich auf den Rhythmus der Stimme der Blätter ein, die vielleicht ein fröhliches Lied anstimmt, abgehackt oder wie eine Welle klingt, die an der Küste bricht. Wenn Sie sich eingestimmt haben, richten Sie Ihre Frage an die Stille und warten Sie, bis der Wind sie aufnimmt, der selbst eine Antwort darauf haben mag und die Weisheit der Blätter auf seine Weise ergänzt.
- Stellen Sie eine zweite Frage, dann eine dritte und warten Sie, bis die Blätter Ihnen sagen, was sie zu sagen haben, während der Wind sie wieder erfasst.

- Suchen Sie sich einen geschützten Platz und schreiben Sie die scheinbar unzusammenhängenden Worte auf oder das Thema, in dem ein Wort immer wieder auftaucht, wie beispielsweise *warten* oder *suchen* oder *vergeben*.
- Wenn Sie wieder daheim sind, ordnen Sie die Sätze neu und Sie werden eventuell feststellen, dass diese nicht nur mit der gestellten Frage zu tun haben, sondern auch mit allgemeinen Themen oder dass sie einen Hinweis auf den weiteren Verlauf Ihres Lebens geben.
- Sie werden bemerken, dass sich unterschiedliche Bäume, je nach Eigenschaft, für verschiedene Themen eignen, wie etwa die Eiche für Fragen, die die Zukunft betreffen, die Haselnuss für Anliegen, die mit Gerechtigkeit oder Lernen zu tun haben und die Eibe für Grundsatzfragen, die Leben, Tod und Unsterblichkeit betreffen.

Die Botschaften der Baummütter

Ich habe jeder der auf den folgenden Seiten angeführten zwanzig Baummütter ein Symbol zugeordnet. Dabei handelt es sich um die authentischsten Assoziationen, die man in der modernen Baum-Deutung verwendet. Sie können die Symbole in Holzscheiben oder Stäbchen einritzen und sich darauf konzentrieren, wenn Sie zu Hause eine bestimmte Baummutter visualisieren. Sie könnten die Symbole auch auf die entsprechenden Kristalle zeichnen und einen bei sich tragen, wenn Sie zur Arbeit gehen oder das Haus verlassen, damit Sie sich geistig auf seine Eigenschaft einstellen können. Bei den Kristallen handelt es sich um moderne Assoziationen. Es könnte also sein, dass Sie das Gefühl haben, dass andere Kristalle besser passen als die von mir vorgeschlagenen. Wenn Sie mit einer Baummutter arbeiten, können Sie eine Kerze in der jeweiligen Farbe oder die entsprechende Heilpflanze in einem Räuchergefäß anzünden.

Wahrscheinlich werden Sie feststellen, dass eine der Baummütter zu Ihrer speziellen Wächterin wird und Sie in Ihren Träumen oder Augenblicken der Kontemplation besucht. Jede Baummutter hat vermutlich in Ihrem geistigen Ohr eine ganz bestimmte Stimme. Bei Ihrer Arbeit werden Sie sich Ihr eigenes Bild von jeder Baummutter machen, deshalb gebe ich Ihnen in meiner Liste nur einen kurzen Überblick. Zeichnen Sie Ihre eigenen Eindrücke in Ihrem Tagebuch auf.

Wenn Sie in einer Angelegenheit nicht wissen, wie Sie vorgehen sollen oder einen besonders anstrengenden Tag vor sich haben, können Sie alle Symbole der Baummütter, die Sie angefertigt haben, in einen Beutel aus Naturfaser geben. Ziehen Sie ein Symbol und Sie werden feststellen, dass es sich dabei um die Baummutter handelt, die Ihnen am besten helfen kann. Tragen Sie das Symbol bei sich. Ich habe die von Graves verwendeten Namen angegeben. Sie werden im Allgemeinen von den Druiden für das, was man als heilige Bäume bezeichnet, verwendet.

Efeu, Farn, Heide, Stechginster und Wein sind Sträucher. Graves hat sie in sein *Baumalphabet* aufgenommen, weil sie im keltischen Gedicht *Cad Goddeu* erwähnt und mit den Kräften der Bäume assoziiert wurden. Wenn es Ihnen schwer fällt, sich Ihre Mutter vorzustellen, lassen Sie sie weg. Im folgenden Abschnitt habe ich beschrieben, wie ich sie sehe.

LISTE DER KELTISCHEN BAUMMÜTTER

Als Erstes sind die von Graves verwendeten Namen angeführt, dann folgen die allgemein gebräuchlichen Namen, und in Klammer die lateinische Bezeichnung. Die Reihenfolge entspricht der allgemein etablierten Reihenfolge des *Baumalphabets*.

Beith/Birke *(Betula pendula)*

Die Birke ist das magische Symbol der Wiedergeburt.

Die Birkenmutter sieht man am häufigsten in der Person ihrer Tochter, der Maid des Frühlings, die Sie mit Enthusiasmus und Bewegungsdrang erfüllen wird. Aber die Mutter ist diejenige, die Ihnen helfen kann, Ihr Leben in Ordnung zu bringen, wenn alles chaotisch oder aussichtslos erscheint. Mit liebevoller Strenge wird sie Sie anspornen, es noch einmal zu versuchen.

Farbe – Weiß
Heilpflanze – Rosmarin
Kristall – klarer Bergkristall/roter Sarder
Ihre Botschaft – Erforschen Sie Ihr Inneres, denn dadurch werden sich positive Veränderungen und Neuerungen in allen Bereichen Ihres Lebens ergeben.

Luis/Eberesche *(Sorbus acuparia)*

ᚂ Die Eberesche assoziiert man in der Magie und im Volksglauben mit Schutz und mit dem Mond.

Die Ebereschenmutter ist eine Heilerin. Am ehesten sieht man sie im Mondlicht, wie sie Zaubertränke, vor allem aus Vogelbeeren, zubereitet, die alle Leiden heilen und für ein langes Leben sorgen. Besonders gütig ist sie zu jenen, die in irgendeiner Weise missbraucht wurden und sie wird ihre Heilkräfte weitergeben, wenn Sie Ihr Herz öffnen, und allen Kreaturen Ihre Liebe schenken, auch jenen, die diese nicht verdienen.
Farbe – Grau
Heilpflanze – Thymian
Kristall – gelbes Katzenauge/Turmalin
Ihre Botschaft – Sie besitzen die innere Fähigkeit, Gefahren aus dem Weg zu gehen und einen Nachteil in einen Vorteil umzuwandeln, wenn Sie auf Ihre innere Stimme hören.

Fearn/Erle *(Alnus glutinosa)*

ᚃ Die Erle ist ein Baum, den man in keltischen Mythen mit der Kraft des Feuers und mit persönlichem Verzicht verbindet.

Der Erlenmutter ist Verzicht nicht fremd. Sie bietet eine stabile Grundlage, um eher praktische und nützliche Dinge als persönlichen Ruhm anzustreben. Sie rät zu Geduld und wenn Sie emotional verletzt wurden, hilft Sie Ihnen, wieder vertrauen zu lernen. Ihr Feuer brennt langsam und wärmt Sie emotional, wenn Sie sich ohne Energie und Hoffnung fühlen.
Farbe – Karmesinrot
Heilpflanze – Basilikum

Kristall – blauer Beryll/Aquamarin
Ihre Botschaft – Sie können Ihre Träume verwirklichen, wenn Sie mit beiden Beinen auf der Erde bleiben, auch wenn Sie nach den Sternen greifen.

Saille/Weide *(Salix alba)*

ᚄ In der Folklore ist die Weide ein Baum des Mondes und der intuitiven Weisheit.

Die Weidenmutter fühlt mit anderen mit und leidet daher mit jedem verletzten Vogel und jeder zertrampelten Blume. Sie wird Sie lehren, anderen in das Herz zu blicken. Diese Gabe macht Sie zu einer weisen Ratgeberin und Prophetin, führt aber auch dazu, dass Sie mit anderen mitleiden.
Farbe – Die Farbe des Feuers/silbergrau
Heilpflanze – Mohn
Kristall – Mondstein/Feueropal
Ihre Botschaft – Vertrauen Sie Ihrer Intuition und Ihren Träumen, egal ob es um Herzensangelegenheiten, Ihren Beruf oder die Erforschung der geistigen Welt geht.

Nunn/Esche *(Farinas excelsior)*

ᚅ Die Esche ist ein Baum der edlen Absichten und der Integrität.

Die Eschenmutter ist ebenso erhaben und erwartet von uns, dass wir immer nach dem größten Wohle streben und bei allem, was wir tun, höchste Maßstäbe ansetzen. Ihr Motto ist das Wohl der anderen. Sie ermutigt uns dazu, bedachtsame Führer zu sein und unsere druidischen Erkenntnisse und unseren Respekt für die Umwelt an die nächste Generation weiterzugeben.
Farbe – Hellgrün
Heilpflanze – Salbei
Kristall – Granat/Karneol
Ihre Botschaft – Wir dürfen etwas, von dem wir wissen, dass es wichtig ist, nicht gefährden, müssen aber anderen gegenüber, denen es an Weitblick fehlt, tolerant sein.

Huathe/Weißdorn *(Crataegus oxacantha)*

ᚆ Der Weißdorn ist ein Baum, den man mit Fruchtbarkeit und mit dem Beginn des Sommers verbindet.

Die Weißdornmutter freut sich über ihre Tochter in ihrem weißen Gewand, wie man sie heute noch bei Maiprozessionen in Gestalt der Maikönigin sieht.
Farbe – Purpurrot
Heilpflanze – Schnittlauch
Kristall – Lapislazuli
Ihre Botschaft – Wir dürfen in unserem Streben, eine bessere Welt zu schaffen, unseren Mut nicht verlieren, aber manchmal müssen wir uns zurückziehen, um wieder Kraft zu sammeln.

Duir/Sommereiche und Weißeiche *(Quercus robur/alba)*

ᚇ Die Eiche symbolisiert die Weisheit der reifen Druiden oder Druidinnen, die sie durch ihre Erfahrungen und intensiven Studien der Natur erworben haben.

Die Eichenmutter ist die Erzdruidin der Bäume, die immer zu lehren scheint, eine Art Schulleiterin, die gelegentlich zeigt, dass sie sich sehr wohl in der realen Welt auskennt und die Schwächen ihrer unaufmerksamen Schüler aufdeckt. Sie ist es, die von uns verlangt, dass wir nach einem Ritual innere Einkehr halten und weissagen oder meditieren, damit wir die dabei gewonnenen Erfahrungen und Erkenntnisse besser verstehen.
Farbe – Schwarz oder dunkelbraun
Heilpflanze – Johanniskraut
Kristall – Weißer Saphir/Sonnenstein
Ihre Botschaft – Es gibt keine Abkürzungen auf dem Weg zur Weisheit und alle Lebenserfahrungen, die Sie bereits gemacht haben, ob sie nun gut oder schlecht waren, dienen dazu, zu lernen.

Tinne/Stechpalme *(Ilex aquifolium)*

ᚈ In der keltischen Mythologie ist die Stechpalme ein mächtiger Geist oder ein männliches Symbol für die sexuelle Potenz des Anführers und für das Streben nach Macht.

Die Stechpalmenmutter ist sehr kämpferisch. Sie sagt der Ungerechtigkeit den Kampf an und verlangt, dass allen Geschöpfen Respekt entgegengebracht wird. Sie toleriert keine Unordnung in ihrem Hain. Sie erinnert uns daran, dass eine Druidin manchmal energisch sein muss, aber nie aggressiv und fies, wenn es darum geht, die Schwachen zu verteidigen.
Farbe – Dunkelgrau
Heilpflanze – Eisenhut
Kristall – Rubin/Citrin
Ihre Botschaft – Wir sollten unsere äußerst wichtigen, dunklen Seiten nicht verleugnen, sondern alles Negative in Kraft umwandeln, mit der wir positive Änderungen bewirken.

Coll/Haselnuss *(Corylus avellana)*

ᚉ Die Haselnuss ist in der Magie ein Symbol für Tradition, Gerechtigkeit und Ordnung.

Die Haselnussmutter ist die Mutter, die am wenigsten leicht ärgerlich wird. Ihre melodiöse Stimme besänftigt uns, wenn wir Kummer haben und sie verbirgt ihre Ratschläge in Rätseln, die es ihren Kindern ermöglichen, ihre scheinbar unlösbaren Probleme auf kreative und harmonische Weise zu lösen. Sie ist auch außerordentlich fruchtbar und nährend, so dass unter ihrem Dach niemand hungert oder friert, aber jeder wird von ihr dazu verpflichtet, ebenso gastfreundlich zu sein.
Farbe – Braun
Heilpflanze – Kelp
Kristall – Roter Streifenachat/Topas
Ihre Botschaft – Lassen Sie sich nicht zu Stimmungsschwankungen hinreißen und denken Sie daran, dass jene, die anderer Meinung sind als wir, ebenfalls ein Recht auf ihren Standpunkt haben.

Quert/Apfelbaum *(Malus sylvestris,* der Holzapfel)

ᚊ Durch die mittelalterlichen Sagen und keltischen Geschichten ist der Apfelbaum das Symbol des Lebensbaumes, der Fülle und der Unsterblichkeit geworden.

Die Apfelbaummutter hat einen übervollen Tisch und einen sprudelnden Kessel und spricht ständig, während sie arbeitet. Um sie scharen sich Babys und kleine Tiere, und in einem ständigen Energieaustausch gibt sie den Alten die Jugend wieder, heilt die Kranken, stärkt die Schwachen und bringt den Einsamen Liebe. Sie werden wahrscheinlich kaum Gelegenheit haben, sich allein mit ihr zu unterhalten, aber Sie werden lernen, wie wichtig es ist, Ihren Besitz zu teilen und Ihre Zeit und Energie großzügig zu verschenken, und sich dafür voller Energie und Lebenskraft zu fühlen.
Farbe – Gelbbraun oder grün
Heilpflanze – Erdbeere/Rose
Kristall – Rosenquarz/Smaragd
Ihre Botschaft – Verschenke deine Zeit und Energie großzügig und im Gegenzug wird dir spiritueller Reichtum zuteil werden.

Muin/Wein *(Vitis vinifera)*

ᚋ Der Weinstock ist ein Symbol dafür, intensive Freude zu erleben und total in das Leben integriert zu sein.

Die Weinmutter ist in ihrer Freude nicht völlig ungezügelt, denn sie weiß, dass große Freude auf der kosmischen Waagschale immer mit großer Sorge aufgewogen wird. Also nimmt sie einen großen Schluck aus dem Becher des Glücks, blickt uns aber in die Augen und teilt uns schweigend mit, dass wir nicht vergessen dürfen, welchen Preis wir manchmal dafür bezahlen, wenn wir unserem Herzen folgen und alles geben. Visualisieren Sie, wie sie sich groß und schwankend zur Sonne streckt und auf ihrem Kopf einen Krug mit Wein balanciert.
Farbe – Verschiedene Grünschattierungen
Heilpflanze – Minze
Kristall – Amethyst

Ihre Botschaft – Nur wenn wir in unserem Inneren wahrhaft glücklich sind, können wir andere glücklich machen.

Gort/Efeu *(Hedera helix)*

ᚌ Der Efeu, eine immergrüne Schlingpflanze, symbolisiert Liebe und Treue sowie ein sicheres, schützendes Heim.

Die Efeumutter ist eine sehr geschäftige Matriarchin, die ständig ordnet und aufräumt und die darauf besteht, dass man seine Versprechen einhält sowie Prinzipien und Menschen treu ist. Sie spricht davon, wie wichtig es ist, dass die verschiedenen Aspekte unseres Selbst im Gleichgewicht sind, vom Ich und Du, vom Geben und vom eigenständig sein, von Abhängigkeit und Unabhängigkeit, Probleme, die wir lösen müssen, wenn wir unabhängig sein möchten, aber trotzdem lieben und geliebt werden wollen. Visualisieren Sie sie als üppige, mittelalterliche Hausfrau, die grün gekleidet ist.
Farbe – Himmelblau
Heilpflanze – Geißblatt
Kristall – gelber Serpentin/Rutilquarz
Ihre Botschaft – Die stärksten Bindungen sind nicht jene, die auf emotionaler Erpressung oder Verletzlichkeit beruhen, sondern jene, die auf dem freien Willen basieren.

Ngetal Ferns/Farnkraut *(Pteridum aquilinum)*

ᚍ Das Farnkraut wird in der Magie mit Wohlstand und verborgenen Schätzen assoziiert.

Die Farnmutter ist von Reichtümern umgeben, die aber alle spiritueller Natur sind: Seelenfrieden, Zufriedenheit daheim und bei der Arbeit, gesunder Schlaf, Liebe und Respekt der Mitmenschen – all diese Gaben kann man nicht mit irdischem Geld kaufen, sondern nur durch spirituelle Arbeit erwerben. Sie erinnert uns daran, dass Gesundheit und Glück ein Geschenk der Mutter sind und als solche hoch geschätzt und dafür verwendet werden sollen, anderen zu helfen.

Farbe – Grasgrün und gold
Heilpflanze – Fenchel
Kristall – Grüner Jaspis/Saphir
Ihre Botschaft – Wir sollten versuchen, unsere verborgenen Talente zu fördern, damit wir dem Kosmos etwas für die Segnungen, die uns zuteil werden, zurückzahlen können.

Straif/Schlehdorn *(Rhamnus catharticus)*

ᚎ Der Schlehdorn steht in der Magie und Mythologie für Stärke und für unerwartete Augenblicke der Freude, selbst in dunklen Zeiten.

Die Schlehdornmutter ist, abgesehen von der Eibe, älter und abgehärmter als alle anderen. Sie hat den Überblick über die zahllosen irregeleiteten Seelen verloren, die sie gerettet hat und die vom tieferen Sinn ihres Lebens und ihrer Spiritualität abgekommen sind. Wenn Sie traurig oder allein sind, wird Sie Zeit mit Ihnen verbringen, sanfter als jede jugendliche Göttin sein und wenn Sie ihr in die Augen blicken, werden Sie keine Angst mehr vor dem Alt-Werden, dem Tod und der Einsamkeit haben – Sie werden begreifen, dass die Schönheit von Weisheit und Erfahrung unvergänglich ist.
Farbe – Dunkelblau
Heilpflanze – Ysop
Kristall – Gagat/Obsidian
Ihre Botschaft – Es gibt wahrscheinlich nie den idealen Zeitpunkt, um ein Vorhaben in die Tat umzusetzen, also sollten wir auch unter weniger idealen Umständen weitermachen.

Ruis/Holunder *(Sambucus canadensis)*

ᚏ Der Holunder ist in den mittelalterlichen Sagen der Kelten der ultimative magische Baum und eine Quelle der Weisheit.

Die Holundermutter ist sehr weise und in allen druidischen Künsten, vor allem der Heilung, sehr versiert. Doch sie ist eine fordernde Mutter, die eine Frage mit einer noch schwierigeren Frage beantwortet. Sie zeigt uns den Weg dorthin, wo wir mög-

licherweise Antworten auf unsere Fragen finden, und manchmal begegnen wir dabei den dunklen Seiten unseres Selbst.
Farbe – Blutrot
Heilpflanze – Wacholder
Kristall – Malachit/Peridot
Ihre Botschaft – Suchen Sie in Ihrem Alltag nach magischer Inspiration und nicht nur bei Ihrer spirituellen Arbeit.

Ailim/Kieferngewächse oder Weißtanne
(Pinaceae/Abies alba)

ᚐ Die Tanne ist ein weiterer Baum, den man bei den Kelten mit Feuer und Reinigung assoziiert.

Die Tannenmutter, silbern und wunderschön, ist energisch, wenn es darum geht, die Schwachen zu beschützen, aber ihre lodernden Fackeln fordern auch von uns, dass wir uns von alten Vorurteilen, Illusionen und Bitterkeit befreien, bevor sie uns an ihrem Herd in das Geheimnis des Rituals einweiht.
Farbe – Hellblau oder bunt
Heilpflanze – Schlüsselblume
Kristall – Hämatit
Ihre Botschaft – Machen Sie aus Ihrer spirituellen Arbeit keinen Macht- und Egotrip, wie das bei spirituellen Gurus nur allzu häufig vorkommt.

Onn/Stechginster *(Ulex europaeus)*

ᚑ In der keltischen Folklore ist der Stechginster ein Symbol der Transformation, sowohl im spirituellen Sinn als auch auf einen Lebensabschnitt bezogen.

Die Stechginstermutter ist nicht so stachelig wie man erwarten würde, aber sie ist die Verkörperung des Frühjahrsputzes und verwandelt alles Staubige, das man ihr gibt, in etwas Strahlendes und Neues. Sie können also mit intensiven Lektionen rechnen. Einige Erkenntnisse mögen unangenehm sein, aber sie werden Sie auf jeden Fall dazu bewegen, umzudenken. Vielleicht fühlen Sie sich nach dem Besuch bei ihr schwindlig, aber Sie sind voller Entschlossenheit. Visualisieren Sie sie als hagere

Bauersfrau, die etwas trägt, das wie goldene Strahlen zu lodern scheint.
Farbe – Goldgelb und silber
Heilpflanze – Lavendel
Kristall – Pyrit
Ihre Botschaft – Alle Erfahrungen, ob gut oder schlecht, können in Weisheit umgewandelt werden, die uns auf unserem künftigen Weg leitet.

Ur/Heide *(Calluna vulgaris)*

ᚒ In der Folklore ist die Heide eine Sonnenpflanze, die man mit der großen Hitze des Hochsommers sowie mit allen Aspekten der Leidenschaft verbindet.

Die Heidemutter ist eine Mutter der Sonne. Sie ist äußerst kreativ, energetisierend, und man findet sie immer im Freien an einem sonnigen Fleckchen. Sie erwartet von Ihnen, dass Sie gleich mit der Arbeit beginnen, damit die vielen Aufgaben erledigt werden, die notwendig sind, um alles in Schwung zu halten. Halten Sie sich in ihrer Nähe auf und Sie werden ein wenig von ihrem Licht und ihrer Kreativität abbekommen. Visualisieren Sie sie als eine strahlende Frau, die scharlach- und purpurrot gekleidet in der Mittagssonne über Heideland schreitet.
Farbe – Scharlach- und purpurrot
Heilpflanze – Ringelblume
Kristall – Bernstein
Ihre Botschaft – Folge deinem Herzen, nutze jeden Augenblick des Glücks, denn günstige Gelegenheiten bieten sich nicht jeden Tag.

Eadha/Weiße Pappel *(Populus alba)*

ᚓ In der keltischen Mythologie assoziiert man die weiße Pappel mit den späteren Lebensjahren sowie mit sanfter, schrittweiser Heilung.

Die Pappelmutter mag sehr schmächtig und ruhig wirken, doch in ihrem Kranichbeutel birgt sie viele Geheimnisse, die Sie verstehen sollten. Setzen Sie sich ganz ruhig zu ihr und bemühen

Sie sich, ihre geflüsterten Weisheiten zu hören. Sie kann Bereiche Ihres Lebens heilen, die Sie gar nie offenbart haben und sie macht das völlig unaufdringlich, so dass Sie nur merken, dass Sie eine schwere Last los geworden sind.
Farbe – Silberweiß
Heilpflanze – Kamille
Kristall – Fluorit
Ihre Botschaft – Lassen Sie die Vergangenheit los und schließen Sie in Ihrem Inneren Frieden, auch wenn andere nicht zur Versöhnung bereit sind.

Ido oder Ioho/Eibe *(Taxus baccata)*

Die Eibe assoziiert man mit einem Ende, das zu einem Neuanfang führt. Die Stacheln der Eibe sind giftig, deshalb sollten Sie mit diesem Baum und seinen Nadeln vorsichtig umgehen.

Die Eibenmutter sitzt alleine da mit ihrem dunklen Umhang, ihr Gesicht halb versteckt, und es erfordert Mut, sich ihr zu nähern. Schleichen Sie sich an sie heran und sie wird Sie mit Stille umhüllen, und Ihnen Geheimnisse Ihrer Seele mitteilen, die Sie vielleicht jahrelang nicht verstehen, egal wie alt oder weise Sie sind. Ihnen wird aber bewusst sein, dass Ihnen Gnade und Segen zuteil wurde. Wenn Sie an ihr vorbeiblicken, werden Sie die Birkenmutter warten sehen, und so beginnt der Zyklus von neuem.
Farbe – Dunkelgrün
Heilpflanze – Zypresse
Kristall – Blutstein
Ihre Botschaft – Haben Sie keine Angst davor, alles loszulassen, was nicht mehr positiv oder erfüllend für Sie und Ihr Leben ist.

Im nächsten Kapitel werden wir das, was wir von diesen weisen Müttern gelernt haben dazu verwenden, uns selbst, jene, die wir lieben und unseren Planeten zu heilen.

8. MIT KRÄUTERN HEILEN

Frauen sind geborene Heiler. Eine Mutter weiß instinktiv, wie sie ein gereiztes Kind besänftigt oder seine Kopfschmerzen lindert. Viele Frauen, ob Mutter oder nicht, scheinen mit ihrer Stimme die Schmerzen oder Seelenqualen jener, zu denen sie eine enge Beziehung haben, mildern zu können. Der Grund dafür könnte sein, dass die geistige Verbindung zu einem Menschen dessen Immunsystem anregt, das, wie die Wissenschaft immer mehr zugibt, durch geistige und emotionale Prozesse beeinflusst wird.

DER KESSEL DER DRUIDIN

Obwohl es praktisch keine historischen Aufzeichnungen über druidische Heilerinnen aus keltischer Zeit gibt, sind uns Schilderungen heilender Göttinnen und ihrer magischen Kessel über mittelalterliche Geschichten und Volksmärchen aus der keltischen Welt überliefert worden. Eine Theorie lautet, dass diese Göttinnen vielleicht tatsächlich Heilerinnen waren, die aufgrund ihres Ansehens in den Volksmärchen zu Göttinnen wurden, die sich laut keltischer Sagen zwanglos unter die Sterblichen mischten.

EINE HEILERIN WERDEN

Interessant ist, dass die angeborenen Heilkräfte der modernen Druidinnen anscheinend plötzlich zunehmen oder vielleicht zum ersten Mal auftreten, wenn Sie in druidischen Ritualen mit der Kraft der Sonne oder der Baumenergie arbeiten. Wenn Sie mehr Zeit im Freien verbringen, werden Sie vielleicht feststellen, dass Ihre Fingerspitzen sensibilisiert werden und es kann sogar sein, dass Sie goldene Energie um sie herum schimmern sehen.

Wenn Sie beispielsweise die schmerzende Schulter einer Freundin gleich, nachdem Sie spirituell gearbeitet haben, berühren, wird Ihre Freundin vielleicht überrascht feststellen, dass sie ein leichtes, aber angenehmes Prickeln spürt und dass der Schmerz zumindest vorübergehend besser ist. Im Laufe der Monate und Jahre, wenn Ihre druidische Weisheit zunimmt, werden Sie feststellen, dass Ihre Erfolgsrate höher und die Heilung dauerhafter wird.

Für manche Frauen wird diese Heilkraft Teil ihres Alltagslebens. Vielleicht sind Sie damit zufrieden, diese vermehrte Heilkraft in Ihrem täglichen Leben zu nutzen, indem Sie jemanden spontan berühren oder mit Ihren mitfühlenden Worten den emotionalen Schmerz des anderen lindern.

KRÄUTER VERWENDEN

Zahlreiche moderne Druidinnen arbeiten mit Kräutern, weil sie instinktiv spüren, dass die Druidinnen früherer Zeiten ihre Gemeinde ebenfalls mit Kräutern heilten, obwohl sie ihr Wissen leider nicht aufzeichneten, so dass wir nicht direkt in einem druidischen Kräuterbuch nachschlagen können.

Frauen haben jedoch immer schon Kräuter gebraut oder Umschläge damit gemacht und einige von uns verwenden Heilkräuter, die sie von ihrer Ururgroßmutter kennen, und die hatte sie wiederum von ihrer Ururgroßmutter. Es bedarf also keiner allzu großen Fantasie, sich vorzustellen, dass Druidinnen, mit ihrer langen Ausbildung, mindestens genauso geschickt waren wie die spätmittelalterlichen Heilerinnen.

Letztgenannte sind uns als die Opfer der Hexenverfolgung im frühen fünfzehnten bis zum späten siebzehnten Jahrhundert bekannt. Ich vermute sogar, und da bin ich nicht die einzige Druidin, dass zahlreiche Druidinnen, nachdem das Druidentum verboten oder vom keltischen Christentum ersetzt wurde, in Dörfern lebten und sich als Heilerinnen und Hebammen ihren Lebensunterhalt verdienten. Man nimmt auch an, dass der Ruf keltischer, christlicher Klöster und Abteien, vor allem in Irland, als Zentren der Heilkunst und Kräuterkunde, zumindest teilweise auf die Konvertierung druidischer Heilerinnen und Heiler zurückzuführen war.

Heute unterscheidet sich die Kräuterarbeit natürlich von der unserer Vorfahren, die einfach in die Wälder und auf die Felder gingen und die Kräuter verwendeten, die in ihrer eigenen Umgebung wuchsen. Sie wurden direkt von älteren Familienmitgliedern unterrichtet und nicht nur mit den Pflanzen vertraut gemacht, sondern lernten auch deren medizinische Verwendung und die richtige Dosierung sowie welche Pflanzen oder Pflanzenteile giftig waren. Heute finden wir, vor allem in der Stadt, nur wenige wild wachsende Kräuter, die unverseucht sind, aber wir können ein beträchtliches Angebot an Kräutern aus der ganzen Welt bei Kräuterhändlern kaufen oder per Post bestellen. Obwohl uns eventuell eine größere Reihe von Produkten zur Verfügung steht, wachsen wir aber nicht mit ihnen auf.

Die medizinische Kräuterkunde erfordert viel Fachwissen und ich habe zahlreiche Bücher vorgeschlagen, aus denen Sie grundlegende Kenntnisse darüber erwerben können, wie Sie Kräuter brauen, welche Kräuter während der Schwangerschaft oder bei bestimmten Krankheiten nicht verwendet werden sollten und wie man Kräuterheilmittel für diverse Leiden zubereitet. Dieses Wissen kann sehr nützlich sein, wenn Sie als Heilerin arbeiten. Viel können Sie auch in einer Kräuterapotheke erfahren oder in Kursen, die von qualifizierten Kräuterkennern veranstaltet werden. Auch diverse Bildungsstätten bieten vermehrt Abendkurse in diesen alten Traditionen an.

Wenn Sie ein Kräuterbuch bei sich tragen, wenn Sie einen Tag auf dem Land verbringen oder ein Gartencenter besuchen, können Sie lernen, wichtige Kräuter zu erkennen und mit der

Zeit Ihren eigenen Kräutergarten mit wichtigen Heilkräutern anlegen. Selbst wenn Sie in einer Wohnung leben, können Sie in einem Blumenkasten oder sogar drinnen auf einem Regal die Kräuter, die Sie besonders schätzen, züchten. Viele Kräuter, getrocknet oder grün, haben Eigenschaften, die ein Heim und seine Bewohner geistig schützen. Ich habe diese Eigenschaften in der Liste der Kräuter angegeben.

SPIRITUELLE KRÄUTERKUNDE

Mit Kräutern zu heilen kann auch ein magischer, spiritueller Prozess sein. Manche Druidinnen, mich eingeschlossen, behaupten sogar, dass es bei der geistigen Übertragung der Heilkräfte auf einen Patienten am wichtigsten ist, spirituelle Kräuterkunde zu betreiben, ohne sich Gedanken über die richtige Dosierung zu machen oder ob eine Pflanze sich körperlich nachteilig auswirkt. Diese Methode ist auch sehr wirksam, um Menschen oder Tiere, die nicht persönlich anwesend sind sowie bedrohte Arten und verseuchte Gebiete zu heilen. Ich konzentriere mich auf diesen Aspekt der druidischen Heilkunst – höhere Energien zu channeln und Kräuter mit magischen Heilkräften zu versehen, die sich geistig auf die Gesundheit und das Wohlbefinden eines Menschen auswirken und somit die ganze Person heilen. Damit unterscheidet sich die spirituelle Heilung von der reinen Aromatherapie oder Kräuterheilkunde, wobei aber beides wertvoll ist.

Mittelpunkt der Heilung

Als Druidin können Sie im Namen jeder Gottheit, die Sie verehren, heilen – im Namen Gottes, der Göttin oder einer eher abstrakten Macht der Güte und des Lichtes. Viele Druidinnen und Druiden finden es sehr hilfreich, sich bei ihrer Heilarbeit auf die keltische Göttin Airmid, die irische Göttin medizinischer Heilpflanzen, zu konzentrieren.

In Geschichten über Airmid heißt es, sie sei die Tochter des Gottes der Medizin, Diancecht. Nach dem Tod ihres Bruders Miach (vielleicht ein Hinweis, dass sie eine sterbliche Druidin war), kümmerte Airmid sich um sein Grab, auf dem alle Kräuter der Welt wuchsen. Als sie sie schnitt, schilderte ihr jedes seine heilenden Eigenschaften.

Moderne Druidinnen konzentrieren sich beim Heilen auch gerne auf Ceridwen *(siehe Seite 170)*. Die irische Brigid, nach der viele Heilquellen, die der hl. Bridget gewidmet waren, vermutlich ursprünglich benannt waren, ist bei modernen Druidinnen ebenfalls beliebt *(siehe Seite 231)*. Lesen Sie die Liste auf den Seiten 198–205 durch, damit Sie eine Gottheit finden, die Sie anspricht.

Als Mittelpunkt meiner Heilarbeit stelle ich mir eine weise alte Druidin vor, die in ihrer Waldhütte einen Kessel umrührt und im Geiste nähere ich mich ihr, bis meine Hände zu ihren Händen werden und ich geistig an ihrer Weisheit teilhaben kann.

MIT DER SPIRITUELLEN KRÄUTERHEILKUNDE BEGINNEN

Dies ist eine Methode, die ich als Teil meiner druidischen Arbeit anwende. Sie scheint gut zum Vorbild der weisen, heilenden Druidin zu passen.

Zu dieser Methode gehört, dass Sie zuerst alles aufgeben, was in Ihrem Leben oder dem Ihres Patienten nicht mehr gebraucht wird. Dazu verwenden Sie reinigende Kräuter, um den Körper von einer bestimmten Krankheit, von Schuldgefühlen oder Sorgen zu befreien. Dann nehmen Sie oder die Person, das Tier oder der Ort, den Sie heilen, die Kräfte auf, die notwendig sind, um Gesundheit oder Wohlbefinden in Form von Stärke, Mut oder Heilung anzuziehen.

Die Kombination aus magisch aufgeladenen Kräutern und heilenden Energien, die wir von der Quelle des Lichts, Gott/Göttin oder keltischer Gottheit beziehen, scheint auf unerklärliche Weise das körperliche und emotionale Immunsystem zur Selbstheilung anzuregen.

Folgende Dinge brauchen Sie.

- Einen kleinen Keramik- oder Eisentopf/-kessel, den Sie mit Wasser füllen und in den Sie die reinigenden Kräuter werfen, die das repräsentieren, was Sie ablegen möchten. Diesen Topf erwärmen Sie auf Ihrem Herd oder im Freien auf einem Spiritus- oder Gasbrenner. Wenn Sie im Büro sind, können Sie improvisieren und einen Kräuterteebeutel aufreißen und in eine Tasse mit heißem Wasser leeren und sich dabei vorstellen, dass dies Ihr magischer Kessel ist.

- Einen Mörser und einen Stößel, den Sie entweder in einem Haushaltswarengeschäft kaufen oder bestellen können. Allein das Mahlen von gehackten, frischen Kräutern oder von getrockneten Blättern, Rinde, Wurzeln und Blüten hat schon therapeutische Wirkung und der Rhythmus inspiriert Sie vielleicht zu einem wirkungsvollen, heilenden Gesang.
- Kleine Beutel oder quadratische Stoffstücke aus Naturfaser und Schnur, um die Kräuter zu einem Säckchen zusammenzubinden.
- Eine Reihe getrockneter Kräuter, Rinde, Blüten usw., die Sie in dunklen Gläsern oder Keramiktöpfen mit Deckel aufbewahren (alte Kaffeedosen eignen sich ausgezeichnet dafür). Sie können auch frische Kräuter kaufen oder Ihre eigenen züchten. Sie brauchen nicht allzu viele, denn einige, wie etwa Lavendel oder Kamille, eignen sich für viele Krankheiten.

Sie können Heilrituale für sich selbst oder auch für jemanden ausführen, der nicht anwesend ist, und durch ein Symbol oder Foto repräsentiert wird. Wenn Sie möchten, können Sie auch mit Freunden, Familienmitgliedern oder Ihrer Gruppe arbeiten.

Dabei kann jeder Einzelne den Kräutern individuelle Energien zuführen, indem einer nach dem anderen Kräuter beimengt und umrührt und dabei seine persönlichen Genesungswünsche beiträgt.

Sie können alleine mit jemandem arbeiten, der bedrückt oder ängstlich ist. Es kann beispielsweise für ein Kind, das sich gegen andere nicht wehren kann sehr hilfreich sein, wenn es seine Angst physisch an die Kräuter abgibt und Mut aufnimmt. Sie können auch ein Ritual ausführen, um einer bedrohten Art oder einem vom Krieg zerrissenen Land zu helfen, indem Sie sich auf ein Bild konzentrieren.

Das Ritual

Bereiten Sie die Kräuter wie folgt für die Heilung vor.

- Wählen Sie die Kräuter, die Sie verwenden möchten, und zwar eine Art zum Reinigen oder um Schmerzen oder Sorgen zu beseitigen und eine zum Energetisieren und Heilen *(siehe Liste auf den Seiten 160–169).*
- Füllen Sie Ihren Topf halb mit Wasser. Wenn Sie keine Zeit oder Möglichkeit haben, das Wasser zu erhitzen, nehmen Sie eine große Kerze, die Sie im Topf in den Sand stecken und verbrennen Sie eine Prise der reinigenden Kräuter in der Flamme. Zünden Sie die Kerze oder Ihre Feuerquelle noch nicht an.
- Geben Sie Ihre reinigenden Kräuter in eine flache Schale und bestreuen Sie sie mit etwas Salz. Sagen Sie dabei: »Seid gesegnet. Nehmt die Sorgen weg, nehmt den Schmerz weg, nehmt die Krankheit weg, macht wieder heil.«
- Legen Sie Ihre heilenden Kräuter in den Mörser oder verwenden Sie einen Mixbecher aus Keramik und einen kleinen Kartoffelstampfer oder Löffel.
- Setzen Sie sich ruhig hin, bevor Sie beginnen und zünden Sie Bienenwachs- oder reinweiße Kerzen an, wenn Sie nach Einbruch der Dunkelheit arbeiten. Wenn möglich, arbeiten Sie im Freien, und zünden Sie Gartenfackeln mit Lavendel- oder Sandelholzduft an. Stellen Sie die zwei Gefäße mit den Kräutern vor sich auf.
- Bitten Sie mit Ihren eigenen Worten die höheren Mächte, Ihnen Heilkräfte zu schicken und sagen Sie, dass Sie nur zum größten Wohle arbeiten, um zu heilen – Sie können die Person oder den Ort, der Heilung braucht, nennen. Wenn derjenige nicht anwesend ist, stellen Sie ein Symbol oder ein Foto so auf, dass es vom Licht der Sonne, des Mondes oder einer Kerze beleuchtet wird.
- Visualisieren Sie oder beschreiben Sie Ihrem Patienten laut, wie goldene Lichtstrahlen durch Ihren Scheitel eindringen, durch die Energiezentren in Ihrer Stirn und Ihrem Hals hindurch zu Ihrem Herzen strömen, dem spirituellen Energiezentrum, das Ihre Arme und Hände, steuert. Es kann sein, dass Sie in Ihren Fingern ein Kribbeln spüren.

- Zeigen Sie mit den Fingern beider Hände nach unten zu den reinigenden Kräutern und sagen Sie: »Seid gesegnet. Mögen Liebe, Licht, Leben und Schönheit strömen und die Sorgen vergehen.«
- Beginnen Sie jetzt, die heilenden Kräuter zu zerstampfen. Visualisieren Sie dabei, wie sanftes Licht durch Ihre Finger in die Kräuter strömt und singen Sie dabei den Zweck der Kräuter und ihre Namen, zum Beispiel: »Fenchel, Fenchel, bringe Mut, bringe Segen, mach alles gut.«
- Singen Sie langsam, rhythmisch und leise. Visualisieren Sie, wie das Licht immer heller wird, wie eine Aura aus Gold, die die heilenden Kräuter umgibt.
- Sie werden wissen, wann die Kräuter fertig sind, denn Sie werden ein plötzliches Aufflackern von Licht wahrnehmen und spüren, dass Ihre Finger sich warm anfühlen und die Energie langsamer fließt.

Heilung schicken

Wie schon erwähnt, sind druidische Rituale nicht mit herkömmlicher Magie zu vergleichen. Im Gegensatz dazu werden Geschwindigkeit und Intensität nicht bis zum Höhepunkt gesteigert, sondern ein druidisches Ritual ist viel subtiler, gleichmäßiger im Tempo und deshalb vielleicht dauerhafter.

Wenn die heilenden Kräuter fertig sind, reduzieren Sie Ihren Gesang zu einem Flüstern und lassen Sie ihn schließlich ganz verklingen.

- Zünden Sie die Feuerstelle unter Ihrem Kessel oder die Kerze an und erbitten Sie die Segnungen des heiligen Feuers. Sprechen Sie ruhig, zu sich selbst oder zu anderen, von besseren Zeiten und glücklicheren Tagen. Sie werden feststellen, dass die Worte wie von selbst kommen – es sind die richtigen Worte, ohne dass Sie darüber nachdenken müssen. Die Kraft der Stimme, sanft, aber bestimmt, hat an sich schon eine große Heilkraft.
- Wenn das Wasser warm ist, bitten Sie die zu heilende Person, nach und nach die reinigenden Kräuter in das Wasser zu

streuen, oder machen Sie es selbst. Bitten Sie darum, dass Schmerz, Kummer, Angst, ein bestimmtes Leiden oder eine Krankheit gelindert oder geheilt werden möge. Wenn Sie abwesende Personen oder Orte heilen, visualisieren Sie diese auf der Wasseroberfläche, stark und gesund.

- Nach jeder Hand voll Kräuter, die hinzugefügt wurde, rühren Sie den Kessel um oder bitten Sie den Patienten, dies zu tun. Wenn es sich um Kinder oder gebrechliche Menschen handelt, helfen Sie ihnen dabei und sagen Sie, während umgerührt wird: »In Frieden geb ich euch frei, Kummer [oder Schmerzen] seid vorbei. Kommt nicht noch einmal, ich schließe das Portal vor [nennen Sie den schlimmsten Fall].«
- Wenn sich die Kräuter ziemlich aufgelöst haben, reduzieren Sie die Hitze. Nehmen Sie die energetisierten heilenden Kräuter, wickeln Sie sie in ein Tuch ein, binden Sie einen Faden darum und machen Sie drei Knoten. Sie können die Kräuter auch in einen Beutel stecken, diesen verschließen und kurz über den Dampf aus dem Kessel halten und dabei sagen: »Nimm nur die guten und wertvollen Dinge der Vergangenheit und schreite durch diesen Augenblick der Heilung in die Zukunft.«
- Legen Sie den Beutel weg, löschen Sie das Feuer unter dem Kessel und nehmen Sie vorsichtig mit einem Löffel dreimal je einen Tropfen heraus. Gießen Sie jeden Tropfen auf den Boden, damit er von Mutter Erde aufgenommen werden kann. Sie können die Tropfen auch in ein Gefäß geben und sie später entsorgen, wenn Sie im Haus arbeiten, oder Sie versprengen Sie um das Symbol oder Foto.
- Halten Sie den Beutel oder das Stoffpäckchen mit den Kräutern nach unten zur Erde, nach oben zum Himmel und noch einmal über das Wasser des Kessels oder, wenn Sie eine Kerze verwenden, über eine Schale mit Wasser, die Sie vorher bereitgestellt haben. Diese Richtungen repräsentieren die drei Reiche der druidischen Welt, die Erde, den Himmel und das Meer.
- Sagen Sie dabei: »Erde, Himmel und Meer, schickt Eure Heilkräfte, Stärke und Genesung, neues Leben, Licht und einen nie endenden Strom aus Liebe und Harmonie.«

- Gießen Sie die verbleibende Flüssigkeit aus dem Kessel an sicherer Stelle aus, denn selbst ein sanftes Gebräu kann für kleine Kinder oder Tiere toxisch sein.
- Geben Sie das Kräutersäckchen der Person, die geheilt werden soll (das können Sie selbst sein) oder schicken Sie es dem kranken oder unglücklichen Menschen, wenn er es haben möchte. Sie können es auch mit dem Symbol in Seide einwickeln und in einer Schublade aufbewahren, bis die Kräuter ihren Duft verloren haben. Wenn nötig, können Sie das Ritual wiederholen.

WIE SIE KRÄUTER AUSWÄHLEN UND VERWENDEN

Die Mehrheit der Kräuter, die für die Magie und Heilung verwendet wurden, wuchsen in Westeuropa, wie wir aus der Beschreibung römischer Gärten in England und Frankreich während des ersten und zweiten Jahrhunderts nach Christus wissen. Diese Kräuter sind auch in anderen Teilen der Welt erhältlich. Sie können jedoch auch Kräuter verwenden, die bei Ihnen heimisch sind und ähnliche Eigenschaften aufweisen.

Einige druidische Pflanzen haben giftige Bestandteile und werden deshalb hier nicht angeführt, obwohl sie vielleicht für andere in diesem Buch beschriebene Rituale verwendet werden. Die Mistel, der Allesheiler, ist zum Beispiel die magischste aller druidischen Pflanzen, die auch der römische Chronist Plinius erwähnte *(siehe Seite 107)* und wird in der modernen Medizin auf vielfache Weise als Heilmittel eingesetzt, aber ihre Beeren sind sehr giftig, wenn man sie isst. In Kapitel 5 habe ich die Mistel als Bestandteil eines Mondrituals verwendet und weniger als Heilpflanze an sich.

Alle auf den Seiten 160–169 beschriebenen Heilpflanzen werden medizinisch genutzt, wobei die Teile verwendet werden, die ich zum magischen Gebrauch vorschlage. Wenn Sie nach und nach mehr über die Eigenschaften und den Nutzen der Pflanzen lernen, werden Sie vielleicht die weise Frau Ihres »Dorfes«, das eventuell aus Ihren Freunden, Ihrer Familie, Kollegen und Bekannten besteht.

Für die magische Anwendung können Sie eine Heilpflanze mit allgemeiner Bedeutung verwenden und sie dann mit speziellen Kräften versehen. Eine Pflanze wie etwa Engelwurz schützt gegen Angriffe, man kann sie beispielsweise verwenden, wenn jemand tyrannisiert wird oder Angst davor hat, tyrannisiert zu werden, um Büroklatsch abzuwehren, sich vor gehässigen Nachbarn zu schützen oder wenn man Angst vor Auseinandersetzungen hat. Solche Ängste wirken sich oft nicht nur psychisch, sondern auch physisch aus, angefangen bei Schlaflosigkeit, über Migräne bis hin zu stressbedingten Erkrankungen. Betrachten Sie also die ganze Frage und die ganze Person und überlegen Sie, ob Sie Ihre Kräuter nur magisch oder nach genauerer Information auch therapeutisch einsetzen möchten.

Kräuter in Ritualen einsetzen

Für den magischen Gebrauch gibt es viele dieser Kräuter auch in Form von Räucherstäbchen oder ätherischen Ölen. Wenn Sie Ölen oder Räucherstäbchen den Vorzug geben, verbrennen Sie zuerst die alten Sorgen oder Krankheiten mit einem reinigenden Räucherstäbchen/Öl und zünden dann ein neues zur Heilung an.

Auf Seite 244 habe ich Bücher über Aromatherapie angegeben, die vielleicht hilfreich sind, wenn Sie ätherische Öle medizinisch anwenden möchten.

Andere Möglichkeiten, Kräuter magisch anzuwenden

- Sie können einen Kräutertopf oder ein Bündel frischer Kräuter energetisieren, indem Sie diese auf einen Tisch vor eine angezündete Kerze stellen, bis die Kerze ganz zu Ende gebrannt ist.
- Zünden Sie eine Kerze an und verbrennen Sie ein oder zwei Blätter in der Flamme. Geben Sie dabei den Zweck der Pflanze an, beispielsweise, ob sie ein Heim schützen oder jemanden heilen soll.
- Sie können auch einen einfachen Kräuteraufguss mit kochendem Wasser machen und diese Flüssigkeit in Räumen, um Ge-

genstände oder um Fotos von Menschen, Tieren oder Orten versprengen, um sie zu schützen (weiter unten erfahren Sie, wie man einen Aufguss zubereitet).
- Sie können den Boden, auf dem eine Zeremonie ausgeführt wird, vorher mit einem Kräuteraufguss, den Sie in einen Eimer warmes Wasser geben, reinigen.

Einen Aufguss zubereiten
- Eine kleine Menge eines Aufgusses bereiten Sie zu, indem Sie einen Teelöffel getrocknete Kräuter oder drei Teelöffel frische Kräuter in eine Tasse geben und mit kochendem Wasser übergießen.
- Für eine größere Menge verwenden Sie je 30g der Pflanze auf 600ml Wasser.
- Rühren Sie den Aufguss um und singen Sie dabei, um die Kräuter zu energetisieren.
- Lassen Sie die Brühe fünf bis zehn Minuten stehen, und rühren Sie sie gelegentlich um.
- Danach seihen Sie den Aufguss ab und verwenden ihn.
- Um während der Arbeit schnell einen Aufguss zuzubereiten, verwenden Sie Kräuterteebeutel.

Einen Absud zubereiten
- Wenn Sie einen Absud zubereiten, extrahieren Sie die heilenden und magischen Eigenschaften der Wurzeln und/oder Rinde.
- Zerkleinern Sie die Wurzeln und/oder Rinde, entweder in einem Mörser oder hacken Sie sie ganz fein. Dann fügen Sie 30g davon in 500ml kaltes Wasser. In manchen Fällen ist es besser, diese Lösung über Nacht stehen zu lassen, bevor Sie sie aufkochen.
- Die Mischung sollte so lange köcheln, bis das Wasser auf die Hälfte reduziert ist.
- Gießen Sie die Lösung ab. Drücken Sie die Flüssigkeit so gut es geht aus den Kräutern, die Sie anschließend entsorgen.

Kräuter, die während der Schwangerschaft zu meiden sind

In der nachstehenden Liste sind auch Kräuter enthalten, die Sie vielleicht an anderer Stelle wieder finden und solche, die ich in diesem Buch eingehend beschrieben habe. Das Verbot gilt für die Einnahme der Kräuter, für Bäder und Massagen und für das längere Inhalieren ihres Rauches.

Während der Schwangerschaft meiden Sie Aloe Vera, Alraune, Basilikum, Berberitze, Cayenne, Eberraute, Engelwurz, Estragon, Fenchel, Fieberkraut, Gartenraute, Gelbwurz, Gemeiner Wurmfarn, Herbstzeitlose, Kermesbeere, Kümmel, Majoran, Muskatellersalbei, Myrrhe, Petersilie, Polei-Minze, Rainfarn, Rosmarin, Salbei, Schafgarbe, Thuja, Thymian, Wacholder, Wermut, Wintergrün, Ysop und Zeder. Bei anderen Leiden, wie etwa Herzproblemen, erhöhtem Blutdruck, Diabetes und Nierenschwäche sollten einige der Kräuter nicht eingenommen werden. Fragen Sie einen Kräuterfachmann, wenn Sie vorhaben die Kräuter medizinisch oder über lange Zeit hinweg anzuwenden.

DIE KRÄUTER

Anis *(Pimpinella anisum)* – Schützt gegen alle negativen Einflüsse physischer oder psychischer Art, gegen Albträume, die Angst, angegriffen zu werden und die Angst davor, alt und gebrechlich zu werden. Beruhigt das Nervensystem, lindert Husten, Verdauungsprobleme und hartnäckige Koliken bei Kleinkindern.
Verwenden Sie Samen, Blüten und Blätter.
Als Heilpflanze, Öl und Räucherstäbchen erhältlich.

Augentrost *(Euphrasia officinalis)* – Als Pflanze der Wahrheit bekannt und deshalb für den Weg des Druiden wichtig; beseitigt Illusionen und betrügerischen Einfluss; fördert prophetische Fähigkeiten und kann deshalb Unentschlossenheit ausmerzen. Medizinisch gesehen ist er auch reinigend und wirkt entzündungshemmend und adstringierend; gut bei allen physischen Augenproblemen, Hals- und Nebenhöhlenentzündungen.

Verwenden Sie Blätter, Blüten und Zweige.
Als Heilpflanze erhältlich.

Basilikum *(Ocimum basilicum)* – Fördert die Liebe und das Vertrauen in die Liebe, zieht Reichtum jeder Art an und schützt vor Eindringlingen, vor Angst vor Eindringlingen und Angriffen jeder Art; beseitigt auch Wut und Gleichgültigkeit. Es lindert Stress, Angst und Unentschlossenheit, hartnäckige Magenschmerzen und -geschwüre, Fieber, Erkältung und Schlaflosigkeit und reduziert toxische Rückstände im Körper.
Verwenden Sie Blätter und Stiel.
Als Heilpflanze, Öl und Räucherstäbchen erhältlich.

Beifuß *(Artemisia vulgaris)* – Mit Beifuß verdunkeltes Wasser wird für die Wasser-Deutung verwendet und sein Aroma steigert auch die medialen und prophetischen Fähigkeiten; er vertreibt Gefahren und steigert die Fruchtbarkeit; hilft beim Formwandeln *(siehe Seiten 170–179)*; schützt bei Reisen aller Art, vor allem vor menschlichen und sonstigen Angreifern. Er ist gut für die Leber, alle Regel- und Wechselbeschwerden, Verdauungsstörungen und Fieber und ist eine traditionelle Fruchtbarkeitspflanze.
Verwenden Sie Blätter und Stiel.
Als Heilpflanze erhältlich.

Bockshornklee *(Trigonella foenumgraecum)* – Eine Pflanze, die man mit wachsendem Reichtum, nicht nur an Ressourcen, sondern auch an Gesundheit und Stärke, assoziiert; er heilt und reinigt und seine Wirksamkeit wird in Ritualen verstärkt. Bockshornklee ist eine der ältesten Heilpflanzen, die es gibt und ist möglicherweise aus dem Mittelmeerraum, wahrscheinlich über Handelsrouten, nach Großbritannien gekommen. Er ist gut für die Verdauung, für Wunden und Geschwüre und für alle Lungenbeschwerden.
Verwenden Sie die Samen.
Als Heilpflanze erhältlich.

Brennnessel *(Urtica dioica)* – Eine sehr defensive und reinigende Pflanze, mit der Sie vorsichtig umgehen müssen, damit Sie sich

nicht an ihr stechen; wird traditionell dazu verwendet, Angriffe oder Gefahren abzuwehren. Die Nessel vertreibt und bewahrt auch vor Übelkeit; medizinisch stärkt die Nessel den ganzen Körper und eignet sich vor allem für Menschen, die an Blutarmut leiden, allgemein schwach sind oder brüchige Nägel, Knochen und Haare haben. Sie hilft bei Ekzemen und Rheuma sowie bei Inkontinenz, sowohl bei Erwachsenen wie auch bei Kindern.
Verwenden Sie Blätter und Stengel.
Als Heilpflanze erhältlich.

Eisenkraut *(Verbena officinalis)* – Das Eisenkraut ist eine reinigende Pflanze und wird dazu verwendet, einen Zeremonienbereich zu reinigen und einen Aufguss herzustellen, mit dem man die Anwesenden segnet. Es schützt das Heim, zieht den Segen der Naturgeister und Wichtelmännchen an. Medizinisch hilft das Eisenkraut bei Leber- und Gallenblasenproblemen, da es entzündungshemmend ist; es stärkt das Nervensystem, mindert Anspannung und Stress. Es lindert auch Depressionen, vor allem nach einer Krankheit.
Verwenden Sie Blätter und Knospen.
Als Heilpflanze, Öl und Räucherstäbchen erhältlich.

Engelwurz *(Angelica archangelica)* – Sorgt für Energie, Gesundheit und ein langes Leben; schützt, vor allem Kinder. Schützt auch vor Angriffen auf Ihr Heim, egal ob diese physischer oder psychologischer Natur sind. Sie wirkt antibakteriell, schützt vor Pilzerkrankungen und hilft bei Verdauungsproblemen, Atemwegs- und Lebererkrankungen, Grippe, Durchblutungsstörungen und Regelschmerzen. Sie ist vor allem für ältere Menschen sehr hilfreich.
Verwenden Sie Blätter, Wurzeln und Samen.
Als Heilpflanze erhältlich.

Estragon *(Artemisia dracunculus)* – Estragon wird bei Ritualen und für Entscheidungen verwendet, bei denen es darum geht, Altes abzulegen und er eignet sich hervorragend für alle Reinigungsrituale. Er bewirkt Regeneration in allen Bereichen des Lebens und hilft, sich auf neue Ziele zu konzentrieren. Estragon

regt einerseits das Nervensystem an, um Übermüdung zu vertreiben, die einen daran hindert, sich zu entspannen, während er andererseits beruhigt, damit man gut schläft.
Verwenden Sie die Blätter.
Als Heilpflanze erhältlich.

Fenchel *(Foeniculum vulgare)* – Steht für Mut, Energie und Stärke sowie Reinigung; Fenchel bewahrt Menschen, Orte und Tiere vor Unheil. Er regt den Stoffwechsel an und reduziert Wasser im Körper und Schwellungen; er ist gut bei allen Verdauungsstörungen, einschließlich solcher, die mit der Gallenblase und der Milz zu tun haben, und vor allem für hartnäckige Probleme, wie etwa Koliken bei Kleinkindern. Man kann ihn auch zum Entgiften und Regenerieren der Leber verwenden.
Verwenden Sie die Samen, Wurzeln und Blätter.
Als Heilpflanze, Öl und Räucherstäbchen erhältlich.

Fieberkraut *(Tanacetum parthenium)* – Das Fieberkraut ist eine reinigende Heilpflanze und schützt Reisende sowie alle, die unbekannte oder feindliche Regionen aufsuchen müssen. Medizinisch wird es angewendet, um Stress und Angstzustände zu mindern, um den Blutkreislauf anzuregen und um Migräne und Arthritis zu lindern.
Verwenden Sie Blätter und Blüten.
Als Heilpflanze erhältlich.

Geißblatt *(Lonicera periclymenum)* – Magisch angewendet sorgt es für Überfluss an allen Dingen, für Liebe, Glück und Wohlstand und kann daher verwendet werden, um Pech und Sorgen zu vertreiben. Medizinisch ist es wirksam bei inneren, bakteriellen Infektionen; wirkt auch antibiotisch bei Halsentzündungen, Viren und Entzündungen innerer Organe. Die Beeren sind giftig und sollten nicht verwendet werden.
Verwenden Sie die Blüten.
Als Heilpflanze und Räucherstäbchen erhältlich.

Johanniskraut *(Hypericum perforatum)* – Johanniskraut ist ein Symbol für Unbesiegbarkeit, Mut, Macht, Sonne und Fruchtbar-

keit, und wird in Ritualen sowohl zur Reinigung als auch zur Heilung verwendet. Es verbannt Böswilligkeit, irdischer oder anderer Natur, aus dem Heim. Medizinisch wird es überwiegend zur Linderung von Depressionen und angstbedingten Störungen eingesetzt; es ist schmerzlindernd und entzündungshemmend und mildert daher Bindegewebsentzündungen, Ischias und Rheumaschmerzen.
Verwenden Sie alle Teile, die über der Erde wachsen, einschließlich der Blüten.
Als Heilpflanze und auch als Trägeröl erhältlich, mit dem ätherische Öle verdünnt werden.

Kamille, Römische *(Chamaemelum nobile)* oder **Deutsche Kamille** *(Matricaria recutitao)* – Als mildestes und sanftestes aller Heilkräuter, wird die Kamille manchmal als die Heilpflanze der Kinder bezeichnet und kann für alle Krankheiten und Sorgen von Babys und Kindern verwendet werden; sie stellt nach einer Pechsträhne das Vertrauen wieder her. Die Kamille stärkt die Eigenliebe und eignet sich gut dafür, wie Rose und Lavendel, Missbrauch jeder Art zu heilen. Sie kann für alle sanften Reinigungsriten und auch als Heilpflanze eingesetzt werden. Sie mildert Angst und Stress, Schlaflosigkeit, Albträume, Gastritis, Hyperaktivität von Kindern, Augen- und Halsbeschwerden, Migräne, Koliken und Magenprobleme, vor allem bei Kindern, und Atemwegsbeschwerden.
Verwenden Sie die Blüten, die Sie in allen Lebensmittel- und Reformhäusern erhalten.
Als Heilpflanze, Öl und Räucherstäbchen erhältlich.

Kelp/Blasentang *(Fucus visiculosus)* – Wertvoll für druidische Meeresrituale; verwenden Sie ihn für Schutzamulette und für Rituale, die Reichtum anziehen sollen. Werfen Sie ihn beim Gezeitenwechsel in die Fluten, um die Mächte des Reiches des Meeres *(siehe Seite 73)* zu beschwören. Medizinisch unterstützt Kelp die Funktion der Drüsen, vor allem bei einer Schilddrüsenunterfunktion; hilft bei allgemeinen Erschöpfungszuständen, Haarausfall, Rheuma und rheumatoider Arthritis; steigert im Allgemeinen Gesundheit und Energie.

Verwenden Sie die ganze Pflanze.
Als Heilpflanze erhältlich.

Lavendel *(Lavandula)* – Eine heilende Pflanze, die die Liebe fördert, vor allem die Eigenliebe sowie Liebenswürdigkeit, Glück, Gesundheit und innere sowie äußere Harmonie; er schützt gegen Grausamkeit und Boshaftigkeit und hilft bei Kummer, Sorgen und Schuldgefühlen. Medizinisch lindert Lavendel Stress und Angst, Depressionen, Schlaflosigkeit, Kopfschmerzen und Migräne; er wirkt antiseptisch und hilft, Wunden und Verbrennungen zu heilen, lindert Hals- und Lungenbeschwerden und ist eine sehr sanfte, reinigende Pflanze.
Verwenden Sie Blätter und Blüten.
Als Heilpflanze, Öl und Räucherstäbchen erhältlich.

Lorbeer *(Laurus nobilis* oder *Pimenta racemosa)* – Sorgt für Schutz, Reinigung, Stärke und Ausdauer, und schützt, wenn man ihn in einem Duftsäckchen bei sich trägt, vor Krankheit und Böswilligkeit; fördert die Treue in festen Beziehungen; unterstützt prophetische und mediale Fähigkeiten. Lorbeer mindert Stress und lindert Milz- und Leberprobleme, Rheuma und Arthritis; er fördert die weibliche Fruchtbarkeit. Lorbeerblätter können leicht narkotisierend wirken und sollten sparsam verwendet werden.
Verwenden Sie Blätter und Beeren.
Als Heilpflanze, Öl und Räucherstäbchen erhältlich.

Löwenzahn *(Taraxacum officinale)* – Sorgt für Liebe und ein langes Leben; hilft dabei, Emotionen freien Lauf zu lassen und mediale und intuitive Fähigkeiten zu fördern. Er reinigt physisch, emotional und psychisch und ist gut für Leber, Milz, Gallenblase und Nieren, hilft, Verstopfungen aufzulösen und den Körper zu entgiften; er senkt hohen Blutdruck und mindert Augenprobleme. Er sorgt auch für gute Durchblutung, schützt vor Viren, verhindert, dass im Körper zuviel Wasser gespeichert und Gift abgelagert wird.
Verwenden Sie Wurzeln und Blätter.
Als Heilpflanze erhältlich.

Mädesüß *(Filipendula ulnaria)* – Fördert den Frieden in einem selbst, zwischen kriegerischen Parteien und global; bringt dauerhafte Liebe, Glück und Verständnis, vor allem für jene, die Ihnen Unrecht getan haben oder Groll in ihrem Herzen hegen. Es wird sowohl zum Reinigen wie auch zum Heilen verwendet; es ist gut für Magengeschwüre und Infektionen, bei Augenleiden, Depressionen, Fieber, Rheuma, Arthritis und Viruserkrankungen, vor allem solchen, bei denen die Atemwege betroffen sind und bei Blasen- und Nierenleiden.
Verwenden Sie die ganze Pflanze.
Als Heilpflanze erhältlich.

Majoran *(Majorana hortensis* oder *Origanum majorana)* – Sorgt für Schutz, Liebe, Glück, Gesundheit und Geld. Medizinisch wirkt Majoran reinigend und schützt vor Viren, lindert Stress, Depressionen, wiederkehrende Kopfschmerzen und Ängste und wirkt gegen Anzeichen des Alterns und die Angst vor dem Altwerden; er verbessert die Durchblutung der Hände und Füße und lässt Krankheiten gar nicht erst aufkommen.
Verwenden Sie Blätter und Blüten.
Als Heilpflanze und Öl erhältlich.

Odermennig *(Agrimonia eupatoria)* – Gut für geistigen Schutz, er schickt negative Energien an den Absender zurück; medizinisch hilft er bei Verdauungsproblemen, Leber- und Blasenleiden, Schnittwunden und Quetschungen sowie bei Halsleiden.
Verwenden Sie Blüten, Blätter, Stiel und Wurzeln.
Als Heilpflanze erhältlich.

Petersilie *(Petroselinum sativum,* auch *Petroselinum crispum)* – Petersilie ist eine reinigende Heilpflanze, die vor allem Übel schützt, Kummer und Sorgen lindert und vor Missgeschick bewahrt. Petersilie wird auch zur Weissagung verwendet und man sagt, sie fördere Fruchtbarkeit, Liebe und Leidenschaft. Medizinisch ist sie gut für das Blut und lindert Blutarmut sowie Hautprobleme, wie etwa Ekzeme. Die Petersilie ist harntreibend und antiseptisch und lindert auch Regel- und Wechselbeschwerden, da sie Östrogen enthält.

Verwenden Sie Blätter, Wurzeln und Samen.
Als Heilpflanze und Öl erhältlich.

Ringelblume *(Calendula officinalis)* – Frische Ringelblumen erhöhen die positiven Energien in einem Raum oder Gebäude; sie schützen, vor allem in der Nacht und bei häuslichen Angelegenheiten und die Ringelblume hilft bei Stress, der durch Rechtsprobleme verursacht wurde. Sie erhöht die geistige Wahrnehmungsfähigkeit, besonders für das Reich der Elfen und Feen, und steigert das persönliche Charisma. Die Ringelblume wirkt reinigend, antiseptisch und schützt vor Pilzerkrankungen. Medizinisch ist sie ein gutes Allheilmittel und ist besonders wirksam bei allen Hautproblemen, Kopfschmerzen, Durchblutungsstörungen, Halsbeschwerden sowie bei schmerzhafter oder verspäteter Menstruation; sie hilft, Wunden und das Nervensystem zu heilen.
Verwenden Sie Blüten und Blätter.
Als Heilpflanze, Öl und Räucherstäbchen erhältlich.

Rose/Damaszener Rose *(Rosa damascena),* **Hundertblättrige Rose** *(Rosa centifolia)* – Als Pflanze der Liebe und Versöhnung eignet sie sich besonders gut dafür, junge und sehr alte und empfindliche Menschen zu heilen; die Rose stellt nicht nur Ihre Gesundheit wieder her, sondern auch Ihren Optimismus und Ihre Eigenliebe. Sie zieht außerdem Liebe und Glück an und heilt Missbrauch und Traumata jeder Art. Sie heilt vor allem Traumata aus der Kindheit und sie fördert die angeborene Hellsichtigkeit und prophetische Fähigkeit. Medizinisch lindert sie Stress und hilft bei Schlaflosigkeit, psychosomatischen Störungen, Essstörungen und sonstigem Suchtverhalten. Sie ist gut für Herz-, Haut- und Augenprobleme, für chronischen Husten, Durchblutungsstörungen und alle hormonellen Probleme der Frau. Sie bekämpft auch Infektionen und Viren.
Verwenden Sie Blüten und Beeren.
Als Heilpflanze, Öl und Räucherstäbchen erhältlich.

Rosmarin *(Rosmarinus officinalis)* – Der Rosmarin ist reinigend, schützt und vertreibt Krankheit, Böswilligkeit jeder Art, Albträume, Ängste und Übelkeit; man sagt, er hilft dabei, länger jung zu

bleiben. Rosmarin verbessert das Gedächtnis und die Konzentration; man kann ihn vor Zeremonien oder Weissagungen zur Reinigung verwenden. Rosmarin wirkt antibakteriell und schützt vor Pilzerkrankungen. Er wirkt gut gegen Kopfschmerzen, Hautprobleme, wie etwa Ekzeme, Migräne und Depressionen und er erhöht die Energie und verbessert die Beweglichkeit.
Verwenden Sie Blätter und Blüten.
Als Heilpflanze, Öl und Räucherstäbchen erhältlich.

Salbei *(Salvia officinalis)* – Eine Heilpflanze, die langes Leben, gute Gesundheit und Zufriedenheit verspricht. Wenn man Salbei vor einer Deutung oder Meditation verbrennt, steigert er die geistigen Fähigkeiten und erlaubt flüchtige Blicke in die Vergangenheit und Zukunft. Er eignet sich gut dafür, Heim und Familie, aber auch Lebewesen, Orte und sogar ganze Nationen zu beschützen. Medizinisch stärkt er die Lunge und das Immunsystem, macht widerstandsfähiger gegen Erkältungen und hilft einem, sich von schwächenden und chronischen Leiden schneller zu erholen. Außerdem hilft er, wenn man geistig erschöpft ist und er fördert die Konzentrationsfähigkeit, lindert Depressionen und Ängste.
Verwenden Sie die Blätter.
Als Heilpflanze, Öl und Räucherstäbchen erhältlich.

Schlangenknöterich, auch als **Schlangenwurz** oder **Drachenwurz** bekannt *(Polygonum bistorta)* – Fruchtbarkeitspflanze; hält andere davon ab, böswillig zu handeln und verbessert die Intuition und Fähigkeit zur Weissagung (gut, um spirituelle oder geistige Blockaden aufzuheben). Von Natur aus reinigend, gut für Schnittwunden und Wunden, die schwer heilen. Auch hilfreich bei Problemen im Hals- und Mundbereich sowie bei Magenbeschwerden.
Verwenden Sie Wurzeln und Blätter.
Als Heilpflanze erhältlich.

Thymian *(Thymus vulgaris)* – Wie Salbei wird auch Thymian dazu verwendet, einen Zeremonienbereich rituell zu reinigen; man kann ihn auch dazu verwenden, das Heim und andere Orte geistig zu reinigen. Thymian ist eine Weissagungspflanze und als

vierte des »Petersilie, Salbei, Rosmarin und Thymian«-Quartetts magischer Kräuter liefert er Einblicke in die Vergangenheit und Zukunft. Er fördert die Gesundheit, verbessert das Gedächtnis und vertreibt Albträume und Gespenster der Nacht. Medizinisch wirkt Thymian stark antiseptisch und eignet sich besonders gut für Wunden, die nicht heilen wollen, sowie für Halsentzündungen. Er ist auch wirksam gegen Husten und andere Atemwegsprobleme.
Verwenden Sie alle Teile der Pflanze, die über der Erde wachsen.
Als Heilpflanze, Öl und Räucherstäbchen erhältlich.

Wacholder *(Juniperus communis)* – Wacholder ist eine reinigende Pflanze und wird verwendet, um das Heim zu reinigen und vor Unfällen, Dieben und allen Arten von Krankheiten zu schützen; er steigert auch die männliche Potenz. Medizinisch wirkt Wacholder antiseptisch und harntreibend; wirksam bei Entzündungen des Magen-Darm-Traktes, Arthritis, Rheuma und Atemwegsbeschwerden. Er lindert auch Angst und Stress.
Verwenden Sie die Beeren und Zweige.
Als Heilpflanze, Öl und Räucherstäbchen erhältlich.

Wasserminze *(Mentha aquatica),* auch **Pfefferminze** *(Mentha piperita)* – Eine reinigende Pflanze, die negative Energien von Objekten und Orten vertreibt und auch Krankheiten fern hält; sorgt für Schlaf und prophetische Träume. Sie bietet Reisenden Schutz und zieht Geld, Gesundheit, Liebe und Erfolg an. Medizinisch hilft die Pfefferminze vor allem bei Reisekrankheit und allen anderen Arten von Übelkeit. Sie ist gut bei Kolitis und Morbus Crohn. Die Pfefferminze löst Verstopfungen und Krämpfe auf, hilft bei Husten und Katarrh und lindert Kopfschmerzen, vor allem wenn diese durch Nebenhöhlenprobleme verursacht werden. Sie wirkt auch energetisierend.
Verwenden Sie die Teile der Pflanze, die über der Erde wachsen.
Als Heilpflanze, Öl und Räucherstäbchen erhältlich.

Die Kraft verschiedener Tiere ergänzt die heilende Wirkung von Kräutern. Nutzen wir die Kraft der Tiere, uns selbst und andere vor Unheil zu bewahren. Im nächsten Kapitel erfahren Sie, wie.

9. DIE KRAFT DER TIERE NUTZEN

In der Einführung zu diesem Buch erwähnte ich Pomponius Mela, der im 1. Jahrhundert n. Chr. von neun jungfräulichen Priesterinnen schrieb, die auf der Insel Sena in Frankreich lebten und die sich, wie er sagte, in jedes beliebige Lebewesen verwandeln konnten. Es gibt zahlreiche Legenden über Druiden und Druidinnen, die die Gestalt von Tieren annehmen und für moderne Druidinnen wie Emma Restall Orr, Leiterin des British Druid Order, ist das Formwandeln eine Quelle großer spiritueller Kraft.

LEGENDEN UM DAS FORMWANDELN

Die ultimative Erzählung um das Formwandeln handelt von der Göttin Ceridwen, die mit ihrem Kessel zu einem Symbol der Heilung für moderne Druidinnen geworden ist. Ein Junge namens Gwion bewachte den Kessel der Inspiration und Weisheit für Ceridwen. Er verspritzte jedoch drei Tropfen des Tranks auf seine Finger und leckte sie ab.

Was mich an dieser Geschichte am meisten fasziniert ist, dass der mutige Gwion beschloss, die wütende Göttin mit Hilfe seiner Fähigkeit des Formwandelns, die er gerade mit der ersten Dosis ihres magischen Trankes erworben hatte, auszutricksen. Gwion verwandelte sich in einen Hasen und Ceridwen in einen Windhund und verfolgte ihn. Er nahm die Gestalt eines Fisches an, und sie die eines Fischotters. Gwion wurde zum Vogel, Ceridwen zum Falken. Schließlich verwandelte er sich in ein Getreidekorn, aber sie wurde zur Henne und verschluckte ihn. Damit hatte sie ihre Überlegenheit als Formwandlerin bewiesen.

Der Barde Taliesin, der im sechsten Jahrhundert lebte, erzählte die Geschichte in einem seiner Gedichte. Er behauptete, er sei der transformierte Gwion, den Ceridwen neun Monate später als Taliesin, Strahlendes Gesicht, Barde, Magier und Halbgott, gebar. Er hatte diese übernatürlichen Fähigkeiten, da seine Mutter eine Göttin war.

DIE MACHT DES FORMWANDELNS

Welche Bedeutung hat das Formwandeln für die moderne Druidin? Außer, dass Sie vielleicht einen grünen Jungen, den Ihr Elektrohändler Ihnen vorbeischickt, um Ihren drei Wochen alten Herd zu reparieren und dabei kläglich versagt, verschlucken möchten?

Das Formwandeln, durch das wir die Stärken unseres Krafttieres in uns aufnehmen können, und zur furchtlosen Wildkatze werden, um im Bürodschungel zu überleben, ist eine gute Möglichkeit, bestimmte Energien, die wir bereits besitzen, aber vielleicht nicht effizient nutzen, zu verstärken.

Je nach Situation können Sie die Gestalt verschiedener Tiere annehmen. Weiter hinten in diesem Kapitel erfahren Sie, wie Sie Ihr persönliches Krafttier finden, falls Sie nicht schon eines haben. Sie können in die Aura oder das Energiefeld jedes Geistwesens eintauchen, wenn Sie nicht bemerkt werden wollen oder Ärger vermeiden möchten. Um diese Methode anzuwenden, braucht das jeweilige Tier gar nicht anwesend zu sein. Auf den Straßen einer normalen Stadt gibt es üblicherweise wenige Löwen, aber mit Hilfe Ihrer zunehmenden geistigen Fähigkeiten, können Sie einen herbeizaubern – natürlich nur geistig.

Ich gehe auf jene Kreaturen ein, die im Laufe der Jahrhunderte immer wieder in keltischen Mythen auftauchen, und zahlreiche Druidinnen scheinen mit ihnen gute Erfahrungen zu machen. Mehr über die alten Geschichten können Sie online oder aus Büchern erfahren; im Laufe der Zeit sind vielschichtige magische Assoziationen entstanden. Amseln verbindet man beispielsweise mit Freude, Schutz vor Angst und mit der walisischen Göttin Rhiannon, da die Amseln auf dem Baum vor dem Eingang zu ihrem Reich, der keltischen Anderswelt, sangen und es als Pförtner bewachten. Ihr Gesang war so lieblich, dass keiner sich davor fürchtete, dem Tod zu begegnen. Ich verwende die Amsel oft, wenn ich im Fernsehen oder Radio auftreten muss und weiß, dass der Moderator gar nicht vorhat mir zuzuhören, sondern sich nur über mich lustig macht. Wenn ich den heiteren Charakter der Amsel annahm, ist mir schon mehrmals passiert, dass sich die Moderatoren geöffnet und erstaunliche Geschichten aus ihrem eigenen Leben erzählt haben.

Als moderne Druidin können Sie sich die Kraft und den Schutz jedes Lebewesens und sogar aus der Mythologie, zunutze machen. Wenn Sie beispielsweise spät in der Nacht irgendwo im Stadtzentrum auf ein Taxi warten, und von Betrunkenen oder Fußball-Rowdys umgeben sind, könnten Sie sich in einen Drachen, Wolf oder Bären verwandeln. All das sind keltische Symbole der Kraft, die man auch heute noch im Druidentum anwendet. Vielleicht ziehen Sie die Gestalt eines Tigers oder Löwen vor, um kraftvoll auszudrücken: »Leg dich bloß nicht mit mir an!«

Was wird der Angreifer sehen? Eine nicht allzu große Frau des einundzwanzigsten Jahrhunderts in ihrem von der Reise zerknitterten Kostüm, die sich nur noch einen Drink und ihr Bett wünscht? Oder einen schnaubenden Wolf? Selbst wenn man die seltsamen Auswirkungen von Alkohol berücksichtigt, können wir das nicht mit Sicherheit sagen, doch die ausgesandten Schwingungen sollten bedrohlich genug sein, um den möglichen Angreifer zu verscheuchen.

Es könnte auch vorkommen, dass Sie sich für ein Tier entscheiden, durch das Sie weniger auffallen, damit Sie in einer Besprechung bei der Arbeit nicht angesprochen werden, wenn Sie sich nicht vorbereitet haben. Wenn Sie nicht bemerkt werden möchten, wählen Sie ein ruhiges, sanftes Tier, ein scheues Reh, das sich im Dickicht versteckt. Der Sage nach verwandelten sich viele keltische Göttinnen in ein Reh, wenn sie einmal eine Stunde ihre Ruhe haben wollten.

Wenn Sie Ihre Macht als Druidin nutzen, um einer brenzligen Situation zu entgehen oder einfach zu Ihrem persönlichen Vorteil, dann können Sie sich beim Kosmos bedanken, indem Sie einem anderen Lebewesen, das in Not ist, helfen – beispielsweise könnten Sie jemandem, den Sie nicht mögen, zu Hilfe kommen, wenn er ein Problem hat. Sie könnten auch etwas für bedrohte oder schlecht behandelte Tiere oder einen verseuchten Fluss tun.

WIE SIE ZUM TIER WERDEN

Jetzt kommen wir zur Technik des Formwandelns. Auf den Seiten 175–178 beschreibe ich, wie Sie sich mit Krafttieren vertraut machen, deren Charakter Sie vorübergehend annehmen möchten. Beim Formwandeln im Alltag werden Sie mit der Aura eines visualisierten Tieres arbeiten. Die Aura von Vögeln ist für gewöhnlich blau, grau oder silbern, während Tiere, die in der Wildnis leben, meistens eine braune oder dunkelgrüne Aura haben. Wenn Sie sich eingehend mit der Natur befassen und Zeit damit verbringen, wild lebende Tiere zu beobachten, werden Sie nach und nach die Aura von Lebewesen sehen, die deren Körper wie eine Lichthülle umgibt.

- Wählen Sie das Krafttier, mit dem Sie verschmelzen wollen und stellen Sie sich vor, wie es ganz ruhig direkt vor Ihnen steht. Stellen Sie sich das Tier genauso groß wie Sie selbst vor.
- Konzentrieren Sie sich auf die Aura oder das Energiefeld rund um das visualisierte Tier.
- Atmen Sie langsam durch Ihre Nase ein. Nehmen Sie dabei das farbige Licht der Aura des Tieres in sich auf. Beim Ausatmen durch Ihren Mund dehnen Sie Ihre eigene Aura aus, so dass die beiden Auren miteinander verschmelzen. Ihre eigene Aura hat die Farben des Regenbogens, wobei ein oder zwei Farben vorherrschen. Sie umgibt Sie wie eine Lichtkugel, die sich etwa einen halben Meter um Ihrem Körper herum ausdehnt.
- Ziehen Sie die Tieraura weiter in Ihre eigene und stellen Sie sich vor, wie Sie die Gefühle der Kreatur mit Vertrauen, Wildheit oder dem Wunsch, verborgen zu bleiben, erfüllen. Las-

sen Sie beim Ausatmen Ihre eigenen Gefühle von Angst oder unbändiger Wut los.

- Während Sie weiter einatmen, nehmen Sie die einzigartige Kraft des Tieres auf und spüren, wie sein Fell oder seine Federn Ihre eigene Haut umhüllen. Senden Sie beim Ausatmen jene Signale aus, die Angreifer in die Flucht schlagen. Wenn es darum geht, dass man Sie nicht bemerkt, umgeben Sie sich mit der Aura einer kleinen Maus, einer Frieden ausstrahlenden Taube oder eines stillen, mutigen Hundes. Damit errichten Sie eine Grenze, die nicht durchdrungen werden kann.
- Atmen Sie weiterhin ruhig, aber rhythmisch ein und aus, und betrachten Sie die Szene mit den Augen Ihres Krafttieres.
- Spüren Sie, wie Sie sich jetzt auf sanften Pfoten, mit mächtigen Schritten oder kaum wahrnehmbarem Getrippel in Richtung Sicherheit bewegen. Über kurz oder lang werden Sie feststellen, dass die Angreifer verschwunden sind oder dass Sie die Gefahrenzone verlassen haben: die Besprechung ist zu Ende; ein Taxi hält neben Ihnen; die Polizei ist da und nimmt die Betrunkenen mit; oder der Zug ist angekommen und in Ihrem Abteil sitzt ein Paar oder eine Familie.
- Wenn Sie so weit sind, atmen Sie zuerst aus und stoßen die Federn oder das Fell ab. Spüren Sie beim Einatmen wieder Ihre eigene Haut.
- Schütteln Sie Ihre Arme und Beine und steigen Sie aus dem Krafttier heraus. Danken Sie ihm für seinen Beistand. Tun Sie etwas für ein einzelnes Tier oder die Spezies, die Sie als Beschützer wählten oder verstreuen Sie Samen für Vögel.

EIN PERSÖNLICHES TOTEM ODER KRAFTTIER

Jeder von uns fühlt sich manchen Lebewesen näher als anderen, und eine Spezies hat es Ihnen vielleicht besonders angetan. Vielleicht hat Sie dieses Tier schon immer fasziniert oder eventuell hatten Sie früher sogar Angst vor ihm, weil Sie die starke Anziehung nicht verstanden. Es kann sich dabei um ein Haustier handeln oder um ein in Ihrer Gegend wild lebendes Tier. Es könnte auch ein exotisches Tier sein, das Sie als Kind in einem Tierpark gesehen haben und das immer wieder in Ihren Träumen auftaucht. Vielleicht stellen Sie fest, dass Ihnen manche Vögel instinktiv nahe kommen oder dass ein Tier in einem Naturpark immer wieder Augenkontakt zu Ihnen herstellt.

Ich habe unten Tiere angeführt, die uns durch Legenden und Gedichte aus der keltischen Welt überliefert wurden. Moderne Druidinnen verwenden diese Tiere, die für sie ihre Verbindung zu ihren spirituellen keltischen Wurzeln darstellen, beim Visualisieren und Meditieren. Sie können diese Kreaturen natürlich durch solche aus Ihrer eigenen Umgebung ersetzen, die ähnliche Eigenschaften oder solche haben, die Sie sich in Ihrem Leben wünschen.

Ich glaube, dass moderne Druidinnen die Eigenschaften der folgenden Tiere spirituell und emotional sehr hilfreich finden werden.

Adler – Nutzen Sie den Weitblick des Adlers, um Ihre weibliche Weisheit zu entwickeln sowie für edle Zwecke, einen liebenswürdigen Führungsstil und die Fähigkeit, sich spirituell emporzuschwingen und sich mit dem kosmischen Wissen zu verbinden.

Amsel – Nutzen Sie die Lieblichkeit der Amsel, um Freude in Ihr Dasein zu bringen sowie Angst und Unsicherheit zu vertreiben, wenn Sie sich einer neuen Herausforderung stellen müssen.

Bär – Nutzen Sie die schützende Kraft des Bären, wenn Sie sich verloren oder bedroht fühlen, und um Ihre Fähigkeiten in der Kräuterkunde und Heilkunst zu entwickeln.

Bulle – Nutzen Sie die Stärke des Bullen, um Zugang zu der Ihnen innewohnenden Kraft zu finden, für Würde, um die von Ihnen gestalteten Zeremonien auf tiefster Ebene zu verstehen, und um langfristigen Zielen gegenüber kurzfristigem Gewinn den Vorzug zu geben. Der Bulle verkörpert traditionell die ultimative männliche Stärke und Sexualität. Er eignet sich aber auch gut für Frauen, um ihnen zu zeigen, dass sie ihren Instinkten folgen sollen.

Drache – Nutzen Sie die generative Kraft des Drachen, um Ihr verborgenes Potenzial zu entdecken und zu entwickeln und Ihre eigenen magischen Fähigkeiten zu steigern. Setzen Sie das Feuer des Drachen gelegentlich ein, wenn andere völlig unvernünftig sind.

Eber – Nutzen Sie die Hartnäckigkeit des Ebers, wenn Sie Mut und Ausdauer für ein Unterfangen brauchen, das auf Widerstand stößt. Er ist auch hilfreich dabei, sich für sinnliche Genüsse der Welt zu öffnen.

Eule – Nutzen Sie die Weisheit der Eule, um natürliche Veränderungen leichter zu ertragen, wenn es um Probleme hinsichtlich des Älterwerdens geht, um auf Ihre innere Stimme zu hören und ihre Warnungen zu verstehen, und um eine weise Frau zu werden, unabhängig von Ihrem Alter.

Falke – Nutzen Sie die Kraft des Falken, um sich auf das zu konzentrieren, was Sie wollen, um Ihre hellseherischen Fähigkeiten zu entwickeln, um materiell erfolgreich zu sein, ohne Ihre Prinzipien in Frage zu stellen und um Ihren Horizont sowohl mental wie auch spirituell zu erweitern.

Hirsch – Nutzen Sie die Unbesiegbarkeit des Hirsches, um Ihre angeborene Kraft zum Vorschein zu bringen, wenn Ihre Meinung oder Ihre Rechte nicht ernst genommen oder ignoriert werden, und um zu lernen, Ihre wachsenden magischen Kräfte zu akzeptieren statt zu fürchten.

Hirschkuh – Nutzen Sie die Schnelligkeit der Hirschkuh und ihre Fähigkeit, sich zu verbergen, um Gefahren oder sinnlose Auseinandersetzungen zu meiden, und um das Beste aus Ihrem Leben zu machen, selbst wenn Sie sich diesen Weg nicht ausgesucht haben.

Hund – Nutzen Sie die grenzenlose Energie und den unerschütterlichen Beistand des Hundes, wenn Sie physisch, emotional oder psychisch Schutz brauchen. Der Hund hilft Ihnen dabei, für sich selbst und für andere Ihren Bereich und Ihre Grenzen abzustecken und um sich die Treue Ihrer Freunde und Ihres Partners zu bewahren.

Kiebitz – Nutzen Sie den Altruismus des Kiebitz, dem Vogel, der sein Nest verbirgt und wenn Räuber kommen, hochfliegt und zwitschert, um sie abzulenken, um Ihnen dabei zu helfen, jene zu beschützen, die verletzlich sind. Um Ihre ruhigen Augenblicke und Ihre Erfahrungen schätzen zu können, um Geheimnisse zu bewahren und um sich über die materielle Welt erheben zu können.

Kranich – Nutzen Sie die stille Autorität, das gute Gedächtnis und die Weisheit des Kranichs, um Ihren Standpunkt zu vertreten, Aufruhr bei der Arbeit oder zu Hause zu beschwichtigen und auf langfristiges spirituelles Wachstum hinzuarbeiten.

Kuh – Nutzen Sie die Fruchtbarkeit der Kuh, um Fülle in Ihr Leben zu bringen, um sich geduldig um andere zu kümmern sowie bereit zu sein, als Mutter der Natur zu agieren und hinter achtlosen Menschen aufzuräumen.

Lachs – Nutzen Sie die Traditionsliebe des Lachses, der an den Ort seiner Geburt zurückkehrt um zu laichen, um Ihre Vorfahren und Ihre spirituelle Familie besser zu verstehen, und um Ihre Fähigkeiten der Deutung und Prophetie zu steigern.

Otter – Nutzen Sie die Vielseitigkeit des Otters, um sich an schwierige Situationen anzupassen, um verschiedene Aspekte Ihres Lebens gleichzeitig zu entwickeln. Um spirituelle und materielle Bedürfnisse aufeinander abzustimmen und um zu lernen, wie Sie anderen am besten dienen können.

Pferd – Nutzen Sie die Kraft des Pferdes, um psychisch und geistig zu einer starken Frau zu werden, um Ihr Leben mit Fruchtbarkeit jeder Art zu erfüllen, um an jene Orte zu reisen, die Ihnen sowohl Erleuchtung wie auch Vergnügen bringen und um in Harmonie mit einem anderen zusammenzuleben (wenn Sie das wünschen).

Sau – Nutzen Sie die Fruchtbarkeit der Sau, um sich mit der Natur zu verbinden, um die innere Schönheit und Anmut anderer zu schätzen, und um zu entdecken, was Ihnen wirklich wichtig ist.

Schlange – Nutzen Sie die transformierende Kraft der Schlange, um das, was in Ihrem Leben nicht mehr wichtig ist, abzulegen und um sich mit dem Inbegriff des Frauseins und Ihrer inneren Göttin oder höheren Weisheit zu verbinden.

Schwan – Nutzen Sie die Harmonie des Schwans, um innere, spirituelle Harmonie zu finden, selbst wenn Ihre äußere Welt in Disharmonie ist, um in Ihrer Mitte zu bleiben und hellhörig für die verborgene Musik der Natur zu werden.

Wolf – Nutzen Sie die starken mütterlichen Seiten des Wolfes, um sich selbst und Ihnen nahe stehende Personen vor Feindseligkeit jeder Art zu schützen, um innige Freundschaft mit gleich gesinnten Frauen zu schließen, und um Loyalität von Kollegen wie auch Verwandten zu fordern.

Zaunkönig (oder ein beliebiger kleiner, brauner Vogel) – Nutzen Sie die Überlebenskunst des Zaunkönigs oder eines anderen kleinen, braunen Vogels, um in einer rivalisierenden und lieblosen Welt zu bestehen, um Ihre prophetischen Fähigkeiten zu entwickeln, und um sich selbst so, wie Sie sind, zu schätzen.

EIN KRAFTTIER WÄHLEN

Wie schon in der Einführung erwähnt, nehmen manche Druidinnen den Namen eines Vogels oder Tieres an, und lassen dessen Eigenschaften so in ihre spirituelle Arbeit einfließen. Andere hingegen betrachten das Krafttier als separate Kraftquelle, in dessen Aura sie eintauchen können, wenn sie seine Stärke brauchen.

Obwohl Sie sich vielleicht mit einem Tier besonders stark identifizieren, gibt es wahrscheinlich auch andere, deren Eigenschaften Sie zu verschiedenen Zeiten Ihres Lebens hilfreich finden. Es kann daher sein, dass Sie zwei oder drei Krafttiere wählen, die sich aber im Laufe Ihres Lebens und Ihrer spirituellen Entwicklung ändern können. Selbst wenn Sie bereits mit der Kraft eines Tieres arbeiten, ist es vermutlich hilfreich, wenn Sie für jedes Tier, das Ihnen relevant erscheint, oder das regelmäßig in Ihrem Leben auftaucht, eine neue Seite in Ihrem Tagebuch anlegen.

Sie können auch Fotos hinzufügen, die Sie von dem Tier in seiner natürlichen Umgebung oder in einem Tierpark gemacht haben. Sammeln Sie Bilder und Informationen aus Büchern, Zeitschriften oder dem Internet über das natürliche Leben und die Mythologie der von Ihnen gewählten Tiere. Wenn Sie noch kein Krafttier gefunden haben, informieren Sie sich und besuchen Sie Naturschutzgebiete, bis eines in Ihren Träumen oder in einem ungewöhnlichen Zusammenhang auftaucht, und die Verbindung hergestellt ist.

Mit Ihrem Krafttier arbeiten

Sobald Sie sich für eines entschieden haben, werden Sie staunen, wie das Krafttier immer wieder in Ihrem Leben auftaucht. Vielleicht treffen Sie es in der Natur oder an einem unerwarteten Ort. Plötzlich werden Sie Artikel über dieses Tier in Büchern und Zeitungen entdecken und scheinbar wird es auch mehr Berichte darüber im Fernsehen oder im Radio geben.

Ich habe bereits den Vorgang des Formwandelns auf den Seiten 173f. beschrieben, aber bei manchen Frauen kommt das erst später oder es fühlt sich gar nie richtig an. Im Folgenden schlage ich andere Möglichkeiten vor, sich spirituell mit Ihrem Krafttier zu verbinden.

- Setzen Sie sich in einen Wald. Genießen Sie einen besinnlichen Augenblick vor dem Einschlafen oder beim Aufwachen. Beobachten Sie Ihr Tier ruhig in einem Tierpark. Wenn Sie Ihren Geist frei machen, kann es sein, dass Ihr Bewusstsein ganz spontan mit dem des Tieres verschmilzt. Es kann sein, dass sich Ihre Atmung verändert und wenn Sie sich im Schlaf oder Halbschlaf bewegen, sind Sie Ihr Krafttier. Vielleicht tauchen Sie sogar in einer Vision auf dem Rücken Ihres Tieres in einen Anderswelt-Dschungel ein. Dort sehen Sie möglicherweise mythische, archetypische, halbwilde Gottheiten, die Gebieterin der Tiere oder den Herrn der Jagd, die vielleicht innehalten und Ihnen Stärke und Weisheit anbieten.
- Erzwingen Sie die Verbindung nicht und stellen Sie sich diese anderen Welten nicht bewusst vor. Je mehr Sie spirituell wachsen, desto häufiger und vielfältiger werden diese Visionen werden. Aber sie sind nicht von dieser Welt und Sie soll-

ten diese Einblicke als Auszeichnung und Segen betrachten. Folgen Sie dem Tier, das Sie gewählt haben, nur wenn es Sie anführt auf die magische, spirituelle oder Traumebene und seien Sie bereit, die Vision loszulassen, wenn es Zeit dafür ist.

- Sie können sich dauerhafter auf die Stärke eines Tieres einstimmen, wenn Sie ein kleines, silbernes Amulett des Tieres bei sich tragen, es als Bildschirmschoner für Ihren Computer wählen oder eine kleine Figur aus Holz oder Keramik in einem speziellen Beutel aufbewahren.
- Sie können auch Amulette von anderen Tieren sammeln, und wenn Sie beispielsweise den Mut des Bären brauchen, dieses Amulett einen oder zwei Tage lang tragen oder unter Ihr Kopfpolster legen.

Die richtige Kraftquelle finden

Hier ist eine Übung, die Ihnen dabei hilft, die richtige Kraftquelle zu finden.

- Erstellen Sie eine Reihe von Karten *(siehe auch Seiten 38f. und 206)*, auf die Sie Bilder der verschiedenen Krafttiere, die Sie interessieren, malen oder kleben. Lassen Sie die Rückseite leer und laminieren Sie die Karten, wenn möglich.
- Wenn Sie eine schwere Entscheidung treffen oder sich einer Herausforderung stellen müssen, mischen Sie die Karten und ordnen Sie sie mit der Bildseite nach unten im Kreis an. Wenn möglich, machen Sie dies am Abend vor dem Ereignis.
- Bewegen Sie Ihre Krafthand – das ist die, mit der Sie schreiben – langsam im Uhrzeigersinn über die einzelnen Karten, bis sich eine ganz instinktiv richtig anfühlt. Es kann sein, dass ein Bild des Tieres in Ihrem Kopf auftaucht, bevor Sie die Karte umdrehen. Das ist ein Beweis für Ihre Verbindung zu diesem Tier.
- Während Sie das Bild in der Hand halten und ruhig atmen, nehmen Sie seine Kraft auf.
- Sie können die Karte oder ein entsprechendes Amulett in der Nacht vor dem Ereignis unter Ihr Kopfpolster legen.
- Sollte ein Tier, das nicht Ihr Krafttier ist, regelmäßig bei Ihrer Arbeit mit den Karten auftauchen, erforschen Sie seine Ener-

gie etwas genauer. Es könnte sich um ein zusätzliches Tier handeln, das Sie auf andere Weise als Ihr Haupttier stärkt und beschützt.

- Eine beliebige Karte zu ziehen kann besonders für Kinder hilfreich sein, wenn sie sich wegen einer bestimmten Sache Sorgen machen. Im Laufe der Zeit kann es sein, dass sie Ihnen ganz spontan von einem Bären oder Hirsch erzählen, der sie in ihren Träumen besucht und sie auf seinem Rücken reiten lässt.

Im nächsten Kapitel werden wir die Welt der Vorfahren und Gottheiten näher erforschen, die die geistigen Bausteine darstellen, auf denen wir (spirituell) in Richtung Sterne klettern oder wanken.

10. MIT DEN WEISEN VORFAHREN ARBEITEN

Neolithische Grabkammern und Ganggräber findet man häufig in der Nähe von Zeremonienstätten der vorchristlichen Welt. Man vermutet, der Grund dafür sei, dass die Vorfahren als wichtiger Bestandteil von Ritualen und Zeremonien betrachtet wurden. Es kann sein, dass man die toten Angehörigen und Stammesführer für Quellen der Weisheit hielt, denn man war überzeugt davon, dass ihr Geist Zugang zum Wissen der Anderswelt hatte.

Die Vorfahren bildeten in der Vergangenheit, ebenso wie in der heutigen Zeit, die spirituellen Bausteine einer Gesellschaft, und nicht nur, indem sie die nachfolgende Generation hervorbrachten, sondern auch indem sie ihr kulturelles Erbe anhand von Mythen und Gesetzen weitergaben. In diesem Sinne wissen wir als moderne Druidinnen die archetypischen, weisen Druidinnen der Vergangenheit und unsere eigenen Vorfahren zu schätzen.

Nach Meinung einiger Geschichtsforscher wurden Zeremonien bei und in Ganggräbern abgehalten, deren Eingang häufig nach der Wintersonnenwende und somit der Wiedergeburt ausgerichtet war. Eines der eindrucksvollsten dieser Gräber ist Newgrange, im Boyne Valley, nicht weit von Dublin, Irland. Es liegt auf einem kleinen Hügel, der dem Volksglauben nach die

Mutter repräsentiert. Ein riesiges Ganggrab wurde hier erstmals um 3100 vor Christus errichtet.

In diesem Kapitel werden wir sowohl mit unseren unmittelbaren Vorfahren arbeiten wie auch mit jenen, deren Kultur uns spirituell nahe steht. Wir werden auch die Rolle der keltischen Gottheiten und Geistwesen im modernen Druidentum und ihre Bedeutung in der heutigen Welt untersuchen.

Heute können wir sogar mehr als zur Zeit der Kelten auf ein Erbe vieler Kulturen zurückgreifen, das uns durch Invasionen, Völkerwanderungen und Mischehen beschert wurde. Selbst mitten im sommerlichen Südafrika, Australien oder Neuseeland können die Menschen vielleicht nach vielen Jahrhunderten noch Schnee und Eis des Nordens spüren und den Wunsch hegen, einen Winterschlaf zu halten. Wenn wir uns mit unseren geistigen Wurzeln verbinden können, gelingt es uns vielleicht, unseren natürlichen Rhythmus zu verstehen und zu berücksichtigen.

WIEDERGEBURT-RITUAL

Sie können die Kraft der Vorfahren nutzen, um zu einem beliebigen Zeitpunkt in Ihrem eigenen Leben eine Wiedergeburt herbeizuführen. Sie können das tun, wenn Sie von einer Phase, die zu Ende ist oder zerstörerisch war, in das Licht eines Neubeginns schreiten möchten.

Bei diesem Ritual rufen Sie nicht die Geister an. Wenn Sie sich jedoch an die Namen Ihrer persönlichen Vorfahren erinnern, stellen Sie eine Verbindung zur Vergangenheit und zur Stärke jener Menschen her, die Ihren einzigartigen Genpool geschaffen haben. Bei einigen handelt es sich vielleicht nur um geheimnisvolle Namen, aber andere kennen Sie eventuell von alten Fotos oder aus Familiengeschichten. Es könnte sich auch um Menschen handeln, an die Sie sich noch aus Ihrer Kindheit erinnern oder die erst kürzlich verstorben sind und deren Unterstützung und Führung Ihnen fehlt. Sie können das folgende Ritual jederzeit ausführen, wenn Sie die Vergangenheit hinter sich lassen möchten. Es kann sich dabei um eine spirituelle Wiedergeburt handeln, um eine neue Perspektive oder die Entscheidung, etwas in Ihrem Umfeld zu ändern.

Am besten hält man die Wiedergeburt-Zeremonie am Morgen der Wintersonnenwende ab, die in der nördlichen Hemisphäre um den 21. Dezember und in der südlichen Hemisphäre um den 21. Juni herum stattfindet. An diesem Tag feiert man im Druidentum und in der Hexerei die Wiedergeburt der Sonne, nachdem sie den tiefsten Stand am Himmel im Laufe des Jahres erreicht hat.

Sie können die Wiedergeburt-Zeremonie auch für andere Übergangsfeste, wie etwa Neujahr, die Frühlings-Tagundnachtgleiche oder die Sommersonnenwende, anwenden. Sie funktioniert auch gut am ersten Tag einer neuen Woche oder eines Monats, vor einem für Sie wichtigen Ereignis.

Legenden zufolge wartete eine Priesterin in der inneren Kammer von Newgrange in der Dunkelheit und goss Wasser auf die Spirale auf dem Felsen, die den Punkt markierte, auf den der Sonnenstrahl der Sonnenwende fallen würde. Das Folgende ist eine Abwandlung dieses Rituals.

- Als Erstes zeichnen Sie eine Spirale, die jene Spirale symbolisiert, auf die die Priesterinnen im Ganggrab in Newgrange Wasser gossen.
- Zeichnen, malen oder kleben Sie Ihre Spirale auf Ihre Eingangs-, Hinter- oder Balkontür, je nachdem auf welche die Morgensonne fällt oder auf ein Fenster oder eine Wand in einem Zimmer, auf die das Morgenlicht scheint. Bereiten Sie dies nach Sonnenuntergang am Abend vor der Wintersonnenwende oder Ihrem speziellen Anlass vor.
- Bereiten Sie ebenfalls im Voraus eine kleine Schale mit energetisiertem Wasser zu, indem Sie eine Prise Meersalz in Quellwasser (stilles Mineralwasser) streuen und mit einem spitzen Bergkristall dreimal im Uhrzeigersinn umrühren. Sagen Sie dabei: »Segne und schütze, stärke und bringe Licht.«
- Unmittelbar vor Tagesanbruch besprengen Sie Ihre Spirale mit drei Tropfen des energetisierten Wassers und sagen: »Mutter Erde gebäre, neue Sonne gehe auf, neu geboren und gesegnet.«
- Wenn das Sonnenlicht auf Ihre Spirale trifft, zeichnen Sie den Weg des Lichtes mit dem Zeigefinger Ihrer Krafthand (der

Hand, mit der Sie schreiben) nach. Nennen Sie dabei Ihre persönlichen, weisen Vorfahren und besondere Eigenschaften, die sie hatten und die Ihnen auf Ihrem künftigen Lebensweg helfen könnten. Wenn Sie bestimmte Vorfahren nicht kennen, lassen Sie Ihr Unterbewusstsein sprechen, beispielsweise: »Großmutter Anne, gib mir deine Geduld, Großvater George gib mir den Mut zu sagen, woran ich glaube, Onkel Jim, hilf mir, durch Lachen meine Traurigkeit zu überwinden.«

- Vielleicht stellen Sie fest, dass Sie Vorfahren nennen, von denen Sie gar nichts wussten, deren Existenz sich aber durch spätere Recherchen verifizieren lässt. Für gewöhnlich handelt es sich dabei um wichtige Menschen, die sich Ihnen geistig vorgestellt haben, weil sie sich Ihnen besonders nahe fühlen oder einen ähnlichen Lebensweg hatten.
- Wenn die Sonne aufgegangen ist, gehen Sie hinaus in das Licht und strecken Sie Ihre Arme der Sonne entgegen, um Ihre weisen Vorfahren nicht in ihrer üblichen Heimat, im Westen, sondern in der Richtung der aufgegangenen Sonne, im Osten, willkommen zu heißen. Bitten Sie sie darum, Sie auf Ihrer Reise zu begleiten.
- Wenn möglich, kontaktieren Sie einen lebenden Verwandten, mit dem Sie schon längere Zeit nicht mehr gesprochen haben. Dieser Mensch freut sich wahrscheinlich, von Ihnen zu hören und bietet Ihnen vielleicht unerwartet seine Stärke oder Unterstützung an.

IHRE VORFAHREN AUFSPÜREN

Wenn Sie nur wenig über Ihre Vergangenheit wissen, versuchen Sie, Ihre Wurzeln zu erforschen, indem Sie zuerst Archive, dann Volkszählungslisten und alte Kirchenbücher durchforsten, die Sie zum Teil noch in den ursprünglichen Kirchen finden. Sie können mit der Heiratsurkunde Ihrer Eltern beginnen, denn darauf stehen Name und Adresse ihrer Eltern. Wenn Sie unter Ihrem Namen im Internet nachsehen, stellen Sie vielleicht fest, dass ein anderer Zweig der Familie die Suche bereits begonnen hat. Es könnte auch eine Familienbibel geben oder eine ältere

Verwandte, die eine wahre Fundgrube an Geschichten und vergilbten Fotos besitzt. Vielleicht gibt es alte Aufzeichnungen oder Tagebücher, so dass Sie Orte besuchen können, die sich womöglich im Laufe der Zeit überhaupt nicht verändert haben und an denen Menschen, die in Ihrem Körper und Ihrer Seele weiterleben, zu ihren Lebzeiten arbeiteten, wandelten und liebten.

Sich in sie hineinversetzen

Wie oft sagen wir: »Wenn ich an deiner Stelle wäre«, was heißen soll, wenn ich deine Sorgen und/oder deine Möglichkeiten hätte, »dann würde ich ...«

Aber was würden Sie wirklich tun, wenn Sie an der Stelle Ihrer Mutter oder Ihres Großvaters wären, als diese noch jünger waren? Wenn Sie nur für ein paar Minuten deren Erfahrungen machen und deren Ängste verstehen würden, wie viel besser würden Sie verstehen, warum sie sich so verhalten haben wie sie es taten? Wenn Sie sie verstünden, wären Sie imstande, ihnen zu vergeben oder zumindest sich oder ihnen keine Vorwürfe darüber zu machen, was sie versäumt oder zuwege gebracht haben? Solche Erfahrungen machen das Wesen des Druidentums aus: Teil unseres eigenen Waldes zu werden, aber uns von den Wurzeln befreien, die uns fesseln oder unabsichtlich einengen und erdrücken.

Sich auf die Spuren Ihrer Vorfahren begeben

Versuchen wir also, zurückzugehen und uns wortwörtlich in die Situation unserer Vorfahren zu versetzen. Es gibt andere Methoden dafür, aber diese hier ist sehr effektiv.

- Beginnen Sie an einem Ort, vorzugsweise einem mit Bäumen, um sich mit dem heiligen Hain zu verbinden, und sich an einen Ihnen bekannten Familienzweig zu erinnern.
- Lassen Sie vor Ihrem geistigen Auge das Bild eines Vorfahren auftauchen. Vielleicht ist es nicht der, den Sie erwartet hätten, aber dieser möchte Ihnen auf jeden Fall etwas mitteilen. Der erste Vorfahre ist meistens ein Eltern- oder Großelternteil,

der eventuell noch am Leben ist, oder falls nicht, geht es um eine Sache oder um Gefühle, die noch zu klären sind.

- Konzentrieren Sie sich zuerst auf ihre Schuhe. Schauen Sie, ob es sich um robuste Schnürschuhe handelt, um Stiefel oder Holzpantoffeln und spüren Sie, so als ob Sie sie tragen würden, ob sie schwer oder weich sind, oder vielleicht abgenutzte Sohlen haben, durch die Regen oder Steinchen eindringen. Gehen Sie ein Stück in diesen Schuhen und beobachten Sie, wie Sie sich dabei fühlen – glücklich, besorgt, müde oder voller Schmerz.
- Behalten Sie die Schuhe an und gehen Sie neben Ihrem Vorfahren, dessen Geist nicht merken wird, dass Sie da sind, weil er sich in seiner eigenen Zeit befindet, vielleicht in seiner Kindheit, obwohl Sie an seinen Emotionen teilhaben können. Für gewöhnlich stammen die Schuhe aus einer Zeit vor Ihrer Geburt und vielleicht sehen Sie Ihre Mutter, die auf dem Spielplatz herumtollt oder Ihren Vater oder Großvater, der der Armee beitritt. Es handelt sich dabei stets um einen Zeitabschnitt, über den sie wenig gesprochen haben, vielleicht aus gutem Grund.
- Wenn Sie so weit sind und das, was Sie erlebt haben sich wie Tage anfühlen mag, aber in Wirklichkeit nur ein oder zwei Minuten gedauert hat, sehen Sie vielleicht einen weiteren Vorfahren warten, der wieder einer früheren Generation angehört und nicht unbedingt ein Blutsverwandter des ersten ist. Konzentrieren Sie sich wieder auf die Schuhe und steigen Sie in diese hinein. Mehrere Generationen zurück hat es womöglich gar keine Schuhe gegeben (manchmal teilten sich die Mitglieder einer armen Familie ein Paar Stiefel). Wenn das der Fall ist, blicken Sie auf die Füße. Vielleicht sind sie voller Schwielen und Risse – spüren Sie, wie anders Sie in der Kälte auf Pflastersteinen ohne Schuhe gehen würden. Es kann sein, dass Sie drei oder vier Generationen zurückgehen.
- Wenn niemand mehr wartet oder Sie spüren, wie die Alltagswelt zurückkehrt, danken Sie Ihren Vorfahren und Ihrem Führer, der anwesend ist und Sie beschützt. Setzen Sie sich ruhig hin und lassen Sie sich vom neuen Verständnis und Mitgefühl durchdringen.

- Wenn Sie so weit sind, tragen Sie Ihre Erfahrung in Ihr Tagebuch ein und kontaktieren Sie eventuell ein lebendes Familienmitglied, von dem Sie sich entfremdet haben. Ohne Ihre Visionen zu erwähnen, schauen Sie, ob Sie durch freundliche Fragen einige Hindernisse der Vergangenheit klären können, die es Ihnen schwer gemacht haben, zu vertrauen oder Liebe auszudrücken. Manche Menschen ändern sich nie und können nicht anders, als jene, die ihnen nahe stehen, zu verletzen. Durch Ihr neues Wissen finden Sie aber vielleicht Freiheit.
- Es kann sein, dass Sie mehr über Ihre Familiengeschichte herausfinden und die Informationen ordnen möchten, um sie an künftige Generationen oder ein örtliches Archiv weiterzugeben, wenn Sie keine lebenden Verwandten haben.
- Sie können die Vorfahren regelmäßig besuchen und vielleicht anschließend tatsächlich in ihren Schuhen die Straßen entlanggehen, wo sie gewohnt oder gearbeitet haben. Einige der alten Fabriken wurden eventuell aufgelassen oder in Luxuswohnungen umgewandelt, aber besuchen Sie auch Industrie- und Bauernmuseen, um das Leben Ihrer frühen Vorfahren besser zu verstehen. Vielleicht spüren Sie sie an Ihrer Seite in einer wieder hergestellten Straßenbahn oder in der Hütte eines Nadelmachers.
- Ein bestimmter Vorfahre, nicht unbedingt einer, dem Sie sich von Anfang an nahe fühlten, taucht eventuell immer wieder in Ihren Träumen auf oder Sie spüren seine Präsenz, wenn Sie besorgt oder unglücklich sind. Vielleicht riechen Sie Lavendel, Rosenwasser, Tabak oder Öl aus einer Fabrik und wissen, dass sich die beiden Welten berühren.

IHRE KULTURELLEN WURZELN FINDEN

Trotz all dieser Nachforschungen könnten Sie das Gefühl haben, dass es da ein fehlendes Glied gibt, und dass Sie sich in den Grabstätten des alten Ägypten oder auf den Bergen Spaniens oder beim Blick auf eine Industrielandschaft am anderen Ende der Welt Ihren Wurzeln viel näher fühlen. Genealogisch gibt es keine Erklärung dafür, doch der Frieden oder die Freude, die Sie empfinden, mag in dem Augenblick realer erscheinen als das Leben, zu dem Sie anschließend zurückkehren.

Diese Erfahrung ist häufig mit einem früheren Leben verknüpft, entweder das eines Vorfahren, das so weit zurückliegt, dass man die Verbindung nicht nachweisen kann oder wie manche glauben, eines, das sie selbst erlebt haben und das von solcher Bedeutung ist, dass es tief in ihrem Bewusstsein vergraben ist. Caesar berichtete, dass Druiden glaubten, die Seele würde nach dem Tod auf einen anderen Körper übergehen und Taliesin, der keltische Barde, dessen Herkunft mit der eines mittelalterlichen Taliesin verknüpft wird, schreibt, dass er sich bewusst an viele Inkarnationen, menschliche und andere, erinnert.

Hier ist eine Methode, sich mit Ihren kulturellen Wurzeln zu verbinden.

- Wenn Sie an einen Ort zurückkehren können, an dem Sie sich sehr stark zu Hause fühlen, steigen Sie in einem Hotel oder einem Campingplatz so nahe wie möglich an der Stelle ab, an der das Gefühl am stärksten war. Verbringen Sie dort in Ruhe einige Zeit, ohne zu versuchen, Erinnerungen wachzurufen. Lassen Sie einfach die Klänge, die Düfte und die Farben der Gegenwart zu einem Kaleidoskop in Ihrem Inneren verschmelzen, aus dem sich dann vielleicht Bilder einer anderen Zeit ergeben.
- Folgen Sie dann jenen Wegen, die sich für Sie richtig anfühlen und achten Sie darauf, ob Sie auf Stellen treffen, wo Sie nicht weiterkommen, aber instinktiv wissen, dass es dort einen Durchgang gibt oder gab.
- Verwenden Sie ein Pendel, das Ihnen den Weg weist und halten Sie an, wenn es aufhört zu schwingen, und schauen Sie, ob da ein Tor, eine Schnitzerei oder ein besonderer Baum ist. Wenn es anfängt, sich gegen den Uhrzeigersinn zu drehen oder aufhört, sich zu bewegen, gehen Sie ein paar Schritte zurück und prüfen Sie, ob es einen anderen Weg gibt, einen Wald oder ein Gebäude, das starke, positive Gefühle auslöst. Wenn möglich, betreten Sie es oder erkundigen Sie sich nach seiner Geschichte.

- Berühren Sie auf Ihrem Weg Steine, Tore, alte Schilder, Brunnen und abbröckelnde Mauern und achten Sie auf die Bilder, die in Ihrem Geiste entstehen.
- Wenn Sie müde sind, kehren Sie in Ihr Hotel zurück oder gehen Sie in ein Café, um etwas zu trinken und zeichnen Sie ganz instinktiv eine Karte von dem Weg, den Sie gegangen sind, die vielleicht mit Ihrem tatsächlichen Weg übereinstimmt oder auch nicht, oder von einer anderen Route, ohne die heutigen Umwege.
- Schreiben Sie am Abend spontan eine Geschichte über eine Reise auf diesem Weg. Sie handelt vielleicht von einer Person, die Ihnen ähnelt oder der Sie sich verbunden fühlen.
- Gehen Sie zu Bett, wenn der Schlaf Sie überkommt und vielleicht gehen Sie in Ihren Träumen noch einmal den Weg entlang, den Sie am Tag gegangen sind.
- Am nächsten Morgen beginnen Sie mit der Detektivarbeit im örtlichen Museum, einer Ausstellung oder der Bibliothek. Suchen Sie vor allem nach Artefakten, die in der Nähe der bewussten Stelle gefunden wurden, und die Sie angreifen können. Warten Sie wieder, ob in Ihrem Geiste Bilder entstehen. Lassen Sie sich von Ihrem Instinkt zur richtigen historischen Epoche führen, zu der Sie eine geistige Verbindung haben. Erkundigen Sie sich über die Menschen, die in diesem Gebiet vor hundert, fünfhundert oder fünftausend Jahren lebten und beobachten Sie, welche Sie am meisten beeindrucken.
- Schließlich fügen Sie Ihre abschließenden Eindrücke in Ihrem Geist zusammen. Dazu gehört vielleicht das Kreischen der Möwen, der Duft brennender Blätter, der Fischmarkt am Kai, Gewürze auf dem Markt oder wilde Rosmarinsträucher. Sie hören eventuell Worte, die Ihre Eindrücke verständlicher machen.
- Schauen Sie, ob Sie eventuell alte Kirchen finden und erforschen Sie diese – vielleicht stellen Sie fest, dass Sie auf bekannten Pfaden wandeln, hören den Gesang einer Prozession oder blicken voller Ehrfurcht und einem Gefühl der Vertrautheit auf die in den bunten Fenstern dargestellten Geschichten oder Statuen.

- Bevor Sie nach Hause fahren, prüfen Sie, ob es einen örtlichen Verein gibt, dem Sie beitreten können und der eine Internetseite hat oder einen Newsletter herausgibt, so dass Sie mit dem Ort in Verbindung bleiben können.
- Wenn Sie wieder daheim sind, erforschen Sie das alte Ägypten, Seattle, Griechenland, Wales oder wo immer Ihre spirituelle Heimat sein mag, in Museen, im Internet und über Legenden und Bilder.
- Vielleicht verstärkt sich das Déjà-vu-Gefühl und wenn Sie sechs Wochen oder sechs Monate später an den Ort zurückkehren, verstehen Sie eventuell die Verbindung. Ihre druidische Arbeit gewinnt an Tiefe, wenn Sie sich in Ritualen und Augenblicken stiller Besinnung mit Ihren spirituellen wie auch Ihren biologischen Vorfahren verbinden.

Im nächsten Kapitel werfen wir einen Blick auf die keltischen Gottheiten und ihre Bedeutung für die moderne Druidin.

11. MIT KELTISCHEN GOTTHEITEN ARBEITEN

Wenn Sie möchten, können Sie auch als Druide oder Druidin arbeiten, ohne mit einer einzigen keltischen Gottheit etwas zu tun zu haben. Manche moderne Druiden und Druidinnen verehren den christlichen Gott, während sich andere auf die Göttin oder die eher abstrakten Mächte der Güte und des Lichtes konzentrieren.

Wenn Sie ein ordnungsliebender Mensch sind, dann klingt das für Sie wahrscheinlich gut, denn die keltischen Gottheiten sind ein unordentlicher Haufen, der aus zahllosen Quellen strömt und sich in einen riesigen Energieschwall ergießt. Es scheint, dass es Hunderte von keltischen Gottheiten gab, von denen ungefähr 30 in einer Reihe alter Aufzeichnungen erwähnt werden.

AUFZEICHNUNGEN ÜBER GOTTHEITEN

Sie könnten es mit einem keltischen Geschichtsbuch versuchen, in dem Sie zumindest über jene Gottheiten etwas erfahren, die den Römern bekannt waren. Sie wurden häufig gemeinsam mit einheimischen und römischen Göttern verehrt. Ein Beispiel ist Taranis, der gallische Donnergott, dessen radförmige Amulette und Anhänger im ganzen keltisch-römischen Reich, das vom

1. Jahrhundert v. Chr. bis zum 4. Jahrhundert n. Chr. bestand, beliebt waren. Ein weiteres Beispiel ist der grimmige, gallische Cernunnos, der Gehörnte Gott des Waldes, dessen Abbild Sie auf einer römischen Säule im Museum de Cluny in Paris sehen können.

Wenn Sie die Sagen über die Gottheiten und die Helden und Heldinnen, zwischen denen man manchmal nicht unterschied, lesen möchten, könnten Sie es mit dem *Book of the Dun Cow* versuchen, das aus der Zeit um 1100 stammt und das angeblich das älteste bestehende Manuskript der irischen Literatur ist. Es heißt deshalb so, weil das Pergament, auf dem es geschrieben ist, vermutlich von der Haut einer Kuh des St. Ciaran von Clonmacnoise in Irland stammt. Es enthält Geschichten aus dem achten und neunten Jahrhundert, aber von fanatischen Anhängern der Kelten wird behauptet, dass diese mündlich aus früheren Jahrhunderten überliefert worden waren.

Eine Reihe solcher historischer Quellen wurde uns erst durch Übersetzungen neueren Datums zugänglich gemacht. Das *Mabinogion* ist beispielsweise eine Sammlung alter walisischer Mythen, die aus zwei früheren Büchern, dem *Red Book of Hergest* und dem *White Book of Rhydderch* stammen. Sie wurden 1849 von einer Liebhaberin des Keltentums, Lady Charlotte Guest, ins Englische übersetzt, die behauptete, die ursprünglichen Versionen gingen auf 500 v.Chr. zurück.

Die Legenden nehmen kein Ende und wir werden auch weiterhin mit bisher unveröffentlichten mündlichen Überlieferungen aus keltischer Zeit aus Wales, Irland, Schottland, Cornwall, der Bretagne und der Insel Man, die noch immer keltische Hochburgen sind, überschwemmt.

Die Folklore hält an diesen Gottheiten fest, die wild mit keltischen Heiligen vermischt wurden. St. Nectan, ein Heiliger Cornwalls, dessen wunderschöne Schlucht mit einem Wasserfall sich in der Nähe von Boscastle befindet, weist deutliche Ähnlichkeiten in Bezug auf Name und Mythen mit Nectan auf, dem irischen Wassergott, der mit Boanne verheiratet war, der Muttergöttin, nach der der Fluss Boyne benannt ist.

Als ich Recherchen zum Druidentum anstellte, hörte ich in einem irischen Pub wunderbare Geschichten über Aine, die Sonnengöttin, die ihr Sommergewand anzog und ihr goldenes Haar schüttelte, damit das Getreide reif war, wenn sie die Ernteprozession auf ihrem speziellen Hügel in Munster anführte.

MODERNE DRUIDINNEN UND KELTISCHE GOTTHEITEN

Es erhebt sich die Frage, ob moderne Frauen sich überhaupt um diese keltischen Gottheiten kümmern sollten. Ich finde, wenn wir die keltischen Gottheiten aufgeben, weil unser Wissen über sie aus verschiedenen Epochen und Quellen stammt, dann ist das so, als ob man das Kind mit dem Bade ausschüttet. Schließlich sagen doch eine ganze Reihe von Leuten, dass die großen Weltreligionen alle auf unbegründete Mythen zurückzuführen sind.

Womit wir uns verbinden, sind idealisierte oder archetypische Kräfte, die Eigenschaften symbolisieren, die wir in uns tragen. Die verschiedenen keltischen Gottheiten stellen im besten Fall doch nur die unterschiedlichen Gesichter Gottes/der Göttin oder der Göttlichkeit im Allgemeinen dar. Sie personifizieren die Kräfte der Natur – mächtig, großartig und manchmal Furcht erregend.

Was noch wichtiger ist, sie sind Symbole dafür, dass alle Schöpfung heilig ist und dass das Göttliche in jedem Baum, jeder Pflanze und jedem Stein präsent ist.

Nachdem Sie einige der Geschichten über sie gelesen haben (ich schlage auf den Seiten 243f. eine Reihe von Büchern vor, es gibt aber auch Online-Informationen über keltische Mythen), träumen Sie vielleicht von ihnen und einige bieten Ihnen womöglich weise, geistige Führung an, und helfen Ihnen bei Ihrem Streben nach Perfektion. Es kann sogar sein, dass Sie selbst eine neue Legende in Form einer Geschichte oder eines Gedichtes schreiben oder Ihren Kindern erzählen und so ein Teil des fabelhaften, unaufhörlichen mythologischen Netzes werden, das uns zu solch wundersamen Kreaturen des Universums macht.

DAS GLEICHGEWICHT ZWISCHEN GUT UND BÖSE

In der keltischen Welt gab es keine klare Trennung zwischen Gut und Böse. Weise Götter und Göttinnen hatten ihre dunklen Seiten und konnten sowohl Gottheiten des Krieges und des Todes als auch der Heilung und Geburt sein.

Jeder, der schon einmal ein Erdbeben oder einen Wirbelsturm erlebt hat, dessen Heim von einer Flut oder einem Blitz zerstört wurde oder der im strömenden Regen oder einem Gewitter im Freien war, hat die Kraft der ungezügelten Natur kennen gelernt – und kann dadurch verstehen, wie die Kelten ihre Ehrfurcht in Form von Naturgottheiten ausdrückten.

Druidinnen möchten mit ihrem Leben und Handeln vielleicht nur dem höchsten Wohle dienen, aber sie wissen, dass wir auch unsere Schattenseiten nicht ausradieren können und sollen. So zum Beispiel unsere inneren Stürme wie Wut, Begehren, Groll über Ungerechtigkeit oder scheinbare Schicksalsschläge. Wir sollten diese Kräfte vielmehr akzeptieren, uns unseren inneren Stürmen stellen, unsere Gefühle zulassen und sie dazu nutzen, dem Missgeschick oder der Versuchung mit Mut zu begegnen. Die keltischen Gottheiten spiegeln unsere eigene Psyche wider. Milde oder selbstgerechte Götter und Göttinnen nehmen uns die Möglichkeit, unsere dunkleren Emotionen kreativ zum Ausdruck zu bringen.

Wenn wir unsere eigenen Zweifel oder Sorgen in den Kreis oder Hain mitnehmen, glaube ich, dass wir sie dort heilen oder auflösen können – wir können die unangenehmen Gefühle nicht dem Teufel zuschreiben oder unsere eigene Negativität auf jene projizieren, die unsere eigenen Fehler am deutlichsten widerspiegeln.

Ceridwen ist die Dunkle Mutter der Prophezeiung, also wird sie uns nicht nur dazu inspirieren, über sonnige Tage und junge Lämmer zu singen, oder uns sagen, dass wir brillante Gedichte verfassen. Sie wird uns dabei helfen, während wir vielleicht unsere eigenen Mythen über Gottheiten ersinnen, in denen wir die Heldin/der Held oder die weise Ratgeberin, nicht das Opfer oder der Bösewicht sind, uns mit Fragen über Sterblichkeit, Leiden und Ungerechtigkeit auseinander zu setzen und letztendlich zu triumphieren. Die Welt der Kelten und der keltischen Gottheiten war rau. Das wissen wir aus Berichten über Schlachten und aus der Rekonstruktion des Alltagslebens aufgrund von Artefakten, die man fand. Ihre Glaubwürdigkeit, ihr Mut und ihr Optimismus macht die keltischen Gottheiten jedoch zu guten Lehrern für unsere Welt, wo es im Grunde noch immer um dieselben Fragen geht.

Werfen wir jetzt einen Blick auf die Gottheiten, deren Eigenschaften unsere druidische Arbeit und unser Alltagsleben inspirieren können.

DIE WELT DER GOTTHEITEN

Aufgrund der unterschiedlichen Natur der keltischen Stämme, die sich über viele Länder verteilten, wurde die Mehrheit der keltischen Gottheiten, deren Namen uns bekannt sind, auf eine Region festgelegt. Es gab keine Pantheons wie im alten Griechenland oder bei den Römern. Wir haben keine Statuen oder Bilder wie jene von griechischen und römischen Göttinnen und Göttern, die nach dem Ebenbild schöner Frauen und potenter Männer geschaffen wurden. Die Kelten waren begnadete Handwerker, aber sie schufen keine Bilder von ihren Gottheiten. Tatsächlich tauchten die ersten Figuren von Tieren und Menschen erst im 2. Jahrhundert v. Chr. auf. Erst nach dem Einfluss der römischen Bildhauerkunst im 1. Jahrhundert n. Chr. entstanden lebensechte Figuren von Gottheiten wie Cernunnos und Taranis, dem gallischen Donnergott.

Keltische Gottheiten entdecken

Wenn Sie selbst keltische Gottheiten entdecken möchten, gehen Sie hinaus aufs Land und suchen Sie auf Hügeln, Bäumen oder Felsen nach ihren Gesichtern. Die Kräfte der keltischen Gottheiten hatten mehr mit der Natur zu tun als mit abstrakten Eigenschaften wie Liebe oder Mut. Man könnte sie in Form eines Baumes oder einer Quelle verehren, aber nicht in einem geschlossenen Raum, in dem sie auf eine unvollkommene, wenn auch schöne Darstellung des Göttlichen begrenzt werden. Es scheint, dass die Kelten ihren Göttern manchmal gar keine konkreten Namen gaben, wenn sie sie anriefen, sondern vielmehr in ihrem Herzen wussten, zu wem sie sprachen.

Auf den Seiten 198–205 habe ich eine Liste verschiedener keltischer Gottheiten angeführt, die Sie, wenn Sie möchten, bei Ritualen oder als Fokus für Ihre Arbeit in Ihrem Hain verwenden können. Sie entdecken vielleicht eine oder zwei, die gut zu Ihrem Lebensstil passen, und können sich dann eingehender über sie informieren. Sie können die Namen der Gottheiten auch auf Karten schreiben *(siehe Seite 206)* und eine ziehen, um eine Gottheit zu finden, deren Stärken Ihnen zu einer bestimmten Zeit nützlich sind.

Einen Fokus für eine Gottheit erstellen

Wenn Sie mit den unterschiedlichen Energien arbeiten, möchten Sie vielleicht einen Fokus einer Gottheit erstellen, den Sie auf den Stein in der Mitte Ihres Hains, an Ihrem Arbeitsplatz oder neben Ihrem Bett ablegen möchten. Stellen Sie ihn aus natürlichem Material her, so dass er für Sie das Wesen der Gottheit widerspiegelt und keine lebensechte Darstellung ist. Verwenden Sie ein Stück Holz, aus dem Sie eine Gestalt schnitzen, kleben Sie Muscheln oder Kristalle auf Pappe oder Leinen, formen Sie Ton in eine abstrakte, spiralförmige Figur, die Vögeln oder Bienen ähnelt, machen Sie den Umriss einer Figur aus Sand oder kombinieren Sie Federn, Blätter, Blüten, ein Stück Rinde und getrocknete Gräser zu einer Collage. Es kann sich um ein abstraktes Bild handeln – vielleicht Kupferdraht, an dem Sie Blumen befestigen, oder ein Ast, auf dem Sie ein Auge oder eine Spirale markiert haben. Was immer Sie anfertigen, es repräsentiert Ihre einzigartige Verbindung mit dem Göttlichen, das sich in der Natur offenbart.

Opfergaben darbringen

Suchen Sie eine Stelle in Ihrem Hain oder irgendwo am Wasser, unter einem Baum oder neben einem alten Stein, an der Sie der speziellen Gottheit, deren Energie Sie in Ihrem Leben brauchen, Opfergaben darbringen. Da es sich dabei um persönliche Gaben handelt, sollten Sie eine einsame Stelle suchen, an der die Opfergaben in Ruhe gelassen werden. Auch hier können Sie wieder ganz persönliche Dinge wählen: Blumen oder Kräuter, die Sie gezüchtet und getrocknet haben; ein Kristall, den Sie besonders mögen; ein Gedicht oder eine persönliche Botschaft, die Sie aufschreiben und dann in der Flamme einer Kerze verbrennen; oder ein besonderes Räucherwerk. Sie können auch winzige Honigkuchen zubereiten und etwas Met oder Wein auf den Boden gießen. Sie können einen Opferaltar an einem abgeschiedenen Ort aus Schiefer oder Stein errichten, oder Ihre Opfergaben einfach auf der Erde hinterlassen.

So wie die römischen Kelten könnten Sie auch ein Symbol Ihres Berufsstandes opfern – Nägel, einen radförmigen Talisman, einen silbernen Kugelschreiber oder eine kleine mit Lavendel oder Rosenblättern gefüllt Puppe, um Ihnen nahe stehenden Menschen Segen zu bringen. Sie könnten auch eine Rose als Symbol der Versöhnung, oder Maiskolben oder ein gefärbtes Ei als Fruchtbarkeitssymbol hinterlassen.

Bei jeder Opfergabe können Sie einen Dialog mit Ihrer inneren Gottheit führen und Versprechen abgeben und um Segen bitten. Diese Versprechen einzuhalten ist noch wichtiger als solche, die Sie einer externen Gottheit geben.

DIE GOTTHEITEN DER KELTISCHEN WELT

Die folgenden Gottheiten wurden vom modernen Druidentum übernommen. Sie können mit ihren Namen und Eigenschaften arbeiten und das Land besuchen, mit dem man sie assoziierte oder sie visualisieren, wie sie auf einem Felsen oder in einem grünen Tal sitzen.

Aengus/Oengus Og – Gott der Morgendämmerung, Herr über das Land der Jugend. Bitten Sie um seine Hilfe, um Harmonie mit anderen zu schaffen oder wiederherzustellen, vor allem in Liebesbeziehungen und um einen Neubeginn einzuleiten, für den es notwendig ist, eine bequeme, aber spirituell oder emotional unbefriedigende Phase oder Lebensweise aufzugeben.

Aine – Irische Sonnen- und Mondgöttin sowie Göttin der Ernte. Bitten Sie um ihre Hilfe, wenn es um Fruchtbarkeit jeder Art geht, um für geleistete Arbeit Anerkennung oder Dank zu erhalten, um Heilkräfte zu entwickeln und um sich auf den Rhythmus Ihres Körpers und die Zyklen der Natur einzustellen.

Ana/Anu (manchmal in Verbindung mit **Dana** oder **Danu**) – Die walisische und bretonische Muttergöttin, Mutter Erde, auch eine Mondgöttin und Mutter der Flüsse und Ströme. Bitten Sie um ihre Hilfe, wenn es um Bemuttern und Pflegen geht, um Großmutter und Enkelkinder einander näher zu bringen, um Fülle zu schaffen, besonders an unfruchtbaren Orten, und um Ihre spirituelle Weisheit zu fördern, vor allem wenn Sie sehr jung sind.

Arduinna – Gallische Göttin des Waldes und Schutzpatronin des Ebers. Bitten Sie um ihre Hilfe, wenn es um die Macht der Frauen geht, vor allem am Arbeitsplatz, um klar denken und sich konzentrieren zu können und wenn Sie Mut brauchen, um für Ihre Überzeugungen einzutreten.

Arianrhod – Walisische Göttin des Vollmondes, der Zeit und des Schicksals. Bitten Sie in allen mystischen Belangen um ihre Hilfe, für spirituelle Arbeit unter den Sternen, um nach Krankheit oder Depression wieder gesund und stark zu werden, und um Ihr Schicksal selbst in die Hand zu nehmen.

Badhbh/Nemhain – Eine der drei irischen Schwestern der Schlacht, mit einem Raben oder Wolf zu vergleichen. Bitten Sie um ihre Hilfe, wenn Sie am Arbeitsplatz kämpfen müssen oder darum, Ihren Lebensstil beizubehalten, wenn es um das Schicksal geht und das Leben ungerecht ist, Sie aber wissen, dass Sie eine Situation nicht ändern können, wenn Sie Trost wegen eines Verlustes brauchen und bei der Deutung, um etwas zu sehen und weise zu sprechen, wenn Sie andere beraten.

Bel, Belenus, Beli, Belinus, Belenos, Bile – Der walisische und gallische Vatergott, der Scheinende genannt; auch ein Gott des Weizens und der Gerste. Bitten Sie um seine Hilfe, um Vorurteile durch Worte oder weise Taten zu überwinden, um sich auf die verschiedenen Jahreszeiten und das Auf und Ab des Lebens einzustellen, und für alle Feuerrituale.

Belisame/Belili – Die gallische Göttin des Lichtes und Feuers und eine Muttergöttin. Bitten Sie um ihre Hilfe bei Einzel- und Gruppenritualen, vor allem bei jenen, die mit Feuer zu tun haben, um ein neues Kunsthandwerk zu erlernen und für spirituelle Erleuchtung, wenn Sie scheinbar nicht weiterkommen.

Blodeuwedd, Blodwin, Blancheflor – Die walisische Jungfraugestalt der Mondgöttin, erschaffen aus Blumen, Göttin des Frühsommers und der blühenden Erde. Bitten Sie um ihre Hilfe, um den Sommer in Ihrem Leben willkommen zu heißen, spirituell und emotional, um mit der spirituellen Essenz der Blumen zu kommunizieren und für Rituale bei Mondlicht.

Boann/Boanne – Eine irische Muttergöttin und Gottheit der fließenden Gewässer und der Erde, die diese fruchtbar machen. Bitten Sie um ihre Hilfe bei allen Wasserritualen, um die Zeit langsamer vergehen zu lassen, wenn Sie überfordert sind. Bitten Sie sie um Fruchtbarkeit, und darum ein Hüter der Erde zu werden und gegen alle Formen von Umweltverschmutzung zu kämpfen.

Bran, der Gesegnete – Ein alter britischer Sonnengott, dessen Symbol der Rabe war und der für seine prophetischen, schützenden Fähigkeiten berühmt war. Bitten Sie um seine Hilfe, um Mut, Edelmut und Altruismus zu erlangen, um die Schwachen zu beschützen und um prophetische Gaben weise einzusetzen.

Branwen – Eine schöne walisische Göttin des Kessels, die geduldig die Ungerechtigkeiten des grausamen irischen Königs Mathowch ertrug. Bitten Sie Branwen um Hilfe, um Ihr Vertrauen in sich selbst zu stärken, um emotionaler Erpressung standzuhalten, um Gerechtigkeit für Frauen zu erlangen, die physisch oder mental missbraucht werden, um bei Ihrer Arbeit auch unter Druck Ihre Integrität zu wahren.

Brigid – Eine der populärsten Göttinnen im Druidentum, eine der drei Schwestergöttinnen und wie die keltische Heilige, Bridget, mit der sie den Namen teilt, ist sie die irische Schutzgöttin des Feuers und der Sonne. Sie ist auch die Göttin der Schmiedekunst, des Herdes, der Heilung und der Inspiration. Bitten Sie um ihre Hilfe bei allen Sonnen- und Feuerritualen, bei Frühlingsriten, bei Angelegenheiten, die Mütter und Kinder betreffen. Sie ist die Göttin der Heilung und Inspiration und Schutzherrin und weise Lehrerin des modernen Druidentums und vor allem neuer Druidinnen.

Cailleach – Allgemeiner Name für eine Reihe irischer und schottischer Göttinnen des Winters. Bitten Sie um ihre Hilfe bei Winterritualen, um Tiere zu schützen und um älteren Frauen bei Fragen des Älterwerdens beizustehen,. Bitten Sie sie um Hilfe dabei, unabhängig vom Alter, Weisheit zu erlangen.

Cernunnos/Herne, der Jäger – Ein gallischer, gehörnter Gott, eine Form einer Reihe von keltischen, gehörnten Göttern, einschließlich Herne, dem Jäger im alten Britannien (England) und Teilen Galliens. Bitten Sie um seine Hilfe, um angeborene Stärken zu fördern, bei Winterritualen und Waldzeremonien, um schwere Krisen zu überstehen und für Freude an der Sexualität.

Ceridwen – Diese walisische Mondgöttin war die Hüterin des Kessels der Inspiration. Bitten Sie um ihre Hilfe bei persönlichen Initiationsriten, die Sie zur Druidin machen, um Druidinnen zu beschützen, für Prophezeiungen, für Inspiration in der Dichtkunst und Kräuterheilkunde.

Cliodhna mit dem goldenen Haar – Irische Göttin der Heilung, des Meeres und der Schönheit. Bitten Sie um ihre Hilfe bei Heilungs- und Meeresritualen, um die eigene innere Schönheit zu bewahren. Bitten Sie sie auch um Standhaftigkeit gegenüber den externen, von den Medien propagierten Schönheitsidealen und um die Steigerung Ihrer Selbstachtung. Bitten Sie auch bei Beziehungsproblemen und Versöhnungsritualen um ihre Hilfe.

Coventina – Eine britische Göttin heiliger Quellen und heilender Brunnen, deren Name romanisiert wurde. Bitten Sie um ihre Hilfe, um ein Kind sicher und gesund zur Welt zu bringen und um vor allem Frauen zu heilen. Fragen Sie sie nach Träumen, die die Zukunft und frühere Leben betreffen, und bitten Sie sie darum, Liebe und Glück in Ihr Leben zu bringen.

Der Dagda – Ein Vatergott Irlands, Besitzer eines heilenden Kessels und ein Gott des Todes und der Wiedergeburt. Bitten Sie um seine Hilfe, um angeborene Kräfte zu fördern, um Hoffnung und Vertrauen nach einem Verlust, Betrug oder Rückschlag wiederherzustellen und um mit männlichen Vorurteilen oder Chauvinismus am Arbeitsplatz fertig zu werden. Bitten Sie ihn auch um seinen Schutz.

Danu – die irische Muttergöttin und Mutter der irischen Gottheiten, eine geheimnisvolle Flussgöttin, die kaum als eine Person, sondern vielmehr als eine kreative Energie beschrieben wird. Bitten Sie sie um Kreativität und Originalität. Bitten Sie sie um einen stärkeren Fluss der Lebenskraft, wenn Sie sich niedergeschlagen fühlen und darum, materielle Ressourcen und Zeit weise zu nutzen.

Donn – Der irische und walisische Gott der Straße und der Reisenden, in dessen Haus sich der Tod angeblich auf seinem Weg zum Leben nach dem Tode ausruhte. Bitten Sie um seine Hilfe, wenn Sie erschöpft sind, sich aber nicht entspannen können. Bitten Sie ihn um Traumreisen, um Sicherheit auf Reisen und um die Erleichterung von Übergangsphasen in Ihrem Leben.

Druantia – Die Tannengöttin, Göttin des Feuers und Beschützerin von Müttern und Neugeborenen. Bitten Sie um ihre Hilfe bei Reinigungsritualen. Bitten Sie um ihren Schutz für die ganz Jungen, für schwangere Frauen und junge Mütter und um die Förderung Ihrer Weissagefähigkeiten. Bitten Sie sie auch um Beistand bei der Arbeit mit Bäumen.

Epona – Die Pferdegöttin der Gallier und alten Briten, die von den Römern übernommen wurde. Bitten Sie um ihre Hilfe bei allen Fragen der Fruchtbarkeit und Mutterschaft. Bitten Sie sie um ihren Schutz bei Reisen und Handel und darum Pferde und Reiter zu beschützen. Rufen Sie sie um ihre Hilfe an, um sich mit den Energien der Erde zu verbinden.

Eriu – Die irische Sonnen- und Muttergöttin und Beschützerin des Landes und aller, die darin leben. Bitten Sie um ihre Hilfe, wenn es um Vertrauen bei der Arbeit und zwischen Liebenden geht. Bitten Sie sie um Unterstützung, wenn Sie neue Verantwortung übernehmen. Bitten Sie sie um Unterstützung und darum Glück und Optimismus zu fördern. Fragen Sie nach Ihrer Hilfe, bei Ritualen die mit der Erdenergie zu tun haben.

Grainne – Eine irische Sonnengöttin, die der Legende nach, jeden Frühling die Fruchtbarkeit der Erde wachrief. Bitten Sie um ihre Hilfe für weibliche Kraft und für Fruchtbarkeit. Fragen Sie nach ihrer Unterstützung älterer Frauen, die eine neue Beziehung oder eine zweite Karriere genießen. Bitten Sie sie auch um Hilfe bei Ernteritualen aller Art, um die Früchte früherer Arbeit oder Bemühungen ernten zu können.

Der Grüne Mann – Alte britische Gottheit der Vegetation, der Bäume und aller grünen, wachsenden Dinge der Erde und Waldgott. Häufig sieht man ihn in Stein gemeißelt bei Kirchen, nicht weit entfernt von einem Brunnen, der von Laubwerk umgeben ist. Der Grüne Mann, auch bekannt als der Verborgene und der Wilde Hirte, ist der archetypische Geist aller Vegetation und Pflanzen, einschließlich Bäume, Gemüse und Obst. Er ist der Vorläufer der formellen Religion und vielleicht sogar des Gehörnten Gottes, Gemahl der Muttergöttin, mit der er eng verbunden ist. Bitten Sie um seine Hilfe bei Fruchtbarkeitsritualen, bei Ritualen für die Wiederaufforstung und die Wiederherstellung von Ödland. Bitten Sie ihn um eine gute Ernte in Ländern, in denen es eine Hungersnot gibt, für Frühsommerrituale und für Waldrituale.

Gwydion – Die walisische Magier-Gottheit, die man in der Folklore manchmal den Druiden der Götter nennt, Gottheit der Barden, der Musik und der Kunst. Bitten Sie um seine Hilfe, um magische Einsichten zu erhalten, um Ihre Kreativität als Druidin, die sich persönliche Rituale ausdenkt, zu fördern, und für Einfallsreichtum, vor allem, wenn konventionelle Mittel und Wege versagt haben.

Llew – Der walisische und gallische Gott des Lichtes, den man mit der jährlichen Wiedergeburt der Sonne am kürzesten Tag, der Wintersonnenwende am 21. Dezember, verbindet. Bitten Sie um seine Hilfe bei allen Sonnenritualen. Bitten Sie ihn um Hilfe dabei, Herausforderungen in Chancen zu verwandeln, und dabei einen Neubeginn nach einer Zeit der Dunkelheit zu schaffen.

Lugh – Der irische Gott des Lichtes und der Sonne. Bitten Sie um seine Hilfe bei Ritualen, um neue Ideen oder Lebensweisen in die Tat umzusetzen, um das, was sich nicht ändern lässt, zu akzeptieren und zu wissen, dass wieder bessere Zeiten kommen werden. Bitten Sie ihn um Hilfe dabei in die vom Krieg zerrissenen Länder Frieden zu bringen, und auch darum Altruismus zu fördern.

Mabon – Das walisische göttliche Kind und das innere Kind der Druidin. Bitten Sie um seine Hilfe bei Lebenszyklus-Ritualen, um die Unschuld und die geistigen Visionen der Kindheit mit der Weisheit, die Sie als Druidin erworben haben, zu verschmelzen. Bitten Sie sie um die Erfüllung bereits aufgegebener Träume und um Hilfe dabei, aus einem emotionalen Gefängnis auszubrechen.

Macha/Nass – Als eine weitere der irischen Schwestergöttinnen, ist sie die Mutter der befruchteten Erde und eine Gottheit des Todes, die zur Wiedergeburt führt. Bitten Sie um ihre Hilfe, um die intellektuellen und spirituellen Fähigkeiten der Frau zu fördern und um sich Ungerechtigkeiten oder Missbrauch jeder Art zu widersetzen. Bitten Sie um ihre Hilfe dabei Türen zu schließen, die schon vor langer Zeit hätten geschlossen werden sollen und dabei hoffnungsvoll in die Zukunft zu schreiten.

Manannàn oder Manannàn mac Lir – Gott der Insel Man und irischer Gott des Landes der Seligen. Eine Gottheit der Gerechtigkeit und ein Meistermagier. Bitten Sie um seine Hilfe bei Meeresritualen, für das Formwandeln, um sich in zwei Welten, der magischen und der irdischen, zu bewegen, und um zu lernen, Ihrem eigenen Urteil zu vertrauen.

Modron – Die walisische Muttergöttin und Mutter der Ernte, des sanften Todes und der heilenden Gewässer. Bitten Sie um ihre Hilfe für Fruchtbarkeit. Bitten Sie um ihre Unterstützung bei der Wassermagie und dabei schwierige und zerstörerische Einflüsse und Situationen hinter sich zu lassen. Bitten Sie um ihre Hilfe dabei, die Eigenliebe zu fördern, und traurige Erfahrungen in positive Erkenntnisse über sich selbst und andere umzuwandeln.

Morgan le Fey/Morgana – Gallische und britische Göttin des Meeres, des Todes und des Winters. Bitten Sie um ihre Hilfe bei Frauenritualen jeder Art und um jene zu führen, die einen schwierigen Lebensweg haben. Bitten Sie um Hilfe dabei, den Winter und emotional dunkle Seiten zu akzeptieren, um Unterstützung dabei, älteren Frauen zu helfen und bei der Ausführung von Meeresritualen.

Nemetona – Gallische und britische Göttin des Heiligen Hains, kriegerische Hüterin heiliger Orte und Wälder (von den Römern übernommen). Bitten Sie sie um Hilfe, Ihre Kräfte zu konzentrieren und bei der Arbeit im heiligen Hain. Ersuchen Sie sie um ihren Beistand bei der Verteidigung dessen, was Ihnen spirituell wichtig ist und darum, männliche und weibliche Energien in Beziehungskonflikten zu vereinen.

Rhiannon – Walisische Göttin des Mondes und der Anderswelt. Bitten Sie um ihre Hilfe, um aussagekräftige Träume zu erhalten, für Mondmagie und um sich von emotionalem und physischem Missbrauch zu erholen. Bitten Sie sie darum, Ungerechtigkeit und Intoleranz geduldig hinzunehmen, wenn Ihre Chancen zu schlecht stehen, um sich zu verteidigen.

Taranis – Der Donnergott der Gallier, dessen Symbol das Rad war und der von den Römern übernommen wurde. Bitten Sie um seine Hilfe, wenn Sie Ihr Leben drastisch verändern wollen und dabei, Ihre Wut im Zaum zu halten, wenn Sie gegen Ungerechtigkeit ankämpfen müssen. Bittem Sie ihn um Hilfe dabei, wieder Bewegung in Ihr Leben zu bringen und im Einklang mit den Zyklen des Jahres und Ihres Lebens zu arbeiten.

Ihre Gottheiten wählen

Gehen Sie wie folgt vor, um die passenden Gottheiten für das, was Sie vorhaben, auszuwählen.

- Warten Sie, ob in Ihrem Geist Bilder auftauchen oder ob Sie in Ihrem Inneren weise Worte vernehmen. Notieren Sie diese in Ihrem Tagebuch. Wenn Sie mit drei oder vier Gottheiten arbeiten, Informationen über sie sammeln, aber auch zulassen, dass sie zu Ihnen sprechen, wenn Sie im Freien sind, selbst in einem Stadtpark oder Naturschutzgebiet, werden Sie feststellen, dass Sie deren Stärken herbeirufen können, wenn Sie sie in Ihrem Leben brauchen.

- Es ist auch hilfreich, Symbole für die Gottheiten, die Ihnen wichtig sind, zu erstellen oder zu zeichnen, zum Beispiel, einen kleinen silbernen Bogen für Arduinna, die gallische Göttin des Waldes, wenn Sie sich in der grimmigen Arbeitswelt wie eine Jägerin verhalten müssen.
- Es könnte auch hilfreich sein, die Namen und eventuell Symbole jener Gottheiten, die für Ihr Leben als moderne Frau relevant sind, auf einzelne, weiße Karten zu schreiben, die eine Spur größer als Tarotkarten sind. Vielleicht möchten Sie auch auf jede Karte ein Bild Ihrer Lieblingsgötter zeichnen, und auf diese Weise ein wunderschönes, persönliches spirituelles Hilfsmittel schaffen. Selbst Frauen, die keine begnadeten Künstler sind, können wunderbare abstrakte Karten erstellen. Wenn Sie möchten, schreiben Sie ein Schlüsselwort auf die Karte, um die Stärke dieser Gottheit zu rufen. Lassen Sie die Rückseite leer und laminieren Sie die Karten.
- Wenn Sie eine Entscheidung treffen müssen oder einen spirituellen Energiestoß brauchen, legen Sie die Karten mit der Bildseite nach unten im Kreis auf, wie Sie das schon mit den Tierkarten *(siehe Kapitel 9)* gemacht haben. Ziehen Sie intuitiv eine mit Ihrer Krafthand (der Hand, mit der Sie schreiben). Gelegentlich habe ich auch die Tier- und Gottkarten gemeinsam verwendet und dabei festgestellt, dass ich jedes Mal zueinander passende Bilder zog, etwa Rhiannon und dann die Amsel – Rhiannons Vogel, wenn einem nichts anderes übrig bleibt als trotz eines Missgeschicks voller Heiterkeit zu pfeifen und zu singen.

Im nächsten Kapitel werden wir um das Jahresrad schreiten oder tanzen, und die letzte wichtige Verbindung zwischen persönlichen und kosmischen Ritualen herstellen.

12. DAS DRUIDISCHE JAHR

Frauen sind mit den Jahreszeiten und den entsprechenden Energien stark im Einklang. Wir alle haben schon einmal gegen Ende des Winters unsere Schuhe abgestreift und sind im ersten Sonnenlicht durch das feuchte Gras gelaufen, voller Begeisterung über den Gesang der Vögel und die undefinierbare Verzückung, die in der Luft lag. Wir fühlen uns traurig, wenn wir Anfang Dezember vom Einkaufen nach Hause gehen, obwohl unsere Tüten voll mit Weihnachtsdekorationen und Leckereien sind, denn es kommt uns vor, als würde das Jahr sterben.

Formelle Druidenorden, kleine Gruppen und einzelne Druidinnen kennzeichnen bestimmte Wendepunkte im Jahr mit Zeremonien, die hauptsächlich aus dem achtzehnten Jahrhundert stammen.

Wir wissen aus frühen christlichen Berichten, dass christliche Feste auf die älteren heidnischen Feste zurückgingen. Die Druiden, als Priester, feierten zu bestimmten Zeiten im Jahr Feste, wie etwa zum Frühlingsbeginn und nach der Ernte. Diese hingen mit der Landwirtschaft zusammen, denn das Überleben dieser Menschen hing überwiegend von einer guten Ernte und von der Fruchtbarkeit der Herden ab. Formelle Rituale waren eine allgemein anerkannte Methode, um auszudrücken, dass, egal wie sehr sich der Mensch anstrengte und bemühte, die Fruchtbarkeit der Herden, das Wachsen des Getreides und die Gesundheit der Menschen – damals wie heute – von Mächten abhängen, die außerhalb der menschlichen Kontrolle liegen.

Obwohl moderne Frauen heute vielleicht nicht mehr die jährliche Wiedergeburt der Sonne feiern, sind die Kräfte der Natur außerhalb der verschlossenen, klimatisierten Käfige, in denen viele von uns leben und arbeiten, noch immer in Kraft. Manchmal machen sich diese Kräfte urplötzlich bemerkbar und unsere von Menschenhand gesteuerte Welt gerät vorübergehend aus den Fugen.

Ich erinnere mich, dass ich 1994 in einem Hotel in Los Angeles war, als sich ein Erdbeben ereignete. Plötzlich wurde das zivilisierte, hoch entwickelte Amerika von den Urgewalten erschüttert. Zum Glück hielt unser Hotel den Erschütterungen stand und wir alle suchten im finsteren Café Zuflucht. Die meisten von uns waren dankbar, am Leben zu sein, doch ein Mann konnte absolut nicht verstehen, dass es kein warmes Frühstück gab und der Zimmerservice eingestellt wurde. Andere Leute beschwerten sich an der Hotelrezeption über den Stromausfall und die Glasscherben in ihrem Zimmer und versuchten verzweifelt, jemanden zu finden, der wieder alles in Ordnung bringen sollte, damit man wie gewohnt weitermachen konnte. Auf einem der Boulevards öffnete ein Bagelstand so als ob nichts geschehen sei, obwohl in der Straße ein tiefer Krater war.

In unserer modernen Wohlstandsgesellschaft wird Essen verpackt oder fertig zubereitet verkauft, und biologische oder natürliche Lebensmittel sind ein Luxus. Mit den Tieren, die unter Bedingungen gezüchtet werden, die bestimmt viel unmenschlicher sind als jene der Kelten, bei denen die Tiere im Wohnbereich der Menschen gehalten wurden, hat man nichts zu tun. Wir essen genetisch verändertes Gemüse, das glänzt und strahlt, keine Flecken aufweist und nicht verdirbt. Nur wenige von uns sind darüber informiert oder besorgt, wie giftig die Chemikalien sind, die man braucht, um perfektes Gemüse zu züchten.

Hochspannungsleitungen sorgen für Heizung und Licht, und das vierundzwanzig Stunden am Tag, jeden Tag. Es wird jedoch befürchtet, dass sich die elektromagnetischen Felder solcher

Leitungen auf die Gesundheit der Tiere, die darunter weiden und der Kinder, die in der Nähe leben, auswirken.

Wir nehmen die Jahreszeiten gar nicht mehr wahr, denn solange es keine Überschwemmung gibt, oder ein Gewitter die Stromversorgung unterbricht oder ein Erdbeben stattfindet, können wir die Nacht zum Tag oder den Winter zum Sommer machen, indem wir einfach auf einen Knopf drücken. Wir können sogar Ferien unter riesigen, beheizten Glaskuppeln verbringen.

ZUR ALTEN LEBENSWEISE ZURÜCKKEHREN

Doch das Jahresrad dreht sich immer noch. Das Getreide reift heran und die Blätter verfärben sich. Ein plötzlicher Regenschauer, das strahlende Leuchten der Frühlingssonne oder die Blumenteppiche in den Parks wirken sich auf unseren eigenen inneren Lebenszyklus aus und sind vielleicht der Grund dafür, dass sich unsere Energiemuster von Woche zu Woche verändern. Eine saisonal bedingte Depression (auch Seasonal Affective Disorder oder SAD) ist möglicherweise nicht nur physiologisch bedingt, sondern spiegelt vielleicht auch die Tatsache wider, dass wir uns weiter antreiben, wenn es kalt und finster ist, obwohl unser Körper und unser Geist sich ausruhen und zurückziehen wollen. Selbst wenn wir nicht mehr das Gefühl haben, dass wir die Naturkräfte mit Opfergaben und Gebeten um mildes Wetter und eine gute Ernte bitten müssen, sollten wir trotzdem auf unsere innere saisonale Uhr hören, die uns angibt, wann es Zeit ist, Dinge ruhen zu lassen oder zu ernten, was wir gesät haben. Man kann das druidische Jahr also auch auf ganz persönlicher, symbolischer Ebene feiern.

Selbst wenn Sie in einer Stadt leben, können Sie sich die Bedeutung der Herden und des Getreides bewusst machen. Wenn Sie durch das Jahr schreiten oder tanzen und einige der magischen Riten der modernen Druidinnen und Druiden (sowie Hexen) ausführen, akzeptieren Sie damit Ihre Rolle als Beschützer dessen, was in Ihrer Macht liegt und bringen jenen Mächten Opfergaben und Gebete dar, auf die der Mensch keinen Einfluss hat.

MEINE PERSÖNLICHE REISE AUF DEM KOSMISCHEN KARUSSELL

Ich möchte Ihnen ein äußerst magisches Jahreskreisfest schildern, das ich mit meiner sechzehn Jahre alten Tochter Miranda besuchte, und das vom Orden der Barden, Ovaten und Druiden in Avebury in Wiltshire abgehalten wurde. Zuvor hatte ich den Verlauf des Jahres lieber allein oder mit Familienritualen gefeiert.

Doch als ich an der organisierten Zeremonie teilnahm, wurde mir nicht nur klar, dass man gemeinsam viel mehr Energie erzeugen kann, sondern ich erkannte auch, dass wir durch die Jahreskreisfeste irgendwie auf der geistigen Ebene unseren Platz und unsere Aufgabe akzeptieren, dabei zu helfen, das symbolische Rad weiterzudrehen. Obwohl ich am nächsten Tag wieder damit beschäftigt war, einzukaufen, zu arbeiten, die Familie herumzukutschieren und mir über Geld Sorgen zu machen, hat mich etwas auf einer ganz tiefen Ebene berührt.

Es war der Tag vor der tatsächlichen Wintersonnenwende. Die Laternenprozession schlängelte sich in der zunehmenden Dunkelheit in Richtung Steinkreis. Der Klang der Trommel und des keltischen Dudelsacks durchbrach die Stille, als Druiden und Druidinnen in weißer Robe und mit dem Grün und Weiß der Jahreszeit geschmückt, sich an den Händen fassten und einen Kreis bildeten.

Die meisten hatten sich warm eingehüllt, um sich gegen die eisigen Temperaturen zu schützen. Einige waren von weit her gekommen; Leute aus dem Dorf hatten sich der Prozession spontan angeschlossen, angezogen von den tanzenden Lichtern, die die eisige Dunkelheit erhellten.

In der Mitte befanden sich die schwarz gekleideten Druidinnen, die die Mütter aus alten Zeiten repräsentierten – die Schicksalsgöttinnen, die die Zeit der Dunkelheit überwachen. Eine ältere Druidin, die die alte Frau des Winters repräsentiert, war ebenfalls da, und brach das Eis mit ihrem Stechpalmenstab und forderte uns auf, mit ihr in die Dunkelheit zu schreiten.

Dann, als alle Lichter gelöscht wurden, hörte man in der Dunkelheit und Stille nur das leise Gebet eines jungen Druiden, dass die Sonne wiedergeboren würde, dass Licht und Hoffnung und Leben nicht ausgelöscht würden.

Ein einziges Licht schimmerte schwach, als der Druide, der den Sonnenkönig repräsentierte, seinen Platz einnahm. An dieser einzelnen, zentralen Flamme wurden alle Laternen wieder entzündet.

Die Druidin, die als seine Mutter sprach, freute sich darüber, dass ihr Sohn wiedergeboren war, nicht in einem Palast, sondern inmitten der kalten Steine und der Schafe und Kühe, die man in der Ferne hören konnte. Aus dem Kreis der Menschen, die ihre Hände von der Erde zum Himmel und wieder zurück streckten, konnte man den schaurigen »Awen«-Ruf vernehmen, das Wort, das Licht, Leben und Inspiration auslöst. Lauter und lauter stieg der Ruf zum Himmel auf.

Die drei Mütter hatten wieder einmal ihre Arbeit als Hebammen getan und verließen den Kreis. Ich hatte das seltsame Gefühl, dass wir, die wir dort versammelt waren, unseren Beitrag geleistet hatten und das Jahresrad sich weiterdrehen würde.

Der bewegendste Teil der Zeremonie war für mich, als ein feierliches Horn geblasen wurde, um die Vorfahren in unserem Kreis willkommen zu heißen. Ich blickte meine Tochter an, die in meinen Umhang gehüllt war und sah meine verstorbene Mutter neben uns stehen. Noch verschwommener konnte ich in meinem Geist die Kinder meiner Kinder sehen, die in dieser Welt außerhalb der Welt warteten. Plötzlich konnte ich verstehen, was es heißt, Teil der Geschichte zu sein und wie wichtig es für mich als Druidin ist, die Verantwortung für meinen Anteil an der Erde und jene, mit denen ich lebe oder denen ich bei der Arbeit und in meiner Gemeinde begegne, zu übernehmen.

DAS JAHRESRAD

Die Tage der Sonnenfeste – die Sonnenwenden und die Tagundnachtgleichen – variieren jedes Jahr ein wenig, da die Umlaufbahn der Erde um die Sonne nicht exakt mit unseren Kalendern übereinstimmt. Das genaue Datum finden Sie in jedem Taschenkalender oder in Ephemeriden.

Manche Gruppen von Druidinnen und Druiden feiern am Wochenende um die Tagundnachtgleiche oder die Sonnenwende, weil es leichter ist, sich am Wochenende zu treffen. Feiern Sie die vier dazwischen liegenden Mondfeste entweder zum jeweiligen Datum oder am Abend davor. Auch in diesem Fall können Sie am nächstliegenden Wochenende feiern.

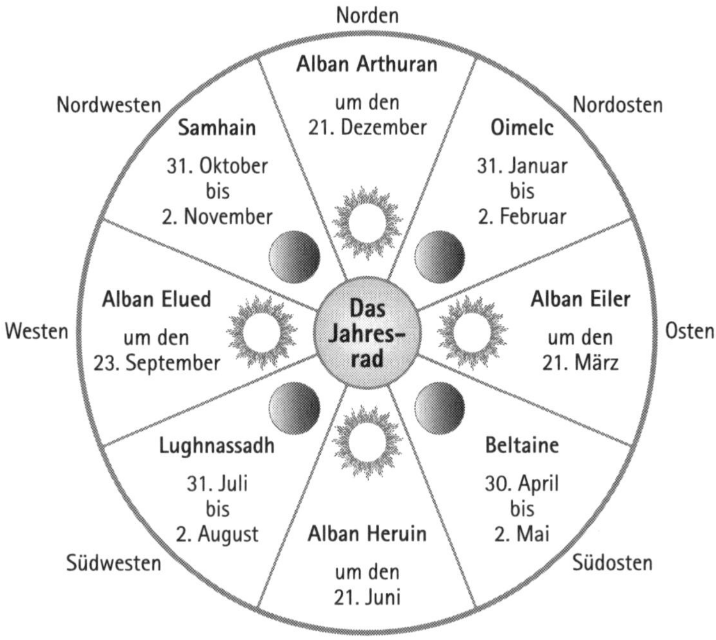

Das Jahresrad mit den Sonnen- und Mondfesten

Im modernen Druidentum, jedoch nicht bei den Kelten, werden die vier Sonnenfeste Alban genannt, was Licht bedeutet. Angeblich spiegelt dieser Name sowohl das tatsächliche wie auch das spirituelle Licht wider, das in die Welt und das Fest eindringt. Nicht jede Druidenorganisation legt auf die vier Mondfeste gleich viel Wert. Wir wissen jedoch, dass es zahlreiche Legenden um die Feuerfeste gibt und dass sie, wie ich schon erwähnt habe, für die Landwirtschaft wichtig waren. Seit einem unbestimmten Zeitpunkt, aber spätestens seit dem späten achtzehnten Jahrhundert, wird die dunkle Hälfte des Jahres und das keltische Neujahr an Samhain (Halloween) und die helle Hälfte des Jahres, der Sommer, an Beltaine (Maifeiertag) gefeiert. Diese Feste bilden somit auch den Zugang zu neuen Energien.

Im modernen Druidentum und in der Hexenkunst leitet der Sonnenuntergang drei Tage vor dem Hauptfesttag die Festzeit ein. Wenn Sie möchten, können Sie also diese Tage für entsprechende Aktivitäten, entweder allein oder mit Familie und Freunden, nutzen. Ich nutze sie sowohl für die Tagundnachtgleichen wie auch für die Sonnenwenden. Jeder einzelne sechswöchige Abschnitt repräsentiert eine bestimmte Kraft, aber Sie stellen vielleicht fest, dass Sie schon eine Woche vor dem tatsächlichen Wendepunkt die Energien des nächsten Abschnitts wahrnehmen, und das sogar in einem mehrstöckigen Bürogebäude inmitten eines Meeres aus Betontürmen.

Samhain

Vom Sonnenuntergang am 31. Oktober bis zum Sonnenuntergang am 2. November, die Zeit der weisen Vorfahren, die sowohl zurück in die Vergangenheit als auch in die Zukunft blicken.

Tier – Rabe

Baum – Apfel

Kräuter und Räucherwerk – Zypresse, Diptam (Flammender Busch), Farne, Muskatnuss, Salbei und Kiefer.

Kerzenfarbe – Orange

Kristalle – Dunkelblauer Sodalith, dunkler Amethyst, grauer Rauchquarz, dunkelbrauner Jaspis, schwarzer Gagat und Obsidian.

Symbole – Als Fokus verwenden Sie Äpfel, die Gesundheit verkörpern und für die Liebes-Deutung an Halloween eingesetzt werden, einem Brauch, der auf druidische Zeiten zurückgeht; Kürbis, Nüsse und Herbstlaub, vermischt mit immergrünen Pflanzen, die andeuten, dass das Leben weitergeht.

Samhain-Rituale sind gut, um sich zu schützen oder Ängste zu überwinden, um alte Geister psychologisch zu besänftigen, um positive Einflüsse der Familie, der vergangenen wie der gegenwärtigen, willkommen zu heißen, und um den natürlichen Übergang von einem Lebensabschnitt zum nächsten zu kennzeichnen.

Persönliche Aktivitäten

- Zünden Sie eine riesige orangefarbene Kerze an und stellen Sie sie an einer sicheren Stelle vor einem Fenster auf, damit sie Ihr Heim beschützt und spirituell den Heimweg jener erhellt, die Ihnen nahe stehen und die vielleicht weit weg sind. Lassen Sie die Kerze von der Abenddämmerung bis Mitternacht an Halloween brennen.
- Legen Sie eine Knoblauchzehe auf das Fensterbrett eines Westfensters und sagen Sie: »Möge hier nur Gutes eintreten.« Hinterlassen Sie das Lieblingsessen, Blumen und Fotos von verstorbenen Familienmitgliedern auf dem Herd oder an einer anderen zentralen Stelle Ihres Heims. Kochen Sie nach den Lieblingsrezepten Ihrer Urgroßmutter und erzählen Sie, vor allem jüngeren Familienmitgliedern, alte Familiengeschichten.
- Schneiden Sie acht Löcher statt eines Gesichts in einen Kürbis und stellen Sie eine Kerze hinein. Schauen Sie durch jedes der Löcher, um in andere Dimensionen zu blicken und Weisheit zu erfahren.
- Blicken Sie in ein Feuer oder eine Kerzenflamme und lassen Sie in Ihrem Geist spontan Bilder aus vergangenen Welten oder vielleicht früheren Leben auftauchen.

Alban Arthuran (das Licht des Arthur)
Das ist die Wintersonnenwende, die vom Sonnenuntergang um den 21. Dezember, laut astronomischem Kalender, drei Tage lang dauert. Die Wiedergeburt von Licht und Hoffnung; alte Probleme werden gelöst und zurückgelassen.
Tier – Stier
Baum – Stechpalme
Kräuter und Räucherwerk – Lorbeer, Zeder, Fieberkraut, Stechpalme, Wacholder, Kiefer und Rosmarin
Kerzenfarben – Weiß, scharlachrot und gold
Kristalle – Tiefgrüne Steine, wie Aventurin, Blutstein oder Amazonit
Symbole – Verwenden Sie immergrüne Zweige, vor allem Kiefer- oder Tannenzweige, einen Kreis aus abwechselnd roten und goldenen oder weißen Kerzen, kleine Holzklötze, vor allem von

Eiche und Esche, die Sie selbst gefunden haben, als ein Symbol Ihres Glaubens, dass morgen ein neuer Tag ist und für inneren Weitblick.

Wintersonnenwend-Rituale sind gut, um unerwünschte Einflüsse und abgeschlossene Phasen loszuwerden, für das Heim und langfristige finanzielle Pläne, für ältere Familienmitglieder, und für die Aussicht auf bessere Zeiten, wenn wir nur den Rest des Winters oder eine schwierige Zeit unseres Lebens überstehen. Die Nächte werden allmählich wieder kürzer.

Persönliche Aktivitäten

- Während die Nacht der Wintersonnenwende zu Ende geht, zünden Sie eine dunkle Kerze an und verbrennen Sie in ihrer Flamme Fäden oder Kräuter, die alles repräsentieren, was Sie hinter sich lassen müssen. Bei Sonnenuntergang zünden Sie an ihrer Flamme eine dünne Kerze an und entzünden damit eine goldene Kerze; die dunkle Kerze löschen Sie dann aus. Wenn Sie mit Freunden oder Familienangehörigen arbeiten, können diese nacheinander ihre Kerzen an der Sonnenwendkerze entzünden, und sich etwas für die Zukunft wünschen.
- Verzichten Sie auf Weihnachtseinkäufe und fahren Sie am Tag der Sonnenwende aufs Land oder in einen nahen Wald und sammeln Sie mit Freunden und Familie immergrüne Zweige. Suchen Sie oder kaufen Sie Stechpalmen-, Efeu- und Mistelzweige, die das Potenzial neuen Lebens repräsentieren. Stellen Sie an diesem Tag auch Ihren Sonnenwend-/Christbaum auf und dekorieren Sie ihn. Singen Sie dabei alte Lieder mit heidnischen Untertönen, wie etwa *The Holly and the Ivy, Cherry Tree Carol* und *Green Grow the Rushes.*
- Sobald die Dunkelheit hereinbricht, zünden Sie draußen oder in einem kleinen Metalltopf ein Feuer an und verbrennen Sie darin kleine Eiben-, Eichen- und Stechpalmenzweige sowie Kiefernnadeln und Rosmarin. Damit drücken Sie Ihren Glauben aus, dass die Sonne wieder scheinen wird – und helfen ihr rituell, wieder an Kraft zu gewinnen. Während Sie die Kräuter in das Feuer werfen, nennen Sie jemanden, der nicht bei Ihnen sein kann und Anliegen, die Ihnen am Herzen liegen und die von der neuen Kraft der Sonne profitieren werden.

- Füllen Sie am Abend der Wintersonnenwende eine Metallschale mit Wasser. Gemäß der uralten Tradition lassen Sie entweder alleine oder abwechselnd mit Freunden und Familie Wachs von den Weihnachtskerzen in das Wasser tropfen. Wenn das flüssige Wachs auf das Wasser trifft, wird ein Bild entstehen, und ein zweites, beständigeres, wenn das Wachs fest wird. Das erste zeigt Ihnen einen Bereich, der in den nächsten Tagen Früchte tragen wird und das zweite, wie Sie die Energien des zunehmenden Lichts maximieren können. Waschen Sie die Schale zwischen den einzelnen Lesungen aus.
- Formen Sie aus Ton Ihre eigenen Santons. Das sind winzige Figuren, ähnlich wie Weihnachtsfiguren, die ihren Ursprung in Frankreich haben und nach Ortsansässigen und Familienmitgliedern gefertigt werden. Die Szene kann die Wiedergeburt der Sonne/Göttin darstellen; malen Sie die Figuren an und stellen Sie sie um Ihren Baum oder in einer Höhle aus Steinen und Kristallen auf.

Imbolc/Oimelc

Imbolc (im Bauch der Mutter) oder Oimelc (das Fest der Milch der Mutterschafe) wird vom Sonnenuntergang am 31. Januar bis zum Sonnenuntergang am 2. Februar gefeiert. Das Zunehmen des Lichts und das Erwachen neuer Hoffnung.

Tier – Schlange

Baum – Weide

Kräuter und Räucherwerk – Engelwurz, Basilikum, Benzoe, Schöllkraut, Heidekraut und Myhrre

Kerzenfarbe – Blassrosa, grün, blau und weiß

Kristalle – Dunkelrote Steine, wie Granat, aber auch purpurfarbener Amethyst, rosafarbener Rosenquarz und weißer Mondstein für Fruchtbarkeit und das Erwachen der Gefühle.

Symbole – Verwenden Sie die allerersten Schneeglöckchen oder die ersten Knospen, Blumen, Milch, Samen und Honig.

Imbolc-Rituale sorgen für Heilung und spirituelle Nahrung in Form von spiritueller Milch; einige moderne Druidinnen finden sie hilfreich, um Liebe und Vertrauen zu wecken, entweder zur Zeit der Feier oder nach einem Treubruch oder emotionalem Verlust.

Persönliche Aktivitäten

- Folgen Sie der uralten Tradition und gießen Sie frische Milch auf die Erde zu Ehren der Mutter und bitten Sie dabei um Fruchtbarkeit in jedem Bereich Ihres Lebens, in dem Sie sie brauchen.
- Stellen Sie in der Nacht des 1. Februar Teelichter auf jedes Fensterbrett, um Brigid (irische Schutzpatronin des Feuers und der Sonne) in Ihrem Heim willkommen zu heißen.
- Machen Sie ein kleines Strohbett und legen Sie eine kleine, weiß gekleidete Puppe mit einem Bergkristall auf ihrem Herzen hinein. Sie soll die junge Brigid repräsentieren. Gießen Sie etwas Honig und drei Tropfen Milch auf das Bett. Umgeben Sie es mit dem ersten Grün oder den ersten Knospen des Frühlings. Legen Sie Symbole für die Segnungen auf das Stroh, die Sie sich in Ihrem Leben wünschen, entweder in Form von Glücksbringern, die mit Ihrem Beruf zu tun haben oder etwas, das mit Ihrem Heim zu tun hat.
- Geben Sie in eine feuerfeste Keramikschüssel Milch und werfen Sie Eiswürfel hinein, die die Kälte des Winters repräsentieren. Schmelzen Sie die Eiswürfel langsam mit einer kleinen Kerze oder einem Brenner, auf den Sie die Schüssel stellen. Dabei rühren Sie um und nennen die Energien, die in oder durch Ihr Leben ziehen sollen, um Ihren persönlichen Frühling zu erwecken.
- Ordnen Sie rosafarbene oder blaue Kerzen im Kreis an. Setzen Sie sich in den Kreis und absorbieren Sie das Licht der neuen Jahreszeit.

Alban Eiler

Das Licht der Erde oder Frühlings-Tagundnachgleiche, vom Sonnenuntergang an drei Tage lang um den 21. März nach dem astronomischen Kalender. Der Triumph des Lichtes; die Samen für neue Unternehmungen säen.

Tier – Hase

Baum – Birke

Kräuter und Räucherwerk – Schöllkraut, Fingerkraut, Krokus, Narzisse, Geißblatt, Primel, Salbei, Rainfarn, Thymian und Veilchen

Kerzenfarbe – Gelb und hellgrün
Kristalle – Leuchtend gelbe Kristalle, wie Citrin, der stärkende Stein, gelber Beryll, der energetisierende Stein oder gelber Rutilquarz mit goldenen Streifen, der regenerierende Stein, als Ihr Frühlingstalisman
Symbole – Verwenden Sie Eier, Frühlingsblumen oder Blätterknospen, einen Topf mit sprießenden Samen, Hasen aus Ton oder Porzellan, Vögel oder Federn als Mittelpunkt für Ihre eigenen aufsteigenden Energien.
Frühlings-Tagundnachtgleiche-Rituale bringen neue Hoffnung, Neubeginn, neue Beziehungen und Veränderungen. Sie sind für alles gut, das mit Fruchtbarkeit, Schwangerschaft, Babys, Kindern, einer aufkeimenden Liebe, spirituellem und tatsächlichem Frühjahrsputz, tatsächlicher und spiritueller Erforschung und dem Aushecken neuer Pläne und Projekte, die später während des Jahres in die Tat umgesetzt werden sollen, zu tun hat.
Persönliche Aktivitäten

- Bemalen Sie Eier mit Pflanzenfarbe, verzieren Sie sie mit Blumen, Spiralen der Muttergöttin, Vögeln und Bienen und bringen Sie sie der Mutter in einem Korb aus Frühlingsblumen und Blättern dar.
- Zur Steigerung der Fruchtbarkeit, stechen Sie ein Ei an und nehmen Sie das ganze Eiweiß und den Dotter heraus. Führen Sie die Schale in der Morgendämmerung der Tagundnachtgleiche durch die Flamme einer Bienenwachskerze oder eines kleinen Feuers. Schneiden Sie die Schale dann vorsichtig entzwei und lassen Sie die Sonne oder das Licht auf die zwei Hälften scheinen.
- In der ersten Neumondnacht nach der Frühlings-Tagundnachtgleiche legen Sie einen kleinen Mondstein in die eine Schalenhälfte und lassen sie bis zum Vollmond auf dem Fensterbrett liegen. Legen Sie eine silberne Nadel in die andere Hälfte und lassen Sie diese ebenfalls liegen, damit der Mond darauf scheinen kann.
- In der Nacht des Vollmonds stechen Sie den Mondstein sanft mit der silbernen Nadel und legen dann Nadel und Mondstein so in eine Hälfte des Eies, dass sie sich die ganze Nacht berühren. Am nächsten Morgen schließen Sie die Eihälften und

hüllen Ei, Nadel und Mondstein ein, bis der Mond den Himmel verlässt. Dann vergraben Sie sie und wiederholen das Ritual. Das kann nicht nur dabei helfen, schwanger zu werden, sondern auch um in Ihrem Leben wieder den natürlichen Rhythmus herzustellen, um neue Projekte ins Leben zu rufen.

- Machen Sie einen Frühjahrsputz für Ihre Seele. Beantworten Sie Briefe, die sich bei Ihnen stapeln. Widmen Sie sich unvermeidbaren Dingen. Weichen Sie von Ihrer Routine ab und stehen Sie eine Stunde früher auf, um die länger werdenden Tage zu genießen, indem Sie vielleicht zu Fuß zur Arbeit gehen oder in der Frühlingssonne auf Ihrem Balkon oder Garten sitzen. Bringen Sie jene Projekte ins Rollen, die Sie immer schon umsetzen wollten, indem Sie sich zunächst von alten Verpflichtungen oder Aktivitäten, die Ihnen keine Freude mehr bereiten, trennen.
- Besuchen Sie am Morgen der Tagundnachtgleiche heilige Gewässer oder einen sauberen Fluss oder Teich, und beobachten Sie, wie das Licht auf dem Wasser tanzt. Werfen Sie einen kleinen Kristall in das Wasser und in dem Augenblick, in dem er auftrifft, werden Sie mit einem vom Licht gesäumten Bild belohnt, das Ihnen dabei helfen wird, Ihren künftigen Weg zu planen.
- Stellen Sie Äquinoktiumswasser her, indem Sie eine durchsichtige Schale mit Wasser von der Morgendämmerung bis zu Mittag stehen lassen. Verwenden Sie dieses, um Büropflanzen, Bäume in der Stadt oder einen verseuchten Fluss zu beleben und um neues Wachstum an nicht so schönen Plätzen zu fördern.
- Säen Sie Samen, wenn nötig unter Glas, als Symbole der Hoffnung für die Zukunft. Stecken Sie in jeder Ecke kleine Äquinoktiumskristalle oder Jade in die Erde und gießen Sie die Samen mit Ihrem Äquinoktiumswasser.

Beltaine oder Beltane

Drei Tage lang vom Sonnenuntergang am 30. April bis zum Sonnenuntergang am 2. Mai, für die Vereinigung von Erde und Himmel und für ungezügelte Lebenskraft.

Tier – Kuh

Baum – Weißdorn
Kräuter und Räucherwerk – Mandel, Engelwurz, Esche, Schlüsselblume, Weihrauch, Weißdorn, Flieder, Ringelblume und Rosen für Liebe
Kerzenfarbe – Dunkelgrün, scharlachrot und silbern
Kristalle – Funkelnder Citrin, klarer Bergkristall, goldenes Tigerauge, Bernstein und Topas.
Symbole – Frische Grünpflanzen, mit einer Pipette gesammelter Morgentau, Blumen
Beltane-Rituale dienen dazu, die Fruchtbarkeitsenergien, die man erstmals zur Tagundnachtgleiche wahrnimmt, zu maximieren, sei es, um schwanger zu werden oder um ein geschäftliches Vorhaben zu verwirklichen. Sie können die Gesundheit steigern sowie Energie, Optimismus und Selbstvertrauen anregen, da Licht und Wärme den Sommer ankünden.
Persönliche Aktivitäten

- Stehen Sie am Maifeiertag in der Morgendämmerung auf und waschen Sie Ihr Gesicht mit Morgentau (Sie können diesen mit einer Pipette sammeln), um die reine Lebenskraft in sich aufzunehmen und für maximale Kraft in allen Bereichen Ihres Lebens zu sorgen.
- Füllen Sie kleine Körbe mit Gartenblumen oder Grünpflanzen und stellen Sie diese jemandem, der krank oder einsam ist, auf die Türschwelle, um ihn an der Fülle dieser Jahreszeit teilhaben zu lassen.
- Folgen Sie der alten Tradition und besuchen Sie kurz vor Sonnenaufgang einen heiligen Brunnen. Gehen Sie dreimal im Uhrzeigersinn herum und wenn möglich, trinken Sie vom Wasser und bitten Sie dabei um Heilung für Sie selbst oder jemanden, der Ihnen nahe steht. Binden Sie ein Band an einen Baum in der Nähe.
- Dekorieren Sie einen Baum oder Zweige eines Baumes mit Blumen, Bändern, Glocken und Ihren Maisymbolen. Gehen Sie im Kreis herum und lassen Sie Ihre Füße die Energien der Erde aufspüren und verstärken.
- Machen Sie ein kleines Feuer und verbrennen Sie darin so viele von den Hölzern, aus denen ein traditionelles Beltane-Feuer damals bestand, wie Sie finden können. Dazu gehörten

Weide, Haselnuss, Erle, Birke, Esche, Eibe, Ulme, Eberesche und Eiche. Sie können auch die bei Ihnen heimischen Hölzer verwenden. Wenn das Feuer zu Ende gebrannt ist, verstreuen Sie ein wenig von der Asche von einer Bergspitze in die vier Himmelsrichtungen und schicken Sie Ihre Wünsche für die Zukunft mit. Vergraben Sie den Rest, um einem Ödland Fruchtbarkeit zu bringen.

Alban Heruin, das Licht der Küste
Drei Tage ab dem Sonnenuntergang um den 21. Juni nach dem astronomischen Kalender, für Kraft, Freude und Mut.
Tier – Bär
Baum – Eiche
Kräuter und Räucherwerk – Kamille, Holunder, Fenchel, Lavendel, Johanniskraut und Eisenkraut
Kerzenfarbe – Rot, orange und gold
Kristalle – Leuchtend rote oder orangefarbene Kristalle; Sonnensteine, wie Bernstein, Karneol, Beryll oder Jaspis und Sonnenstein; auch Bleikristall
Symbole – Verwenden Sie leuchtend bunte Blumen, Eichenästchen, Blütenstaub des Mangrovenfarns, von dem man sagt, dass er dort, wo er hinfällt, verborgene Schätze offenbart, scharlachrote, orange und gelbe Bänder, goldfarbene Münzen, Sonnenfänger und goldene Früchte.
Sommersonnenwend-Rituale sind gut für Erfolg, Glück, Stärke, Identitätssuche, Wohlstand, Fruchtbarkeit, Jugendliche und junge Erwachsene, Karriere und Reisen.
Persönliche Aktivitäten

- Begrüßen Sie die Morgendämmerung zur Sommersonnenwende, indem Sie auf einem nach Osten zeigenden Hügel oder einer Ebene kurz vor Sonnenaufgang eine Laterne anzünden. Verbringen Sie den Tag im Freien und sagen Sie der Sonne dann auf einem Westhügel Lebewohl. Entzünden Sie nochmals Ihre Laterne, um der Sonne auch bei ihrem Untergang Kraft zu verleihen.
- Werfen Sie jeweils eine Hand voll goldene Blumen oder Kräuter auf einem Hügel in die Luft und bitten Sie den Wind um Mut und Erfolg. Dort wo sie auf den Boden fallen und wurzeln sind

nach der alten Tradition Schätze vergraben. In unserem Fall symbolisieren sie neue oder verborgene Talente, die Sie entfalten können, um Ihr verborgenes Potenzial auszuschöpfen.

- Bereiten Sie Ihr Sonnenwendwasser, das wirksamste Sonnenwasser des Jahres zu, indem Sie Wasser in einer goldfarbenen Schüssel, die Sie mit goldfarbenen Blumen umgeben, von der Abenddämmerung der Sonnenwende bis zu Mittag am längsten Tag stehen lassen. Es ist besonders heilend und energetisierend, und Sie können es in klarem Glas oder goldfarbenen Flaschen aufbewahren. Trinken Sie es oder fügen Sie es Ihrem Badewasser bei, damit es Ihnen Energie und Selbstvertrauen gibt.
- Errichten Sie entweder im Haus oder im Freien einen kleinen Sonnenradgarten. Verwenden Sie dazu die blühenden Kräuter des Mittsommers, wie Eisenkraut und Johanniskraut, Sonnenkräuter, wie Weihrauch, Wacholder, Rosmarin und Safran sowie alle anderen gelben oder goldfarbenen Blumen. Ordnen Sie sie in Form eines Rades an und geben Sie in die Mitte kleine goldene Kristalle oder Glassteinchen. Atmen Sie das goldene Licht Ihres lebendigen Sonnenrades ein.
- Verwenden Sie ätherische Öle oder Räucherstäbchen, wie Weihrauch, Wacholder, Rosmarin, Orange oder Benzoe, um die Sonnenkraft in Ihr Heim oder an Ihren Arbeitsplatz zu bringen.

Lughnassadh

Vom Sonnenuntergang am 31. Juli bis zum Sonnenuntergang am 2. August, das erste Kornfest, ein Fest des bereitwilligen Opfers, des Gerichts, der Verträge und der Gerechtigkeit.

Tier – Hirsch

Baum – Erle

Kräuter und Räucherwerk – Zedernholz, Zimt, Bockshornklee, Ingwer, Heidekraut, Myrthe und Sonnenblume

Kerzenfarbe – Goldbraun oder dunkelgelb

Kristalle – Tigerauge, fossiles Holz, Bernstein, Rutilquarz oder dunkelgelbe und braune Steine

Symbole – Verwenden Sie ein Objekt aus Stroh als Ihren Fokus, wie etwa eine Strohpuppe, einen Strohballen oder einen Strohhut, das Sie eventuell mit Mohn- oder Kornblumen dekorieren oder einen Behälter mit verschiedenen Getreidesorten.

Lughnassadh-Rituale haben mit Gerechtigkeit, Recht, Partnerschaft, sowohl privat wie auch geschäftlich, Beförderung und Weiterkommen im Beruf und die Regelung privater Finanzen zu tun. Getreide und Strohpuppen, ein Symbol der Jahreszeit, fördern auch die Fruchtbarkeit, das heißt, Sie bereiten sich vielleicht auf künftige Projekte vor oder werden gesund, um demnächst schwanger werden zu können.

Persönliche Aktivitäten

- Verwenden Sie Getreide oder getrocknete Gräser, um Getreideballen und Strohmütter (eine Figur mit Kopf, Armen, Körper und Beinen) herzustellen, die Sie mit roten und blauen Fäden binden. Hängen Sie diese in Ihrem Heim über den Winter auf, um Sie zu schützen und verbrennen Sie sie am ersten Montag nach der zwölften Nacht oder im Feuer der Frühlings-Tagundnachtgleiche.
- Wenn Sie einen Strohkönig anfertigen möchten, verbrennen Sie ihn an Lughnassadh. Verstreuen Sie die Asche in Ihrem Garten oder auf die Erde Ihrer Topfpflanzen, um Ihrem Heim während des Winters Fülle zu bescheren.
- Machen Sie am Lughnassadh-Abend Brot mit Milch, eine Tradition, die man mit der Jungfrau Maria assoziiert. Während Sie die Milch abwechselnd mit Freunden und Familie umrühren, äußern Sie Wünsche in Bezug auf die Ernte, die Sie während der nächsten Monate einbringen möchten. In der Morgendämmerung brechen Sie das Brot, um es mit Freunden und Familie zu teilen und lassen Krümel als Opfergaben für die Vögel zurück.
- Wenn Sie sich ungerecht behandelt fühlen und die Sache nicht bereinigen können, binden Sie getrocknete Gräser zu einem Ballen, und zwar für jede Ungerechtigkeit einen und werfen Sie diese in Wasser oder vergraben Sie sie, zusammen mit Samen spät blühender Pflanzen oder Herbstblumen.
- Bereiten Sie eine Reise vor, um Ihre Freunde und Verwandten wieder zu sehen oder schreiben Sie ihnen oder rufen Sie sie an. Planen Sie ein Treffen, denn dies ist die Zeit, in der Stämme vor dem langen Winter zusammenkommen.

Alban Elued
Licht auf dem Wasser oder Herbst-Tagundnachtgleiche, drei Tage lang ab dem Sonnenuntergang um den 23. September, ein Fest der Fülle und des Ausgleichs von Gewinn und Verlust.
Tier – Lachs
Baum – Weiße Pappel oder Haselnuss
Kräuter und Räucherwerk – Farne, Geranium, Myrrhe, Kiefer und Salomonssiegel
Kerzenfarbe – Blau für den Herbstregen und grün für Mutter Erde
Kristalle – Zartblaue Kristalle, wie blauer Achat, blauer Beryll oder Azurit
Symbole – Wählen Sie kupferfarbene, gelbe oder orangefarbene Blätter, Weidenästchen, Herbstfrüchte, wie Äpfel, Nüsse, Wurzelgemüse und Gänse aus Ton oder Porzellan. Sie können auch Bündel aus Mais, Weizen oder Gerste, die schon früher geerntet wurden, verwenden sowie Kupfer- oder Goldmünzen, um für genug Geld und gute Beziehungen innerhalb der Familie zu sorgen.
Herbst-Tagundnachtgleiche-Rituale sind gut, um Streit beizulegen, um langfristige Ziele zum Abschluss zu bringen, um die Früchte der Arbeit, die man bereits geleistet hat, zu ernten, für Liebe und Beziehungen, vor allem in Bezug auf Familie, erwachsene Kinder, Brüder und Schwestern, für Freundschaft und für finanzielle Sicherheit in den bevorstehenden Monaten.
Persönliche Aktivitäten
- Arbeiten Sie bei Sonnenuntergang am Meer und werfen Sie jegliche Reue, Groll, Sorgen, Fehlschläge und unerledigte Dinge der letzten Monate, die Sie nicht in den Winter mitnehmen möchten, wie Steinchen in das vom schwindenden Licht erhellte Wasser
- Nehmen Sie eine Schüssel mit gleich viel Nüssen und Samen und arbeiten Sie im Freien. Nennen Sie einen Erfolg oder eine Leistung, die Sie bis zur Herbst-Tagundnachtgleiche erbracht haben, und essen Sie eine Nuss. Dann nennen Sie einen Misserfolg oder einen Verlust und werfen Sie einen Samen auf den Boden. Fahren Sie so lange fort, bis Sie gleich viel Nüsse wie Samen verbraucht haben und Ihnen nichts mehr ein-

fällt. Vergraben Sie den Rest unter einem Obst- oder Nussbaum.

- Fegen Sie das Herbstlaub zu einem Haufen zusammen. Springen Sie auf diesem auf und nieder wie Sie es als Kind getan haben, um Ihre Freude darüber auszudrücken, was die kommenden Tage bringen werden und nennen Sie alles, was Sie im Winter erreichen können. Dann verstreuen Sie die Blätter und lassen Sie Gut und Böse, Gewinne und Verluste vom Wind verwehen.
- Bereiten Sie ein Festmahl aus Obst und Gemüse, Brot, Apfelwein und Barley Wine (Anm. d. Übers.: auch »Gerstenwein« genannt; ein starkes, obergäriges, englisches Bier) oder einer Obstbowle und wärmender Suppe und veranstalten Sie ein Fest zur Tagundnachtgleiche. Bringen Sie dem Land Opfergaben aus Barley Wine, Bier, Met und Brot dar und während Sie einen Becher herumreichen, senden Sie Menschen und Orten, wo eine Hungersnot herrscht, Ihren Segen. Versteigern Sie Ihre gesammelten, persönlichen Schätze und schicken Sie das Geld einer Organisation, die hungernde und Not leidende Menschen unterstützt.
- Kontaktieren Sie jemanden, von dem Sie sich entfremdet haben und schicken Sie als Friedensangebot Herbstblumen oder eine Pflanze, die Sie gezüchtet haben oder einen Korb mit Gemüse. Wird Ihre Geste der Versöhnung nicht angenommen, dann wissen Sie zumindest, dass Sie es versucht haben. Eine andere Möglichkeit wäre, dass Sie einer Friedensorganisation helfen.

Im nächsten Kapitel gebe ich Ihnen Tipps, wie Sie sich als Druidin weiterentwickeln und etwas formeller mit anderen zusammenarbeiten können, wenn Sie möchten.

13. EINE DRUIDIN WERDEN: DIE NÄCHSTE STUFE

Es gibt viele Möglichkeiten für eine Druidin, ihre Spiritualität zum Ausdruck zu bringen. Dazu gehören, dass sie mit ihrer Liebe zur Natur ihr Alltagsleben bereichert, eine Ausbildung bei einem etablierten Druidenorden *(siehe Liste auf den Seiten 246–248)* absolviert und mit diesem arbeitet und dann vielleicht sogar informelle Trauungen oder Namensgebungen vornimmt.

Da es immer einfacher wird, sich über die Grundsätze des Druidentums zu informieren und sie in das moderne Leben zu integrieren, wird das informelle oder Volksdruidentum für das Leben der Frauen zunehmend an Bedeutung gewinnen. Es bietet ihnen die Gelegenheit, sich mit den Energien der Natur zu verbinden und damit ihr Berufs- und Familienleben zu bereichern. Ich werde vermutlich auch weiterhin eher allein als Druidin arbeiten, und meine druidischen Kenntnisse bei Freunden und Familie anwenden. Für mich ist das Druidentum eine sehr persönliche Lebensweise, die mein Leben bereichert und mir Kraft gegeben hat, und die mir geholfen hat, in meiner hektischen Welt einen harmonischen, spirituellen Mittelpunkt zu schaffen.

Selbst wenn Sie keinem formellen Orden beitreten wollen, finden Sie im Internet Informationen über Organisationen wie den British Druid Order, der auch Nichtmitgliedern erlaubt, an öffentlichen Feiern teilzunehmen. Andere Orden lassen auch Familienangehörige und Freunde von Mitgliedern oder einfach interessierte Beobachter an den Sonnenwendfeiern und an den Festen zur Tagundnachtgleiche, sogar in Stonehenge, teilnehmen.

Alle Druidinnen und Druiden interessieren sich für Umweltschutz und kümmern sich um die Natur, obwohl der Grad ihrer aktiven Fürsorge variieren mag. Manche, so wie ich, glauben, dass es am wichtigsten ist, künftigen Generationen vorzuleben, wie man sich richtig verhält – und das geht am besten, wenn man voll in das Alltagsleben integriert ist.

Mein Rat ist, es langsam anzugehen. Wenn Sie grundlegende Informationen über eine Reihe von Gruppen eingeholt haben, kontaktieren Sie diese per Brief oder E-Mail und nehmen Sie dann an einer öffentlichen Zeremonie teil. Bei den meisten traditionellen Druidengruppen ist kein feierlicher Eid abzulegen, Sie müssen nicht versprechen, irgendwelche Geheimnisse zu wahren, es gibt keine geheimen Parolen, keinen speziellen Händedruck oder sonstige Zeichen und im Allgemeinen auch keinen Klerus. Die meisten Orden haben einen gewählten Leiter, einen Erzdruiden oder eine Erzdruidin (häufig auch beides), der als Fokus agiert. Von ihnen wird erwartet, dass sie sowohl Öffentlichkeitsarbeit leisten als auch das Saubermachen in Camps übernehmen, wenn sie damit an der Reihe sind.

Manchmal gibt es Camps, in denen Druidinnen und Druiden sowie deren Familie und Freunde ein paar Tage lang zusammenleben, manchmal in riesigen Jurten (große, runde Zelte). Im Internet finden Sie auch Angaben über alle möglichen Workshops, Vorträge und Wochenendseminare. Einige werden in Hotels, in Privathäusern oder in Camps, abgehalten. Außerdem veranstalten manche heidnische Organisationen frei zugängliche Treffen und Feiern an alten Kultstätten, die Sie besuchen können. Auch diese sind darauf ausgerichtet, die Erde zu lieben und alle ihre Kreaturen und Bewohner zu respektieren.

UNTERSCHIEDLICHE FORMEN DES DRUIDENTUMS

Nur Sie allein wissen, welche Form des Druidentums Sie momentan am meisten anspricht. Es gibt verschiedene Möglichkeiten, wie etwa alleine zu arbeiten oder einer formellen Gruppe beizutreten.

Allein praktizieren

Das ist bei weitem die üblichste und einfachste Methode, denn Sie tragen Ihren Hain bei sich. Mit dem Inhalt Ihres Kranichbeutels können Sie überall Ihren Arbeitsbereich errichten. Sie können Ihr Druidentum auch zwischen Ihren beruflichen und familiären Verpflichtungen einschieben und ihm nach und nach mehr Zeit und Raum widmen, um spirituell zu wachsen. Ein Pluspunkt dabei ist, dass Sie engen Kontakt zur Natur, zu den Naturgeistern und den weisen Druidinnen der Vergangenheit haben.

Der Nachteil – oder vielleicht betrachten Sie das auch als Vorteil – ist, dass Sie keinerlei Anregungen von anderen bekommen. Es gibt aber zahlreiche Bücher, von denen Sie sich inspirieren lassen können. Über das Internet können Sie andere allein praktizierende Druiden kontaktieren. Wenn Sie allein praktizieren, ist es besonders wichtig, dass Sie regelmäßige Eintragungen über Ihre Arbeit in Ihr Tagebuch machen, damit Sie diese nachlesen können, wenn es Ihnen einmal an Motivation fehlt. Wenn Sie dieses am Computer erstellen, vergessen Sie nicht, eine Sicherungskopie anzulegen.

Ihre eigene Gruppe bilden

Diese kann so groß oder klein sein, wie Sie möchten, obwohl die Vereinigung der neun Priesterinnen, die ich weiter unten beschreibe, eine gute Größe ist. Sie brauchen in Ihrer Gruppe jemanden mit Organisationstalent, der sich um die relativ nüchternen, aber unerlässlichen Aspekte kümmert. Dazu gehört es zu entscheiden, aus dem Gemeinschaftsfonds Kerzen und Ähnliches zu kaufen, Treffen zu organisieren und dafür zu sorgen, dass die/der verträumteste Druidin/Druide nicht an der falschen Bushaltestelle wartet, wenn man vorhat, eine heilige Stätte zu besuchen. Sie können sich abwechselnd im Haus oder Garten der Mitglieder treffen oder einen billigen Raum in einem Gemeindezentrum mit ein paar Bäumen ringsum mieten, um sich wöchentlich/monatlich zu treffen.

Sie brauchen auch jemanden, der die Einzelheiten der Rituale organisiert und plant. Sie können die Rituale abwechselnd leiten oder vielleicht stellen Sie fest, dass die einzelnen Mitglieder unterschiedliche Begabungen haben, vom Verfassen von Liedtexten, über Singen bis hin zum Dekorieren. Sorgen Sie dafür, dass alles im Fließen bleibt und teilen Sie dominanten Persönlichkeiten ganz bestimmte Rollen zu (bei dieser sanftesten aller Philosophien ist kein Platz für Gurus). Wenn es in der Gruppe sowohl Männer als auch Frauen gibt, achten Sie darauf, dass die Frauen nicht immer die Kerzenleuchter polieren und die Erfrischungen vorbereiten, während die Männer die kosmischen Lokomotivführer sind.

Sie können auch regelmäßige Ausflüge an das Meer, in den Wald und zu heiligen Steinkreisen planen. Wenn Sie Ihre Rituale normalerweise in der Stadt ausführen, tragen Wochenenden auf dem Land dazu bei, dass Sie der Erde wieder näher kommen. Es ist völlig Ihnen überlassen, ob Sie in der Natur campieren oder sich nach Ihren Ausflügen an Seen und in Wälder für Mahlzeiten und heiße Bäder in ein Hotel zurückziehen.

Überlegen Sie, ob Sie Familienmitglieder an Ihrer Gruppe teilnehmen lassen möchten. Es kann gut sein, Kinder und Partner zu den großen Jahreskreisfesten oder sogar in ein Wochenendcamp mitzunehmen, aber es ist wichtig, dass Sie nicht durch Partner gestört werden, die sich über Fußball unterhalten oder durch Kinder, die streiten oder jammern, dass ihnen langweilig oder kalt ist. Wenn einige Mitglieder Ihrer Familie nicht miteinander auskommen, dann kann es sein, dass es mit dem Frieden vorbei ist, sogar unter spirituellen Schwestern.

Sie brauchen einen Platz für Ihre Ausrüstung. Vielleicht bringen Sie diese bei einem der Mitglieder zu Hause unter, solange es Vorkehrungen gibt, wenn diese Person einmal an einer Feier nicht teilnehmen kann. Sie können die wichtigsten Gegenstände gemeinsam einkaufen – eine gute Gelegenheit, um einen Tag auf einer Kunsthandwerks- oder Antiquitätenmesse zu verbringen.

Sie können natürlich auch an öffentlichen Zeremonien teilnehmen und trotzdem Ihre Gruppe beibehalten. Vielleicht halten Sie gemeinsam vorher oder nachher eine kurze Zeremonie ab.

Die Vereinigung der neun Priesterinnen

Wenn Sie acht gleich gesinnte Frauen kennen (es ist gut, wenn diese unterschiedlichen Alters sind), so kann diese spezielle Form des Druidentums zu einer tiefen spirituellen Bindung führen. Sie brauchen keinen Anführer, nur jemanden, der die verschiedenen Dinge organisiert. Wenn ein Mitglied die Gruppe verlässt, weil es umzieht oder sich seine beruflichen oder privaten Umstände ändern, können Sie jemand anderen einladen, sich Ihnen anzuschließen.

Es ist Ihnen überlassen, wie oft Sie sich treffen, aber vielleicht beschließen Sie, wöchentliche Lern-/Lehrsitzungen abzuhalten, für die die einzelnen Mitglieder abwechselnd Ihr persönliches Interessengebiet studieren und schildern. Dabei kann es sich um keltische Legenden, um Geschichte, Megalithen oder einen Schnellkurs in Gälisch handeln. Erstellen Sie ein eigenes Tagebuch mit gedruckten Notizen, um Ihr kollektives Wissen zu sammeln.

Sie können auch ein gemeinsames Handbuch mit Ritualen und Informationen über die verschiedenen Aspekte des Druidentums anlegen. Der Schriftführer der Gruppe kann dieses regelmäßig erweitern und auch die Informationen über Heilung aktualisieren *(siehe Seite 29)*. Vielleicht möchten Sie heilige Stätten besuchen, vor allem mit Menschen, die Geschichten über Druidinnen oder das Keltentum kennen.

Manche Frauen, egal ob sie alleine praktizieren oder einer formellen oder informellen Gruppe angehören, widmen sich einer der keltischen Göttinen, vor allem Brigid. Sie können aber auch Ceridwen, Arianrhod oder eine der anderen Göttinnen *(siehe Seiten 198–205)* als Fokus Ihrer Gruppe wählen. Gruppen, die sich mit Deutungen befassen, wählen manchmal Druantia, die Tannengöttin und Mutter des Baumalphabets.

Im Internet finden Sie Bilder von Stätten, die Ihren Gottheiten gewidmet sind. Vielleicht erstellen Sie Ihren eigenen Ritus, der Ihnen Stärke verleiht und der Brigid oder Ceridwen gewidmet ist, und mit dem Sie Ihre Zeremonien beginnen. Wenn Sie eine Mondgottheit wählen, treffen Sie sich jeweils zu Vollmond. Halten Sie für eine Sonnengottheit monatliche Dämmerungs-, Mittags- oder Sonnenuntergangszeremonien zu ihren Ehren ab.

Die Vereinigung der neun Frauen ist eine sehr freie Form des Druidentums und kann sich ganz nach Ihren eigenen Bedürfnissen und spirituellen Konzepten entwickeln. Wenn Sie beispielsweise St. Bridget oder Brigid mögen und sich vielleicht alte Geschichten über Irland anhören wollen, vorzugsweise in einem Wirtshaus in Kildare, in Irland, dann machen Sie es wie die Druidinnen, die sich der Göttin Brigid widmen, und zünden Sie abwechselnd im Haus jedes Mitglieds vierundzwanzig Stunden lang ein Teelicht an, von dem Sie bei Ihrem Treffen ein größeres Feuer entzünden.

Vielleicht möchten Sie dauerhafte Schätze sammeln (was Sie natürlich in jeder Gruppe tun können), wie etwa einen bronzenen, feuerfesten Kessel, den Sie zum Wahrsagen und als Feuerstelle verwenden können, einen silbernen Kelch für Ihr Wasser, eine gravierte Silberschale für Salz und ein Räuchergefäß für Ihr Räucherwerk.

Ort und Zeit für Ihre speziellen Zeremonien wählen

Als Erstes werden Sie die Frage klären müssen, wo Sie Ihre Zeremonien abhalten möchten. Besuchen Sie verschiedene Stätten in Ihrer Umgebung, um eine passende zu finden, denn einige historische Monumente sind eingezäunt.

Avebury gehört beispielsweise dem National Trust, aber die Steine sind völlig frei zugänglich und dort gibt es zahlreiche einzelne Steine, bei denen Sie ein Ritual ausführen könnten. Es kann nicht schaden, sich vorher beim National Trust zu informieren, aber eine Reihe formeller und informeller Gruppen arbeitet dort. Stonehenge hingegen ist eingezäunt und der Kreis darf nur mit einer Sondergenehmigung betreten werden. English Heritage erlaubt aus Sicherheitsgründen keine Zeremonien nach Einbruch der Dunkelheit.

Wenn Sie in einer Gegend wohnen, in der es keine Steinkreise gibt, wird es sicher eine Reihe heiliger Stätten geben, in deren Nähe Sie Zeremonien abhalten können. In einigen Teilen der Welt, vor allem in Nordamerika, werden Labyrinthe angelegt und in den Vereinigten Staaten und Kanada gibt es ein paar sehr schöne aus Torf, die frei zugänglich und perfekt für eine Gruppe von Druidinnen sind.

Suchen Sie im Internet nach den Begriffen *Labyrinth* und *Torf,* und Sie werden eine Reihe von Vorschlägen in verschiedenen Ländern erhalten.

Ich würde nicht empfehlen, ein öffentliches Treffen zu propagieren, es sei denn, Sie haben eine organisierte große Gruppe, denn nicht alle, die kommen, sind vielleicht am Druidentum interessiert. Wenn Sie jemanden mit einem großen privaten Garten kennen, nutzen Sie zuerst diesen oder holen Sie die Erlaubnis ein, in einem botanischen Garten zu arbeiten. Auf diese Weise können Sie entspannt arbeiten, denn Sie wissen, dass nur Leute dabei sind, denen Sie vertrauen können und dass Sie nicht gestört werden. Es kann hilfreich sein, eine Reihe öffentlicher druidischer Zeremonien zu besuchen, bevor Sie Ihre eigenen großen Treffen organisieren. So können Sie praktische Erfahrungen sammeln.

Sie müssen Zeit und Datum festlegen und sicherstellen, dass die anderen an diesem Tag problemlos zu diesem Ort reisen können. Vielleicht möchten Sie eine Zeremonie als Teil einer etwas ausgedehnteren Feier veranstalten. Sie könnten sich beispielsweise beim Glastonbury Tor in Somerset, einer vollkommen frei zugänglichen Stätte, zu einer Zeit treffen, wenn andere Gruppen sie nicht nutzen, wie etwa einen Tag vor einem Fest oder am späten Vormittag. Buchen Sie Unterkünfte in der Stadt, damit Sie und Ihre Gruppe die Umgebung und andere heiligen Stätten auf Ihrer Pilgerreise erkunden können.

Wenn das Wetter wirklich schlecht ist und Sie irgendwo in der Wildnis arbeiten oder an einem Ort, der nur schwer zu erreichen ist, sollten Sie eventuell einen Ausweichsort einplanen, vielleicht eine große Garage oder eine Hütte, die sofort mit Hilfe von Zweigen und einer Wasserstelle oder einem Stein in der Mitte in einen Hain verwandelt werden kann.

Formelle Gruppen

Es gibt viele verschiedene Gruppen, angefangen bei solchen, denen Sie beitreten und wo Sie dann entscheiden, wie stark Sie sich daran beteiligen möchten, bis zu solchen, die organisierte Ausbildungskurse und regelmäßige Treffen anbieten. Im Abschnitt mit den wichtigen Adressen auf den Seiten 246–248 finden Sie Adressen einer Reihe von formellen Druidenorganisationen und eine kurze Beschreibung ihres Schwerpunkts.

Wählen Sie Ihre Gruppe genauso sorgfältig aus wie jede andere Organisation, der Sie beitreten möchten. Wenn Sie Ihre eigene Gruppe ins Leben gerufen haben, möchten Sie sich vielleicht einer etwas formelleren Organisation anschließen, nachdem Sie Ihre gemeinsamen Ideen ausgeschöpft haben. Die Gruppen, die ich getroffen habe, waren alle sehr hilfsbereit und entgegenkommend, aber verlassen Sie sich auf Ihr eigenes Urteil, um zu entscheiden, was für Sie richtig ist.

Besuchen Sie die Webseite der Gruppe, nicht nur wegen der Veranstaltungen und Termine, sondern auch wegen zusätzlicher Informationen – Rituale, ihre Interpretation der Mythologie und ihre Philosophie. Einige Gruppen orientieren sich stark an den Kelten, was Ihnen zusagen mag, wenn Sie sich kreativ mit der Vergangenheit auseinander setzen möchten, während andere aus der Zeit des Wiederauflebens des Druidentums hervorgingen. Gelegentlich trifft man immer noch auf patriarchalische Organisationen. Das mag manchen Männern entgegenkommen, so wie manche Frauen lieber nur mit Frauen arbeiten.

Einige Gruppen veranstalten auch Fernkurse, was hilfreich sein kann, wenn es in Ihrer Nähe keine Gruppe gibt oder Sie familiäre Verpflichtungen haben. Der Orden der Barden, Ovaten und Druiden (OBOD) kombiniert beide Seiten und bietet ein ausgezeichnetes Ausbildungssystem und so viel oder so wenig Kontakt zur Gruppe wie Sie möchten, in Form von organisierten Groves, Seed Groups, die von Mitgliedern geführt werden und organisierten Workshops und Camps.

Die meisten Kurse über das Druidentum kosten nur sehr wenig. Ein Fernkurs, der drei Jahre dauert, sollte maximal ein paar hundert Pfund kosten, und die sind nicht auf einmal vorab zu bezahlen. Es gibt auch Ratenzahlungen und wenn Sie sich einen Kurs nicht leisten können, sollten Sie sich über ein Stipendium erkundigen. OBOD schickt Ihnen kostenlos Grundinformationen zu.

Manche von einzelnen Druiden/Druidinnen oder Heiden angebotenen Workshops mögen sehr teuer scheinen, aber sie umfassen Unterkunft und Verpflegung. Seien Sie wählerisch und erkundigen Sie sich, was unterrichtet wird und nach welcher Methode, ob das Wochenende von Experten, beispielsweise in keltischer Mythologie, organisiert wird und ob Sie heilige Stätten in der Umgebung mit einem Fachmann besuchen werden. Bei anderen Workshops geht es lediglich darum, Ihre Erfahrungen auszutauschen. Erkundigen Sie sich genau und denken Sie daran, dass das teuerste nicht immer das beste ist.

Mir ist noch kein reiner Frauenorden untergekommen, obwohl es eine Reihe ausgezeichneter Organisationen gibt, die der Göttin gewidmet sind, und der internationalen Fellowship of Isis sind Druidenorden angeschlossen, bei denen die Göttin im Mittelpunkt steht.

Ein warnender Hinweis

Selbst beim Druidentum gibt es gelegentlich schwarze Schafe, die Geheimhaltung verlangen, seltsame Initiationsriten mit einem Druiden des anderen Geschlechts abhalten, Drogen empfehlen, um eine außerkörperliche Erfahrung zu machen und Ähnliches. Bei diesen Leuten handelt es sich nicht um echte Druidinnen oder Druiden. Wenn Sie sich gleich von Anfang an unbehaglich fühlen, dann lassen Sie Ihre Finger von dieser Gruppe. Kein Mitglied einer echten Druidenorganisation verlangt von Ihnen, sich mit einem Fremden an einem einsamen Ort oder einem Club zu treffen oder fragt nach wirklich persönlichen Dingen.

Das formelle Druidentum in Ihr Leben integrieren

Zahlreiche Organisationen haben Gruppen in vielen Gegenden und in verschiedenen Ländern. Wenn eine Organisation in heiligen Hainen arbeitet und unterrichtet, erkundigen Sie sich, wie oft Sie teilnehmen müssten und wann und wo sie sich treffen würden. Vermutlich haben Sie auch andere Verpflichtungen, und wenn Sie sich ständig um Babysitter oder lange Reisen Sorgen machen, kann die organisierte Spiritualität zu einer Belastung werden. Wenn Sie sich ein paar Jahre Zeit lassen und einen weniger aufwändigen Weg wählen, indem Sie beispielsweise alleine praktizieren, können Sie auf harmonische Weise spirituell wachsen statt sich überfordert zu fühlen.

Die Struktur des formellen Druidentums

Strabo, ein griechischer Geograph (64 v.Chr. bis 21 n.Chr.) schreibt am Ende des 1. Jahrhunderts v.Chr. über drei Arten von Druiden: die Barden, die Vates und die Druiden. »Die Barden sind Sänger und Poeten, die Vates befassen sich mit Weissagung und Naturphilosophie, während die Druiden neben der Naturphilosophie auch die moralische Philosophie studieren.« Als Grieche lässt er die Existenz von Druidinnen völlig außer Acht – Frauen konnten doch kein Amt innehaben oder etwas lernen.

Die Großzahl der modernen Orden strukturiert den druidischen Weg noch immer auf diese Weise, das heißt, Sie werden vom Barden zum Ovaten und schließlich zur Druidin. Andere, weniger formelle Organisationen betrachten diese Unterteilung jedoch als Teil eines früheren elitären Denkens, das in allen Bereichen des Okkulten vorherrschte, und erachten es als künstlich. Wenn Sie allein als Druidin arbeiten oder einer informellen Gruppe angehören, werden Sie mehr oder weniger von Anfang an mit allen Aspekten zu tun haben. Sie werden die kreative Inspiration des Barden, die Deutungen und Weissagungen des Ovaten und schließlich die Funktion der Druidin als weise Ratgeberin, Friedensstifterin und Quelle der Weisheit und des Wissens, entdecken.

Die drei Aspekte des einen Konzepts überschneiden sich weitgehend. Wenn Sie eine etwas formellere Ausbildung absolvieren, werden Sie natürlich mehr Wissen erwerben, je länger Sie studieren. Durch intensives, ausdauerndes Lernen hat die Druidin mehr Wissen, wenn nicht mehr Weisheit, als der Barde.

Historische Quellen geben an, dass eine volle druidische Ausbildung neunzehn Jahre gedauert hat und ich habe Berichte gelesen, wonach sie sogar noch länger dauerte. Alle sind sich jedoch einig, dass das Druidentum eine lebenslängliche Sache ist und einen Großteil der Weisheit erlangen Sie nicht durch Unterricht, sondern indem Sie Ihre äußere und innere Welt selbst spirituell erforschen und vor allem, indem Sie sich mit der Natur auseinander setzen.

Für viele Druidinnen, die so wie ich diese Kunst lange Zeit allein ausgeübt haben – lange bevor wir überhaupt wussten, dass wir Druidinnen sind –, kann eine formelle Ausbildung durchaus inspirierend sein. Sie spielt jedoch nur eine geringe Rolle, denn in erster Linie geht es darum, mit der Natur zu leben und zu arbeiten, nicht um Magie à la Harry Potter zu betreiben, sondern um sich spirituell weiterzuentwickeln und um sich selbst und andere zu heilen.

Ich arbeite auch mit dem erst vor kurzem gegründeten Druidic College of Healing und es wird in Zukunft auch immer mehr Ableger bestehender Orden geben und man wird sein Wissen mit anderen heidnischen Gruppen teilen.

DIE DRUIDIN UND IHRE UMGEBUNG

Wie ich schon mehrmals in diesem Buch betont habe, werden Sie, je weiser Sie werden, einen immer positiveren Einfluss auf die Welt ausüben, die dringend Weisheit und Heilung braucht. Sie werden andere vor allem dadurch belehren, dass Sie mit gutem Beispiel vorangehen, indem Sie die Weltverdrossenen auf die Wunder des Universums hinweisen, die außerhalb des Bürofensters oder jenseits der Spielekonsole zu finden sind. Sie werden endlos jedem, der bereit ist zuzuhören und vor allem jenen, die nicht zuhören und ihre Getränkedosen einfach irgendwohin werfen erzählen, wie wichtig es ist, die Schönheit der Natur zu wahren.

Sie sind die Priesterin, die still und leise arbeitet und die problemlos zwischen alltäglichen Verpflichtungen und der Anderswelt wechselt. Hinter sich sehen Sie im Spiegel die weisen Vorfahren, die in Ihren Genen und Ihrer Seele weiterleben und vor sich im Nebel erkennen Sie die künftigen Generationen, denen Sie eine lebenswerte Welt hinterlassen möchten.

Wir wissen nicht genau, was passiert, wenn wir sterben. Wenn wir bei druidischen Ritualen nach Osten, der Richtung der

Wiedergeburt schreiten, hoffen wir vielleicht, dass wir die Gaben und Lektionen dieses Lebens und unser wahres Selbst, das komisch, verrückt und manchmal auch grantig sein kann, in die aufgehende Sonne mitnehmen können.

Ich werde mir zunehmend meiner eigenen Sterblichkeit bewusst. Meine eigene Mutter starb mit Mitte vierzig und ich bin jetzt zehn Jahre älter als sie damals war, als sie Abschied nahm. Doch der Gesang der Vögel, der Wechsel der Gezeiten, das Rascheln der Blätter und das Licht, das selbst an diesem gar nicht sommerlichen Augusttag erstrahlt, geben mir Mut. Beim Druidentum geht es um Hoffnung und Vertrauen und jede noch so kleine positive Tat und jedes positive Wort machen die Welt zu einem besseren, freudigeren Ort.

Ich hoffe, dieses Buch war hilfreich für Sie, nicht als unfehlbarer Führer zu sofortigem und dauerhaftem Glück, sondern als Ratgeber, wie man als Frau jeden Augenblick des Sonnenscheins genießt. Mit seiner Hilfe lernen Sie dem Weg der Weisheit und Gelassenheit zu folgen, mit der Gewissheit, dass morgen wieder ein neuer strahlender Tag beginnt.

FÜR DAS DRUIDENTUM WICHTIGE DATEN

DIE URSPRÜNGE DES DRUIDENTUMS

Obwohl das Wissen um die Ursprünge des Druidentums, wie das bei allen mündlichen Überlieferungen der Fall ist, im Laufe der Zeit verblasst ist, können manche Druidinnen eine spirituelle Verbindung mit den archetypischen keltischen Druidinnen herstellen, indem sie Orte in der Natur und historische Stätten aufsuchen, meditieren, Rituale ausführen und von ihnen träumen. Andere Druidinnen ziehen es vor, als Grundlage ihrer spirituellen Praxis historische Quellen, wie geheimnisvoll diese auch sein mögen, zu erforschen. Das ist ziemlich schwierig. Als ich Recherchen über die Geschichte des frühen Druidentums, die Welt der Kelten und das Wiederaufleben des Glaubens anstellte, habe ich festgestellt, dass es unter Historikern und Forschern widersprüchliche Darstellungen gibt, die zur Zeit nicht geklärt werden können.

Da es sich hierbei im Wesentlichen um eine praktische Anleitung handelt, habe ich diese Theorien nur kurz angerissen und Bücher empfohlen, die Sie lesen können, wenn Sie sich näher darüber informieren möchten.

Der römische Geschichtsschreiber Plinius der Ältere, der während des 1. Jahrhunderts n. Chr. lebte, glaubte, dass das Wort

Druide auf das Griechische *drus* oder *drous,* die Eiche, zurückgeht. In Sanskrit heißt *wid* oder *vid* wissen oder sehen. Man nahm an, dass derjenige, der die Weisheit oder das Wissen der Eiche besaß, imstande war, die Elemente zu beherrschen, also ist es eine Bezeichnung, mit der man Macht und Verantwortung verbindet. Das walisische Wort für Druide heißt *derwydd,* das irische *drao.*

WER WAREN DIE KELTEN?

Wir wissen mehr über die Kelten, deren Priester und Priesterinnen, Richter, Ratgeber und Seher die Druiden und Druidinnen zweifellos waren. Aber selbst hier gibt es unterschiedliche Meinungen und Unklarheiten. Obwohl es eine keltische Kultur und Sprache gibt, gibt es keine einzelne keltische Rasse.

Historiker sind noch immer der Meinung, dass die Vorfahren der Kelten Proto-Indo-Europäer waren, die um etwa 4000 v. Chr. in der Nähe des Schwarzen Meeres lebten. In der Eisenzeit breiteten sich die Kelten in zwei Wellen über Mitteleuropa aus: die erste war als Hallstatt-Kultur von 800–500 v. Chr. bekannt und die zweite als die La-Tène-Kultur von 500–100 v. Chr.

Die Anhänger dieser Theorie behaupten, dass die Kelten Britannien und einen Großteil Europas kolonisierten und sich dabei veränderten, weil sie einerseits auf die dort heimischen Kulturen trafen und andererseits auf ihren ausgedehnten Handelsrouten fremden Kulturen begegneten. Im 1. Jahrhundert n. Chr. hatten die Römer jedoch die meisten keltischen Stämme erobert und die Zentren des Druidentums zerstört.

DIE VERNICHTUNG DES DRUIDENTUMS

Im Jahre 48 n. Chr. ordnete Kaiser Claudius, der 43 n. Chr. in Britannien eingefallen war, die Unterdrückung des Druidentums in allen keltischen Ländern an.

Als die Römer nach und nach Britannien eroberten, zogen sich viele Druiden auf Ynys Mon, die Insel Anglesey, eines ihrer heiligsten Zentren, zurück. Im Jahre 60 n. Chr. führte der römische

Oberbefehlshaber über Britannien, Suetonius Paulinus zwei Legionen nach Nordwestwales und griff Anglesey an.

Der römische Geschichtsschreiber Tacitus (circa 55–117 n. Chr.) stand zwar dem damaligen Rom kritisch gegenüber, betrachtete die Kelten jedoch als Wilde. Er schrieb, dass die Druidinnen an den Ufern von Ynys Mon in ihren schwarzen Roben und mit zerzausten Haaren umherrannten, Flüche von sich gaben, Fackeln trugen und die Druiden ihre Hände in Richtung Himmel streckten und die Götter zu Hilfe riefen. Diese Priesterinnen und Priester machten den Römern am gegenüberliegenden Ufer derartige Angst, dass »sie förmlich erstarrten«. Schließlich setzten sich die römischen Legionen, die in der Überzahl und gut organisiert waren durch, und zerstörten die heiligen Haine und metzelten nicht nur Druiden und Druidinnen, sondern auch deren Kinder nieder.

DAS WIEDERAUFLEBEN DES DRUIDENTUMS

Man vermutet, dass die überlebenden Druiden und Druidinnen nach Irland, Wales, Schottland und in die Bretagne flüchteten, um sich Druiden und Druidinnen anzuschließen, die dort lebten und in den nachfolgenden Jahrhunderten entweder zum keltischen Christentum konvertierten oder ausstarben. Von einigen sagt man, dass sie ihre Fähigkeiten als Barden nutzten, um als Hof- oder reisende Minnesänger zu arbeiten.

Bis zur Mitte des 13. Jahrhunderts ist es ruhig. Dann wurde, so behaupten es moderne Druidenorganisationen, die druidische Gruppe Mount Haemus Grove in Oxford gegründet.

Das moderne Druidentum scheint gegen Ende des siebzehnten Jahrhunderts entstanden zu sein. Die Wiederbelebung oder Gründung des Mount Haemus Grove im Jahre 1694 wird William Stukeley (1629–97), einem Gelehrtem und Historiker, der Stonehenge und andere Megalithe studierte, zugeschrieben. Sein Freund und Schüler John Toland (1670–1722) rief die Londoner Druidenbewegung ins Leben, die vielen modernen Gruppen als Ursprung dient, während andere ihre Wurzeln bei den Kelten suchen.

Auf jeden Fall fand 1717 ein Treffen in der Apple-Tree-Taverne in Covent Garden statt, bei dem Toland zum Leiter des neuen Ordens gewählt wurde. Er weihte die Bewegung dann feierlich mit einer Zeremonie am Primrose Hill in London ein. Für gewöhnlich betrachtet man dies als den offiziellen Beginn des modernen Druidentums. Deshalb bezeichnen viele Schriftsteller, mich eingeschlossen, das 18. Jahrhundert als die Zeit, in der das Druidentum wieder auflebte.

Eine höchst einflussreiche Figur, und eine, die am meisten dazu beitrug, das keltische Druidentum wiederherzustellen, ist Iolo Morganwg oder Edward Williams (1747–1826). Er studierte bei einem der letzten authentischen walisischen Barden der alten Tradition und behauptete, im Besitz eines historischen Buches, genannt *Barddas* zu sein, das Zeremonien und Anschauungen alter keltischer Druiden in Wales enthielt.

Dieses Buch geriet in Misskredit. Einige der Informationen waren vielleicht echt, aber Iolo meinte, er müsse, wie viele Gelehrte der Vergangenheit behaupten, es sei antik, damit man es ernst nehmen würde. Jedenfalls hielt er die erste britische Bardenversammlung im Jahre 1792 am Primrose Hill in London ab, und diese wird als Meilenstein für die Wiederherstellung der druidischen Tradition der Kelten betrachtet. Das Druidentum, das sich zu jener Zeit entwickelte war weitgehend eine intellektuelle, von Männern aus der gehobenen Mittelschicht geprägte Glaubensrichtung. In England wurde sie auch von den Freimaurern beeinflusst, deren Mitglieder der Bewegung mit mystischer Spiritualität einen neuen Fokus und mehr Authentizität verleihen wollten.

Die Tatsache, dass man zunehmend von der keltischen Literatur, vor allem in ihrer mittelalterlichen Form, fasziniert war und alles Antike liebte, trug auch zum Interesse am Druidentum bei.

Andere Fachleute behaupten, dass der früheste neu-druidische Orden der von den Freimaurern geprägte Ancient Order of Druids war, der 1781 von Henry Hurle gegründet wurde. Kontroversen führten dazu, dass sich 1839 der United Order of Druids abspaltete, dessen Traditionen sich bis in die Vereinigten Staaten und Australien verbreiteten. Dieser Orden ist heute in erster Linie zu einer internationalen und sehr effektiven Wohlfahrtseinrichtung geworden. Der Ancient Order of Druids hingegen entwickelte die spirituellen und mystischen Aspekte des Druidentums weiter, und sein berühmtestes Mitglied war Winston Churchill. Churchill war ein Mann, den die Vergangenheit und spirituelle Traditionen faszinierten. Eine weitere Splittergruppe entstand, als Ross Nichols 1964 den Orden der Barden, Ovaten und Druiden gründete.

FRAUEN UND DAS MODERNE DRUIDENTUM

Angesichts der Tatsache, dass unsere Gesellschaft von den Zeiten der Kelten bis in die sechziger Jahre des 20. Jahrhunderts vom Patriarchat und Klassendenken geprägt war, überrascht es nicht weiter, dass das Druidentum erst in den letzten 40 Jahren frauenfreundlich wurde. Manche Druidinnen glauben, so wie ich auch, dass einige der etwas formelleren Zeremonien noch immer heraldisch und stilisiert sind. Auch lenken Amtsträger mit formellen Titeln wie »Pendragon« vom einfacheren Volksdruidentum, nach dem wir uns sehnen, ab. Frauen sind für die Bewegung endlich wichtig geworden und die aktuelle Leiterin des British Order of Druids ist Emma Restall Orr. Beim Orden der Barden, Ovaten und Druiden gibt es ebenfalls Frauen in Schlüsselpositionen.

Es gibt etwa 200 formelle Druidenorganisationen weltweit. Einige, wie der Orden der Barden, Ovaten und Druiden nehmen Mitglieder aus allen Ländern auf (im Anhang gibt es eine Liste der deutschen Organisationen).

BUCH-EMPFEHLUNGEN

Einige der älteren Bücher können in Buchhandlungen und über das Internet gefunden werden. Es lohnt sich auf jeden Fall nach ihnen zu suchen.

Druidentum

Bonwick, James, *Irish Druidry and Old Irish Religions,* Dorset Press, 1986

Carr-Gomm, Philip, *The Elements of the Druid Tradition,* Element Books, 1996

Ellis, Peter Berresford, *Die Druiden,* Diederichs, 1996

Green, Miranda J., *Exploring the World of the Druids,* Thames & Hudson, 1997

Matthews, John, *The Druid Source Book,* Blandford, 1997

Nichols, Ross, *The Book of Druidry,* HarperCollins, 1992

Piggot, Stuart, *The Druids,* Thames & Hudson, 1985

Restall Orr, Emma, *Druid Priestess,* Thorsons, 2001

Restall Orr, Emma, *Principles of Druidry,* Thorsons, 1998

Keltische Weisheit, Geschichte und Mythologie

Conway, D.J., *Celtic Magic,* Llewellyn Publications, St. Paul, MN, 1995

Eason, Cassandra, *The Complete Guide to Fairies and Magical Beings,* Piatkus, 2001
Graves, Robert, *Die weiße Göttin,* Rowohlt Taschenbuch, 2002
Green Miranda J., *Dictionary of Celtic Myth and Legend,* Thames & Hudson, 1992
Matthews, John und Caitlin, *Das große Handbuch der keltischen Weisheit,* Diederichs, 1999
Matthews, John, *Taliesin: Shamanism and the Bardic Mysteries in Britain and Ireland,* Thorsons, 1991
Ross, Anne, *Pagan Celtic Britain,* Routledge & Kegan Paul, 1967
Spence, Lewis, *The Magic Arts in Celtic Britain,* Constable, 1995
Stewart, R.J., *Celtic Myths, Celtic Legends,* Blandford Books, 1997

Kräuterkunde

Cruden, Loren, *Medicine Grove, A Shamanic Herbal,* Inner Traditions, 1997
Culpeper, Nicholas, *Complete Herbal,* Foulsham, 1994
Cunningham, Scott, *Encyclopedia of Magical Herbs,* Llewellyn Publications, St. Paul, MN, 1987
Hawkey, Sue, *Herbalism,* Southwater Press, 2000
Lipp, Frank J., *Living Wisdom: Herbalism,* Pan, 1996
Mabey, Richard, *Das neue BLV Buch der Kräuter,* BLV Verlagsgesellschaft, 1995
Mills, Simon, *The Dictionary of Modern Herbalism,* MJF Books, 1997
Vickery, Roy, *A Dictionary of Plant Lore,* Oxford University Press, 1995

Öle und Räucherwerk

Cunningham, Scott, *Das große Buch von Weihrauch, Aromaölen und magischen Rezepturen,* Goldmann, 2001
Eason, Cassandra, *Smudging and Incense Burning,* Quantum Essentials, 2001
Price, Shirley, *Aromatherapie,* Huber, 2002

Tisserand, Maggie, *Aromatherapy for Women,* Thorsons, 1995
Worwood, Valerie Ann, *The Fragrant Pharmacy,* Bantam, 1996
Worwood, Valerie Ann, *The Fragrant Heavens,* Doubleday, 1999

Frauenweisheit

Eason, Cassandra, *The Complete Book of Women's Wisdom,* Piatkus, 2001
Walker, Barbara, *Das geheime Wissen der Frauen,* Arun-Verlag, 2003

WICHTIGE ADRESSEN

Druidenorganisationen

Wenn es eine Webseite oder eine E-Mail-Adresse gibt, habe ich diese mit angegeben.

Deutschland

Dachverband: **KultURgeister**
Internet: www.KultURgeister.de
E-Mail: info@KultURgeister.de
Pressesprecherin Andrea Groh
Tel.: 06085 / 919931

Comardia Druidiacta
Internet: www.keltia.de
E-Mail: info@Keltia.de
V. Volkmann
Postfach 900125
60441 Frankfurt Main

Nemeton Dearraich Grove
Order of Bards Ovates and Druids
Fearrac Dearraich
Münstererstr.13
35510 Butzbach
Tel.: 06085 / 919932

Großbritannien

Dachverband: **The Council of British Druid Orders**
Elizabeth Murray
76 Antrobus Road
London W4 5NQ
England
Fördert die Kommunikation zwischen verschiedenen Gruppen in Großbritannien und darüber hinaus.

The British Druid Order
Gemeinsame Leiter: Philip Shallcrass und Emma Restall Orr
PO Box 29
St. Leonards-on-Sea
East Sussex TN37 7YP
England
Internet: www.druidorder.co.uk
E-Mail-Adressen:
greywolf@druidorder.demon.co.uk
bobcat@nemeton.demon.co.uk
Fördert die ursprüngliche britische Spiritualität; öffentlich zugängliche Rituale; auf Paganismus und Göttinnen ausgerichtet, aber es sind alle willkommen.

The Glastonbury Order of Druids
R. Maughfling und J. Paterson
Dove House
Barton-St. David
Somerset TA11 6DF
England
Arbeitet mit der mystischen Tradition von Glastonbury.

The London Druid Group
Gordon Gentry
74 Riversmeet
Hertford SG14 1LE
England
Verbindung zu Kelten und Magie.

The Order of Bards, Ovates and Druids
Leiter: Philip Carr-Gomm
OBOD, Dept IBWS
PO Box 1333
Lewes
East Sussex BN7 1DX
England
Internet: www.obod.co.uk
E-Mail: office@obod.co.uk
Hat sowohl christliche wie auch heidnische Mitglieder; alle sind willkommen.
Der Orden der Barden, Ovaten und Druiden bietet einen drei Jahre dauernden Fernkurs mit einem guten Tutorensystem an. Gruppen gibt es auf der ganzen Welt, einschließlich Deutschland, Niederlande, Amerika und Australien.

Irland

The Druid Clan of Dana
ein Ableger der internationalen Organisation der Fellowship of Isis
Zu kontaktieren über
Fellowship of Isis
PO Box 19152
Tucson, AZ 85751
oder Lady Olivia Robertson in Clonegal Castle, Enniscorthy, Irland
Informationen über den Queensland, Australian Boann and Dagda Grove erhalten Sie per E-Mail:
Gobann.filid@yahoo.com
In Deutschland:
www.druid-clan-of-dana.de
Besuchen Sie die Internetseite der amerikanischen Erzdruidin Mara Freeman unter:
www.chalicecenter.com
Es geht um die Verehrung der Göttin und das keltische Druidentum. Organisiert auch Kurse.

USA

The Henge of Keltria
Präsident: David Schaal
E-Mail: DSchaal@aol.com
Keltria, Dept IBWS
PO Box 48369
Minneapolis, MN 55448
USA
E-Mail-Kontakt: Tony Taylor unter keltria@aol.com
Eine Organisation, die sich mit neuheidnischem, keltischem Druidentum befasst.

The United Ancient Order of Druids
Kontaktieren Sie den Iona Grove über
Jeff Davis
Hwy #1521, Dept IBWS
Arlington, VA 22202-3818
USA
Per E-Mail kontaktieren Sie den Schriftführer,
Paul M. Bessel: paulb@cpcug.org
Brüderlicher Druidenverband.

Ar nDraiocht Fein
Der frühere emeritierte Erzdruide ist Isaac Bonewits. Seine eigene Webseite ist brillant:
bonewits@neopagan.net
E-Mail-Adresse des neuen Erzdruiden John Adelmann:
adf-archdruid@adf.org

Die Gruppe legt Wert auf Bildung und strebt danach, den authentischen Paganismus, basierend auf dem Glauben der Balten, Kelten, Germanen, Slawen und antiken Griechen und Römer, wiederherzustellen.

Kanada

Druiidica Comardia Eriutalamonos
(Druidical Fellowship of the Western Land)
M.G. Boutet
32 Fourth Ave. South
Roxboro, PQ, H2I 3W3
Kanada

Druidenorganisationen, die sich mit Heilung befassen

Weltweit

The Druidic College of Healing
Kontaktperson: Dr. Kennan Elkman
PO Box 1414
Albany, WA 6331
Australien
E-Mail-Adresse:
elkman@healthquest.com.au
Liste von Heilpraktikern; das College of Traditional Medicine Ways bietet auch einen ausgezeichneten zehnwöchigen Grundkurs und einen zweijährigen Diplomkurs an.

Druidentum im Internet

Alt.religion.druid

Naturschutz/Grabstätten

Großbritannien

AB Wildlife Trust Fund
John Bradfield
7 Knox Road
North Yorkshire HG1 3HF
England
Begräbnisse mit Wildtieren und Bäumen.

The British Trust for Conservation Volunteers
Public Relations Officer
26 St. Mary's Street
Wallingford
Oxon OX10 0EU
England
Strebt danach, Wälder mit heimischen Bäumen wieder aufzuforsten; man kann jemandem einen Baum widmen.

Forestry Commission
Department of Forestry
Corstorphine Road
Edinburgh EH12 7AT
Schottland
Schützt Denkmäler in den Wäldern; forstet ständig wieder auf; vermietet Waldhütten in ganz Großbritannien.

Sherwood Forest Initiative
Project Director
Cuckney Road
Carburton, Worksop
Notts S80 3BP
England
Befasst sich mit Wiederaufforstung und dem Schutz von Denkmälern.

Woodland Creations
Tim und Nicky Reed
The Guildhouse
Tredethick, Lostithiel
Cornwall PL22 0LE
England
Widmen sich der Wiederaufforstung Cornwalls.

REGISTER

A
Abenddämmerung *22, 48, 52, 63, 81, 84, 92, 95, 97, 214, 222*
Absud *159*
Abwesende heilen *156*
Adler *175*
Aedrinis *102*
Aengus *198*
Ahorn *39*
Aine *80, 193, 199*
Airmid *151f.*
Alban *212*
Alban Arthuran *212, 214*
Alban Eiler *212, 217*
Alban Elued *212, 224*
Alban Heruin *212, 221*
Amiens *93*
Amsel *172, 175, 206*
Ana/Anu *103, 199*
Anagantios *102*
Ancient Order of Druids *241f.*
Anglesey, Insel *239*
Anis *160*
Annwyn *85*
Aoife *26*
Aper *10f.*
Apfel *39*
Apfelbaum *142*
Apfelbaummutter *142*
Äquinoktiumswasser *219*
Arduinna *103, 199, 206*
Arianrhod *62, 70, 103, 199, 230*
Aufguss *159, 162*
Augentrost *160*
Aum *84f.*
Aura *33, 155, 171, 173f.*
Ausbildung *8, 13, 47, 149, 226*
Australien *183, 241*
Avebury *210, 231*
Avocado *39*
Awen *84, 211*
Awen-Ritual *89*
Awen-Symbol *85, 88ff.*

B
Badhbh *199*
Balor *118*
Bambus *39*
Banane *39*
Banyan *40*
Bär *175*
Barde *24, 47, 235*
Bardenversammlung, Britische *241*
Basilikum *120, 126, 138, 160f., 216*
Baum *15, 19, 21, 31ff., 37f.*
Baum-Deutung *131, 136*
Baum-Großmütter *132*
Baumalphabet *28, 130, 137*
Baum, verschmelzen mit der Essenz eines *33*
Baumessenzen *37*
Baumgeister *32, 132*
Baummütter *31, 53, 66, 130ff.*
Baummütter, keltische *137*
Baumorakel-Karten *38*
Baumsymbolik *39*
Beifuß *161*

Bel *63, 199*
Belenos *199*
Belenus *63, 199*
Beli *199*
Belinus *199*
Belisame *200*
Beltaine *212f., 219*
Beltane *63, 219*
Beltane-Rituale *220*
Birke *32, 40, 137, 217, 221*
Birkenmutter *137, 147*
Birne *40*
Blasentang *164*
Blodeuwedd *103, 200*
Blodwin *200*
Boann *200*
Bockshornklee *161, 222*
Book of the Dun Cow *193*
Boudicca *71*
Bran, der Gesegnete *200*
Branwen *200*
Brennnessel *161*
Brigid *63, 80, 87, 152, 217, 230f.*
Britannien *7, 201, 239f.*
British Druid Order *29, 46, 170, 227*
Buche *40*
Buchsbaum *40*
Bulle *175*

C

Cad Goddeu *130, 137*
Caesar, Julius *99, 189*
Cailleach *61*
Caillos *101*
Caitlín, Matthews *28*
Cantlos *102ff.*
Ceridwen *64, 87, 103, 152, 170, 195, 201, 230*
Cernunnos *61, 193, 196, 201*
Cernunnos/Herne, der Jäger *61*
Christentum *8, 93, 150, 240*
Churchill, Winston *242*
Cian *118*
Claudius *239*
Cliodhna mit dem goldenen Haar *201*
Coligny-Kalender *99ff.*
Coventina *201*
Cutios *102*

D

Dagda, der *202*
Damaszener Rose *167*
Dana *199, 202*
Danu *199, 202*
Darstellung des Göttlichen *196*
Diancecht *151*
Dinton Pastures Country Park *21*
Diokletian *10, 118*
Donn *202*
Drache *62, 172, 175*
Druantia *132, 202, 230*
Druidentum *7f., 235*
Druidentum allein praktizieren *228, 230*
Druidentum, Formen des *228*
Druidentum, Ursprünge des *238*
Druidentum, Vernichtung des *239*
Druidentum, Wiederaufleben des *58, 233, 240*
Druidinnen, neun *11, 14*
Dumanios *102*
Dunkelheit *42, 45, 66, 70, 80, 87, 92, 95, 98, 105, 119, 129, 154, 204, 210, 215, 231*

E

E-Mail *85, 95, 227, 246*
Eber *176*
Eberesche *40, 138*
Ebereschenmutter *138*
Eden Project *37*
Efeu *39f., 137, 143*
Efeumutter *143*
Eibe *25, 32, 40, 147*
Eibenmutter *147*
Eiche *2, 15, 32, 40, 140, 221, 239*
Eichenmutter *132, 140*
Eigenschaften, heilende *108*
Einweihung *46ff.*
Eisenkraut *111f., 162, 221f.*
Elembiuos *102*
Elemente, Eigenschaften der vier *61*
Elemente, vier *57f.*
Elemente-Kreis *58*
Energiefeld *33, 171, 173*
Engelwurz *158, 160, 162, 216*
England *24, 131, 157, 241*
English Heritage *231*
Ephemeriden *111, 211*
Epona *202*
Equos *102*
Erde *25, 31, 35, 57, 59, 61, 72*
Eriu *202*
Erle *32, 40, 138*
Erlenmutter *138*
Esche *40f., 67, 139*
Eschenmutter *139*
Espe *41*
Estragon *160, 162*
Ethiniu *103, 118*
Eukalyptus *41*
Eule *176*

F
Fähigkeit, prophetische *127, 160, 167*
Falke *176*
Farn *137, 213, 224*
Farnkraut *143*
Farnmutter *143*
Feige *41*
Fenchel *79, 120, 144, 155, 160, 163*
Feste, heidnische *207*
Feuer *9, 41, 53, 57, 59f., 62*
Feuer-Deutung *120f.*
Feuergöttinnen *87*
Fieberkraut *160, 163, 214*
Fokus *197, 213, 222, 227, 241*
Formwandeln *161, 170f., 173, 179, 204*
Fossilien *27*
Frankreich *7, 14, 93, 157, 170, 216*
Frauen und das Druidentum *9, 132, 148, 194, 206, 226, 229f., 234, 242*
Freimaurer *241*
Fruchtbarkeitsrituale *203*
Frühlings-Tagundnachtgleiche *93f., 184, 217f., 223*
Frühlings-Tagundnachtgleiche-Rituale *218*
Frühlingsritual *64*

G
Gallien *10, 132, 201*
Gallier *100, 202, 205*
Ganggrab *78, 93, 182*
Geißblatt *143, 163, 217*
Giamonios *102*
Glastonbury Tor *15, 232*
Gottheit *61f., 193, 206*
Gottheiten wählen *205*
Gottheiten, keltische *192, 194, 196*
Göttin, dreifache *98*
Gottkarten *206*
Grabstätte *188*
Grainne *80, 203*
Graves, Robert *130f.*
Gruppe, informelle *230f., 235*
Gruppe, formelle *233*
Guest, Lady Charlotte *193*
Güte *45, 151, 192*
Gwion *170f.*
Gwydion *203*

H
Hain *12, 14, 20f.*
Hain einweihen *20f., 31, 46, 48*
Hain errichten *21*
Hain im Alltagsleben *54*
Hain, heiliger *31*
Hallstatt-Kultur *239*
Hartriegel *41*
Haselnuss *26, 32, 41, 67, 136, 141, 221*
Haselnussmutter *141*
Heide *137, 146*
Heidemutter *146*
Heiler, geborene *148*
Heilerin werden *149*
Heilung schicken *155*
Herbst-Tagundnachtgleiche *64, 95, 224*
Hexenkunst *30, 55f., 67, 71, 80, 98, 213*
Hildegard von Bingen *33*
Hilfsmittel *9, 19, 23, 25, 27, 29f., 48, 68, 120, 206*
Himmel *59, 74*
Hirsch *176*
Hirschkuh *176*
Historia Augusta *10*
Höhle *129*
Holunder *42, 144*
Holundermutter *144*
Hügelgrab *128*
Hund *176*
Hurle, Henry *241*

I
Imbolc *216*
Imbolc-Rituale *216*
Initiation *17, 46, 64, 72f., 201, 234*
Inspiration *88f.*
Internet *38, 85, 100, 179, 185, 191, 226, 228, 231f., 243*
Irland *8, 78, 81, 100, 127, 130f., 150, 182, 193, 202, 231, 240*
Isle of Man *64, 193, 204*

J
Jahr, das druidische *207, 209*
Jahresrad *92, 206, 209, 211f.*
Jahreszeiten *8f., 17, 22, 81, 98, 100, 207, 209*
Jahreszeiten der Sonne *92*
Johanniskraut *90, 140, 163, 221f.*
Jung, Carl Gustav *58*

K
Kalender, keltischer *100*
Kamille *67, 147, 153, 164, 221*
Kanada *104, 232, 249*
Kastanie *42*
Kelp *64, 141, 164*
Kelten *7f., 15, 28, 31, 39, 58, 70, 77, 86, 96, 129, 132, 145, 183, 193, 196, 233*
Keltria *108, 111*

Kerze *47, 49ff., 59f., 63, 74f., 79, 83, 86, 90ff., 104ff., 109ff., 120f., 125, 136, 154f., 158, 198, 213ff., 228*
Kessel *148, 152, 157*
Kiebitz *176*
Kiefer *42, 109*
Kieferngewächse *145*
Kirsche *42*
Knowth *100*
Kokosnuss *42*
Kraftname *29*
Krafttier *171, 173f., 179*
Krafttier wählen *178*
Kranich *177*
Kranichbeutel *26f.,109, 135, 146, 228*
Kräuter auswählen *157*
Kräuter in Ritualen einsetzen *154, 158*
Kräuter verwenden *149*
Kräuter, heilen mit *148, 152*
Kräuter, heilende *152, 154*
Kräuter, reinigende *152, 155*
Kräuter, während der Schwangerschaft zu meidende *160*
Kräuterkunde, spirituelle *151*
Kreis, arbeiten im heiligen *67*
Kreis, dreifacher *59*
Kreis, heiliger *54ff., 58, 60, 62, 64, 66ff., 70ff., 74, 76, 78*
Kreisrituale *61, 67*
Kristallpendel *36, 38, 83*
Kuh *177*
Kümmel *160*

L

Lachs *177*
Lärche *42*
La Roche *24*
La Tène-Kultur *239*
Lavendel *125, 146, 153, 164f., 188, 198, 221*
Leben, früheres *189, 201*
Leyline *32, 61*
Linde *42*
Llew *203*
Lorbeer *43, 90, 165, 214*
Lorbeerkranz *43*
Löwenzahn *165*
Luft *17, 59, 62, 65f., 69, 74*
Lugh *118, 204*
Lughnassadh *212, 222f.*
Lughnassadh-Rituale *223*

M

Mabinogion *193*
Mabon *204*
Macha *204*
Mädesüß *166*
Majoran *160, 166, 186*
Manannán mac Lir *26f., 64, 204*
Mandel *43*
Mango *43*
Mangrove, Weiße *46*
Mann, der Grüne *203*
Meer *73, 156*
Menstruation *36, 56, 112, 167*
Miach *151*
Mistel *13, 24, 39, 43, 157*
Mistel, giftige Bestandteile *157*
Mistelzweig-Ritual *107, 109*
Mittag *94*
Mitternacht *95*
Modron *204*
Mond *15, 74, 80, 97, 99, 108, 113, 212*
Mond, abnehmender *113f.*
Mond, blauer *101*
Mond, zunehmender *108, 111, 113*
Mondgöttin, weiße *42*
Mondkalender *97f., 100*
Mondkalender, keltischer *99*
Mondmonat *98ff.*
Mondmutter *97, 103, 106*
Mondphase *8, 17, 22, 98, 111f.*
Mondritus *107*
Mondritual *101f.*
Mondwasser *105ff.*
Mondzweig/-stab *105*
Mont-Saint-Michel *11*
Morgan le Fey / Morgana *205*
Morganwg, Iolo *241*
Mörser und Stößel *153*
Mount Haemus Grove *240*
Muttergöttin *193, 199f., 202ff., 218*
Myrthe *43*

N

National Trust *231*
Nectan *193*
Nemain *132*
Nemetona *132, 205*
Neujahr, keltisches *213*
Neumond *98, 108f., 111*
Neumondrituale *111*
New Forest *21*
Newgrange *78, 100, 182, 184*
Nichols, Ross *242*

Norfolk Island Kiefer *43*
Numerian *11*

O
O'Flaherty *131*
Odermennig *166*
Ogham-Alphabet *130*
Oghma *130*
Ogronios *102*
Oimelc *212, 216*
Öle, ätherische *37, 158, 164, 222*
Olive *43*
Opfergaben *68, 70, 73, 91, 197f., 225*
Orakel *115, 117*
Orakelkarten *38*
Orange *44*
Orden, formelle *24, 58, 226*
Orden der Barden, Ovaten und Druiden (OBOD) *15, 210, 233, 242, 248*
Orkney-Inseln *132*
Otter *177*
Ovaten *15, 24, 210, 242, 253*

P
Palme *22, 44*
Pappel *44, 146, 224*
Pappelmutter *146*
Pendel *36, 38, 83*
Pentre Ifan Cromlech *11*
Petersilie *126, 160, 166*
Pfefferminze *169*
Pferd *177*
Pfirsich *44*
Platane *44*
Plato *57*
Plinius *99, 107f., 157*
Plinius der Ältere *31, 238*
Pomponius Mela *11, 170*
Priesterinnen, neun *230*
Proto-Indo-Europäer *239*

R
Ratgeberin, weise *117, 139, 195, 235*
Räucherwerk *27, 47, 49ff., 60, 62, 79*
Redwood *44*
Reich der Erde *76*
Reich des Himmels *71*
Reich des Meeres *59, 71*
Reiche, drei *59, 75*
Restall Orr, Emma *29, 170, 242*
Rhiannon *103, 172, 206*
Richtungen abgehen *64*
Ringelblume *146, 167, 220*
Rituale *30, 75, 158*
Rituale, druidische *30, 60f.,127, 155, 220*
Riuros *102*
Robe *17, 22ff., 48*
Rollright Stones *131*
Römer *8, 28, 98, 107, 192, 196, 202, 205, 239f.*
Rose *142, 164, 167, 198*
Rose, hundertblättrige *167*
Rosmarin *27, 49, 90, 126, 138, 160, 167, 169*

S
Saisonal bedingte Depression (Seasonal Affective Disorder, SAD) *209*
Salbei *27, 49, 60, 90, 139, 160, 168, 213, 217*
Samhain *63, 212f.*
Samhain-Rituale *213*
Samonios *102*
Santons *216*
Sau *177*
Schafgarbe *160*
Scheinende *67f.*
Schlange *177*
Schlangenknöterich *168*
Schlehdorn *144*
Schlehdornmutter *144*
Schottland *130, 193, 240*
Schwan *177*
Schwebetank *128*
Seher *118*
Sena, Insel *11, 170*
sich in andere hineinversetzen *186*
Silver Banksia *44*
Simuisonas *102*
Sommersonnenwend-Ritual *64, 221*
Sommersonnenwende *14f., 24, 82, 85, 93, 108, 184, 221*
Sonne *8, 15, 84f., 212*
Sonne, Angesicht der *8, 80*
Sonne, arbeiten mit der *80*
Sonne, weibliche Kraft der *81*
Sonnenfinsternis *63, 82*
Sonnengöttin *80, 88*
Sonnenkräuter *90*
Sonnenmütter *80*
Sonnenradgarten *222*
Sonnenwasser *82ff., 90, 222*
Sonnenwasser, heilen mit *83*
Sonnenwasser zubereiten *82*

Sonnenwende *85, 92, 184, 211ff., 215, 222*
Sonnenwendwasser *222*
Sonnenzeiten *93, 101*
Spiritualität *7f., 12, 16, 144, 226*
Stab *22, 26, 104*
Stätte, heilige *229f., 232, 234*
Stechginster *137, 145*
Stechginstermutter *145*
Stechpalme *45, 141*
Stechpalmenmutter *141*
Stirnchakra *53*
Stock *25, 75*
Stonehenge *227, 231, 240*
Strabo *235*
Strohpuppe *223*
Stukeley, William *240*
Suetonius Paulinus *240*
Sulis *80*
Symbolsystem *116*

T

Tacitus *240*
Tagebuch *28, 35, 81, 101, 111, 116, 137, 178, 188, 206, 228, 230*
Tagesanbruch *48, 52, 74, 93, 184*
Tagundnachtgleiche *85, 92f., 211, 213, 219f.*
Taliesin *118, 130, 171, 189*
Tamarinde *45*
Tanne *45, 145*
Tannenmutter *145*
Taranis *62, 192, 196, 205*
Thymian *138, 160, 168, 217*
Tierkarten *206*
Tod *15, 26, 61, 70, 77, 136, 144, 151, 172, 189, 195, 202, 204f.*
Toland, John *240*
Tor, Öffnen des *89*
Torhüter *67*
Triskele *71, 77ff.*

U

Überlieferung, mündliche *28, 193, 238*
Ulme *45*
Umweltschutz *61, 73, 227*
United Order of Druids *241*

V

Vates *235*
Verantwortung *17, 41, 119, 211, 239*
Vereinigte Staaten *232, 241*
Vereinigung der neun Priesterinnen *230*
veriditas *33*
Visualisieren *20, 33, 36f., 53, 68f., 87, 110, 135f., 142, 145f., 154f., 175, 198*
Vogel *173ff.*
Vollmond *97f., 100ff., 107, 111ff.*
Vollmondritual *103*
Vorfahren aufspüren *185*
Vorfahren, weise *16, 71, 77, 96, 115, 182, 185*

W

Wacholder *45, 160, 169, 214, 222*
Wächter *69*
Wächter der Elemente *66, 68*
Wächter der Luft *69*
Wächter der Nacht *96*
Wächter des Feuers *76*
Wächter des Hains *52*
Wales *11, 191, 193, 240f.*
Walnuss *45*
Wasser *15, 59, 63*
Wasser, weissagen mit Hilfe von *117*
Wasser-Deutung *125f., 161*
Wasserminze *169*
Wasserstelle *21, 232*
Weide *45, 139*
Weidenmutter *139*
Wein *39, 46, 142*
Weinmutter *142*
Weisheit der Natur interpretieren *115*
Weissagung *115*
Weissagung mit der Natur *120*
Weißdorn *32, 46, 140, 222*
Weißdornmutter *140*
Wellington Country Park *22*
Wetter *22, 47, 67, 73, 82, 92, 209, 232*
Wichte *72*
Wiedergeburt-Ritual *183*
Williams, Edward *241*
Wintersonnenwend-Ritual *64, 215*
Wintersonnenwende *26, 81, 85, 93, 96f., 182, 184, 203, 210, 214ff.*
Wolf *124, 172, 178*
Wolken-Deutung *122*
Wurzelchakra *34*
Wurzeln, kulturelle *185, 188f.*

Z

Zaunkönig *178*
Zeder *46*
Zypresse *46*

Michael Vescoli

Der Keltische Baumkalender

Über den Menschen, die Zeit und die Bäume

160 Seiten, Festeinband
ISBN 3-89631-377-0

Der Naturzeitkalender der Kelten teilt die Zeit nicht in Wochen und Monate ein, sondern in 40 unterschiedlich lange Perioden, die den Lebens- und Wachstumszyklen der Bäume entsprechen. Die 22 Bäume des keltischen Baumkreises sind den 365 Tagen unseres Kalenders zugeordnet. Zu jedem Baum werden die herausragenden Eigenschaften vorgestellt und am Beispiel prominenter Personen erläutert. So lernt jeder seinen Lebensbaum und dadurch sich selbst kennen.

KAILASH

Caitlín Matthews

Keltische Weisheitsstäbchen

Ein Ogam-Orakel

Set mit Buch

ISBN 3-7205-2338-1

Die geheime Sprache der Kelten enthält einen Reichtum an traditioneller Weisheit. Er zeigt sich auch in den Bedeutungen des Ogam- oder Baumalphabets, einem der ältesten Alphabetsysteme und Teil der uralten Druiden-Weisheit der Kelten. Auf diesem Alphabet basiert dieses Orakel.
Das Geschenkset besteht aus 21 hölzernen Stäbchen, einem Beutel und einem Buch mit allen wichtigen Hintergrundinformationen.

KAILASH